Creative Coding im Web

Generative Gestaltung

Entwerfen, Programmieren und Visualisieren mit Javascript in p5.js

Benedikt Groß
Hartmut Bohnacker
Julia Laub
Claudius Lazzeroni

mit Beiträgen von
Joey Lee und
Niels Poldervaart

verlag
hermann
schmidt

E

E.0 Editorial

Längst ist Generative Gestaltung kein Geheimtipp mehr unter den Gestaltungsstudenten, in einigen Hochschulen ist die Vermittlung sogar fest in den Lehrplan eingebaut. Von Infografik bis zur Visualisierung von Sound, von freier Kunst bis zur Architektur, und vor allem bei Kommunikation im Raum gibt es ständig neue, atemberaubende und faszinierende Anwendungen.

Längst ist auch Processing und vvvv nicht mehr der einzige Weg zu tollen Lösungen, sondern die browserbasierte Programmierung mit dem neuen Shootingstar p5.js, einer Javascript-Library, die speziell für Künstler, Designer und Anwender fürs Web programmiert wurde.

Der erste Band »Generative Gestaltung« entstand vor fast zehn Jahren, und seine grundlegende vielgelobte Didaktik ist nach wie vor ohne Konkurrenz. Mit diesem Update werden die wichtigsten Schritte zum unangestrengten Erlernen von »Creative Coding« mit Javascript noch einmal einfacher. Es nimmt die Angst vor dem Programmieren und zeigt, wie bereits fertig vorliegende Programmschnipsel selbst beeinflusst werden können und nahezu auf Knopfdruck erstaunliche Ergebnisse erzielt werden. Auch von allen, die sonst sagen: »Programmieren? Das lass ich einen Freund von mir machen, der kennt sich aus!«

Generative Gestaltung verändert den Entwurfsprozess grundlegend: Der Gestalter wird vom Abarbeiter zum

Dirigenten, zum »Arbeitgeber« an den Rechnern und selbst zum Entscheider. Denn darum geht es: iterativ verschiedene Ergebnisse zu generieren und dann auszuwählen, welche zum visuell überzeugendsten Ergebnis führen. Den Mac für sich Varianten erarbeiten lassen und dann auswählen. Nicht mehr die Handwerkszeuge nutzen, die der Computer und die Creative Suite uns vorgeben, sondern sich selbst Tools kreieren. Die dann selbstständig den »heißen Scheiß« ausspucken: Wie die vielen Beispiele im Buch beweisen.

Sie lernen, Einfluss auf die Ergebnisse zu nehmen und sie zu verbessern, indem Sie entweder die Parameter variieren – wie wird in jedem Schritt genau erklärt – oder indem der ganze Algorithmus verändert wird. Wie das geht, bekommen Sie in vier einfachen Lektionen zum Thema Farbe // Form // Typo // Bild erklärt: Ohne Programmierqualen, einfach und verständlich. Und mit p5.js und seiner stark wachsenden Community können Sie sich einfach die Grundlagen für weiterführende Technologien und Trends von 3d bis Augmented Reality legen. Die p5.js-Community ist außerdem sehr aktiv und stellt ständig neue kleine Programme zur Verfügung. Was damit möglich ist und wo sich die Community tummelt, finden Sie ebenfalls in diesem Buch: Nachdem Sie mit den Sketches im Buch gespielt haben und erste Schritte mit dem p5-Online-Editor gegangen sind, können Sie auch automatisch auf eigenen Beinen gehen und das Potential der p5-Community-Sketches erkunden.

Als die vier Autoren die erste und mittlerweile in etliche Sprachen übersetzte Ausgabe schrieben, waren zwei gerade mit dem Studium fertig und wollten das, was sie selbst in den Jahren ohne entsprechende Lehrbücher alleine und als Autodidakten gelernt hatten, allgemein weitergeben. Mittlerweile sind sie selbst in der Lehre tätig und machen in verschiedenen Design-Labs faszinierende Anwendungen. Sie kennen die Studenten, wissen, wie die Geheimnisse unproblematisch vermittelt werden und leichte Anfangserfolge motivieren können.

Zum Buch gehört eine Website, von der alle Programme (sketches) kostenlos heruntergeladen werden können, damit es sofort losgehen kann. Nach den vier Tutorials können Sie Daten visualisieren, Infografiken erstellen, Textanalysen visualisieren und vieles mehr.

Viel Spaß beim »Creative Coding« wünschen
Karin und Bertram Schmidt-Friderichs

E.1 Inhaltsverzeichnis

E.2 www.generative-gestaltung.de

»Generative Gestaltung – Creative Coding« ist ein erprobtes Tutorial, um mit p5.js selbst kreativ zu werden. Aber Sie müssen sich nicht die ganzen Codes selbst schreiben oder auch nur abtippen: Alle im Buch vorgeführten Programme, sogenannte »Sketches«, können auf der zum Buch gehörenden Website einfach ausprobiert werden und und stehen Ihnen dort auch zum kostenlosen Download zur Verfügung.

Wenn Sie auf der Code-Übersichtsseite ein Programm anklicken, landen Sie auf einer Code-Detailseite: Hier sehen Sie ein Bild oder ein Video dessen, was das Programm kann und macht. Und im Buch wird erklärt, welche Parameter des Codes welche Auswirkungen haben und wie Sie individuell zu eigenen Lösungen kommen...

Generative Gestaltung
DE / EN
P.0.1 Entwicklungsumgebung
Sie wollen gleich loslegen? Gut. Hier erfahren Sie, wie Sie unsere Programme ausprobieren, erweitern und komplett neue erstellen können. Laden Sie einfach unser Code-Paket mit den ganzen Programmen zum Buch herunter. Den Link dazu finden Sie auf generative-gestaltung.de.
Buch kaufen @
Verlag Hermann Schmidt
Diese Website ergänzt das Buch »Generative Gestaltung, Creative Coding im Web« (erschienen im Verlag Hermann Schmidt, 2018) und bietet direkten Zugriff auf alle Quellcodes der im Buch beschriebenen Programme.
Download code package
Library
P.1. Farbe
P_1_0_01
P_1_1_1_01
P_1_1_2_01

E.3 Projekte

In der Projektsammlung werden 13 Arbeiten verschiedener Medienkünstler, Designer und Architekten aus dem Bereich der generativen Gestaltung vorgestellt. Zum einen als Inspirationsquelle, zum anderen als repräsentative Übersicht über das Themenfeld.

01 2016/17 **Daily Sketches**
Zach Lieberman

Daily Sketches ist eine Serie von kurzen generativen Animationen welche Zach Lieberman täglich auf Social Media für schnelles Feedback mit der Welt teilt. Die Skizzen zeigen den Prozess neue visuelle Konzepte mit Geometrie, Animation, Ausdruck, Grafik und Code zu explorieren. In seinen eigenen Worten beschreibt er seine Skizzen des Tages wie folgt: »A lot of times, as artists, we feel like we're struggling to find our frequencies and what resonates with the frequencies of the world. This act of sketching is a kind of tuning of these frequencies.«

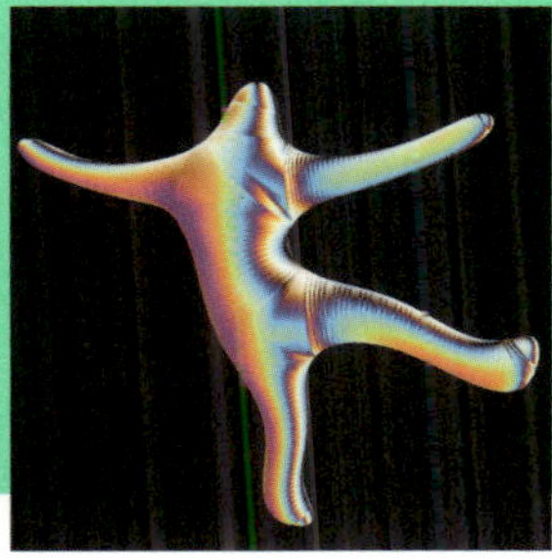
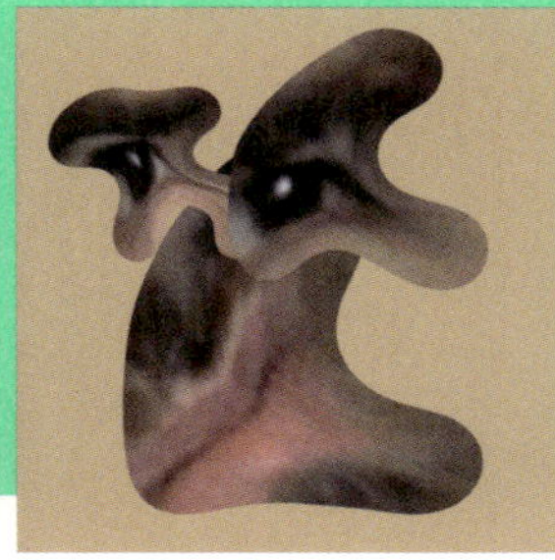

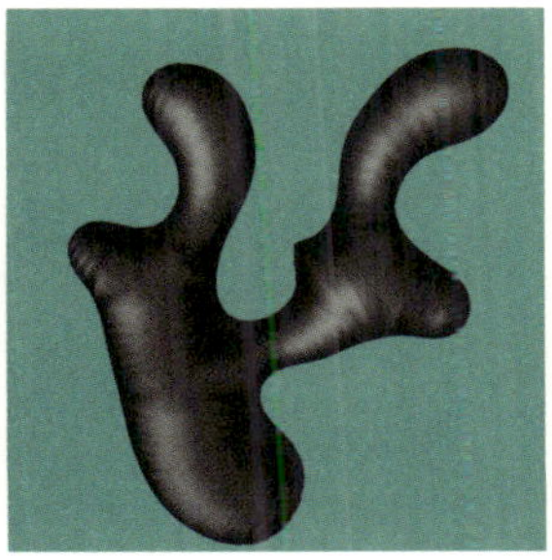

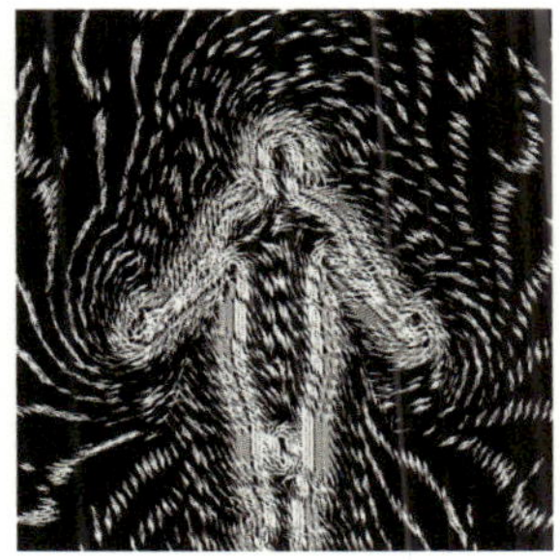

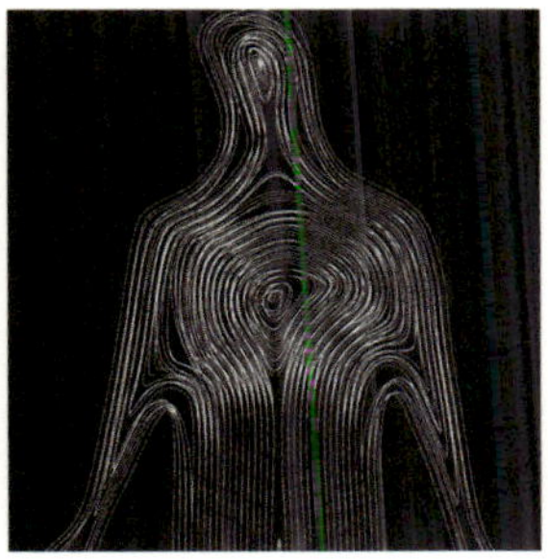

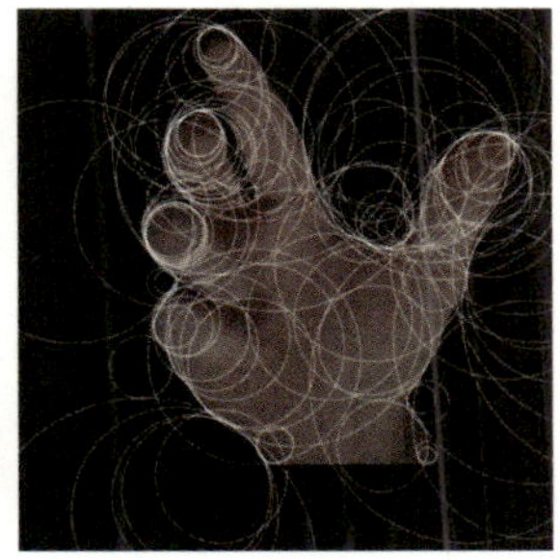

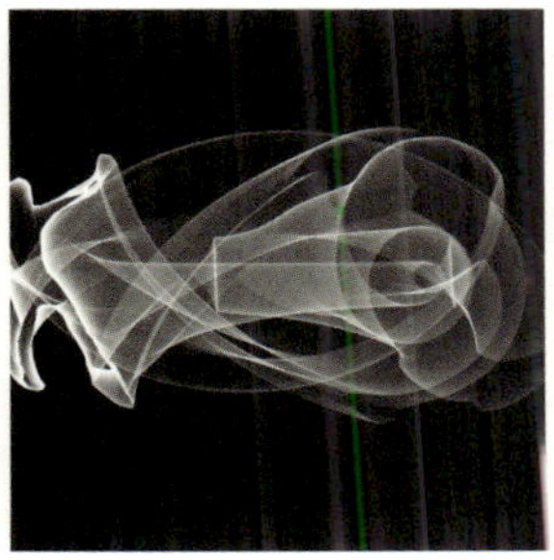

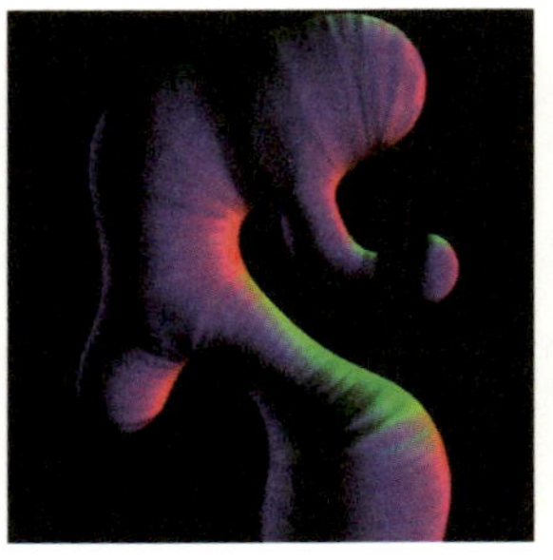
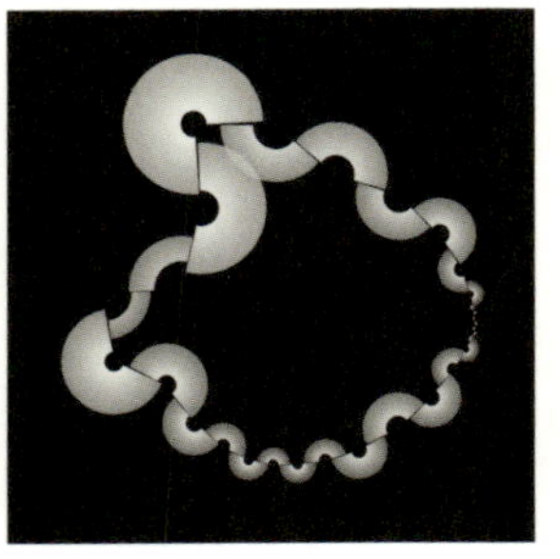

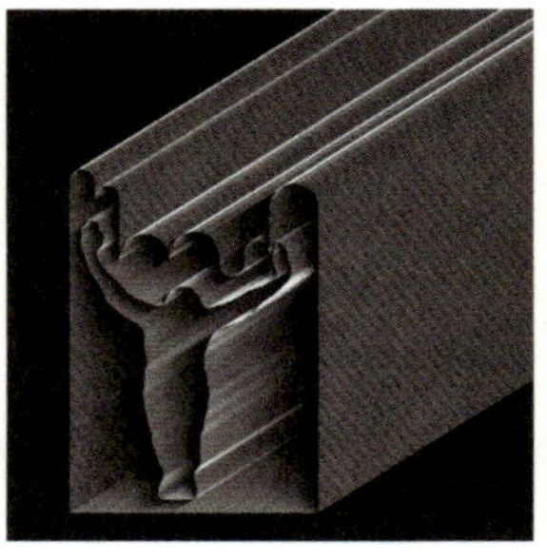

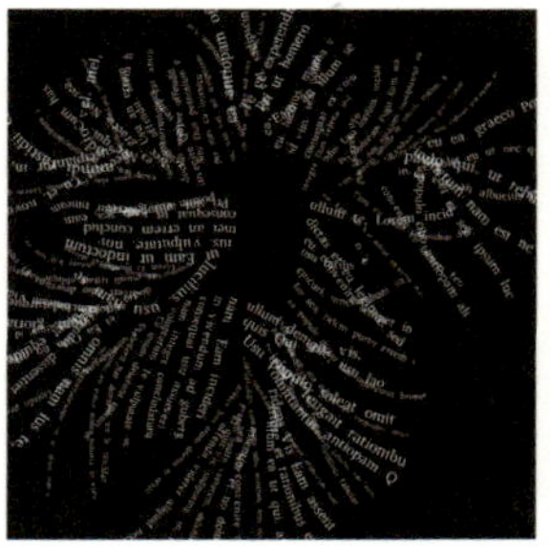

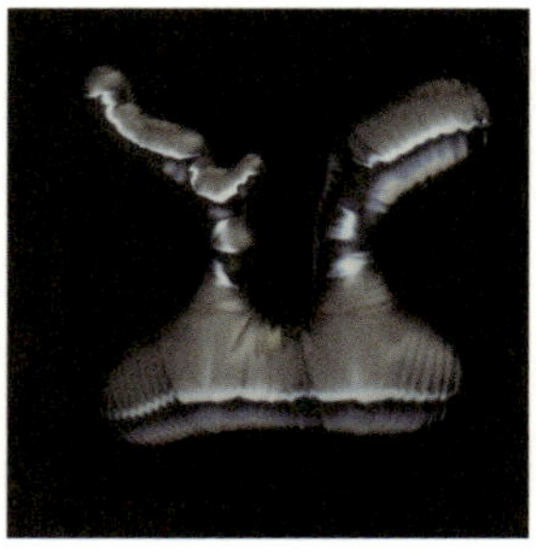
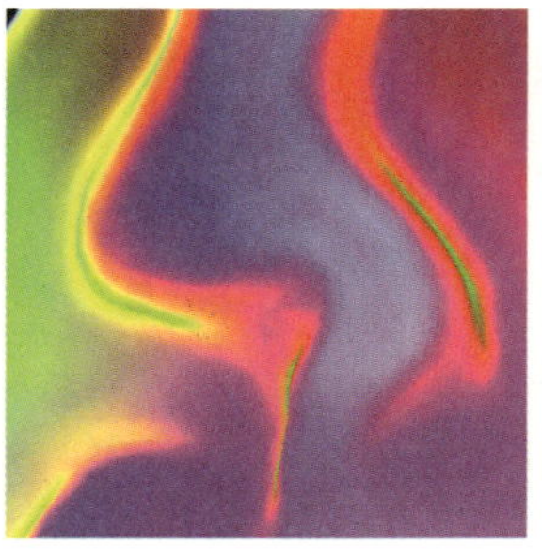

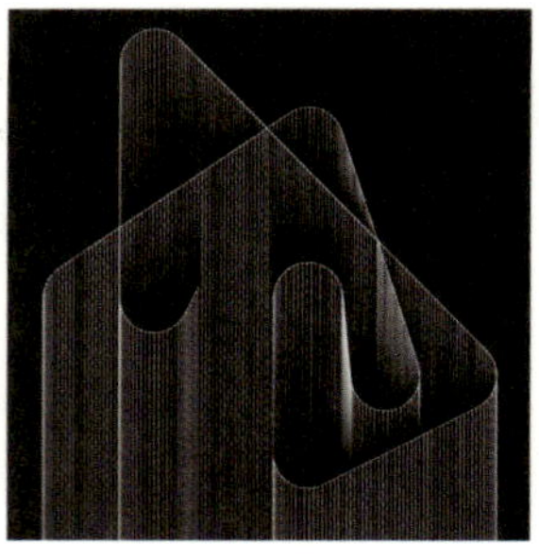

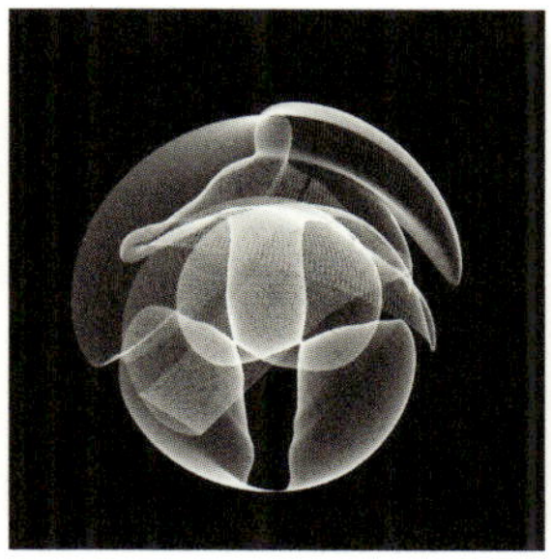
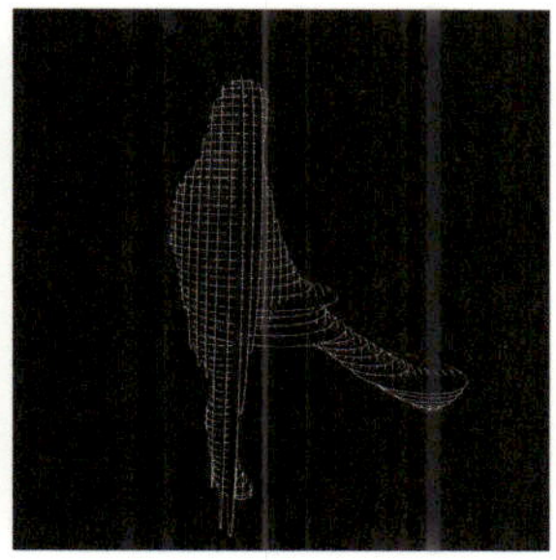
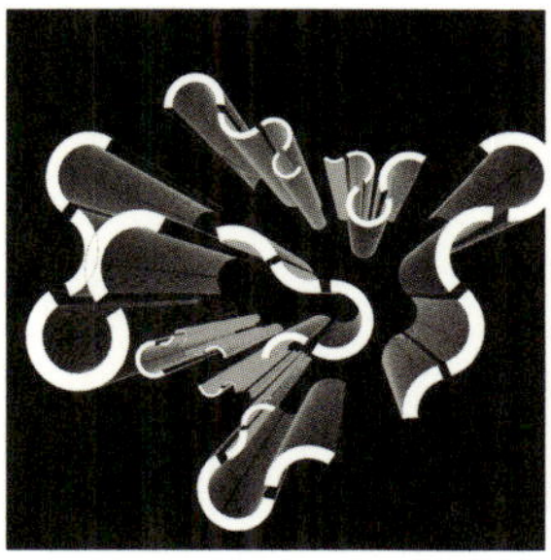
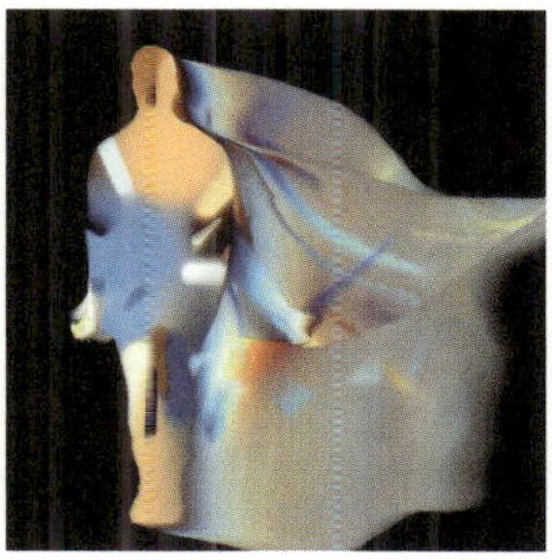

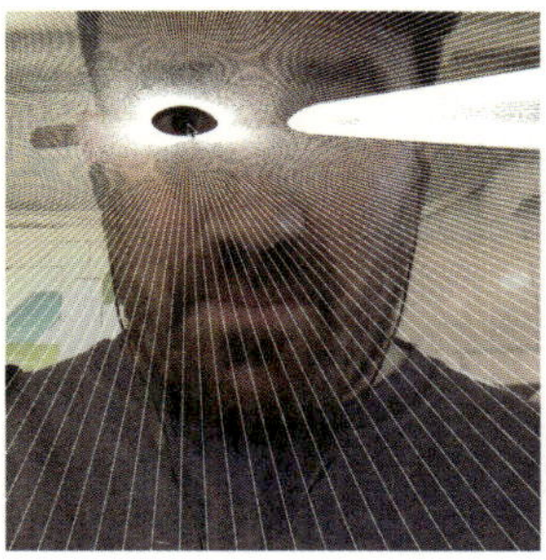

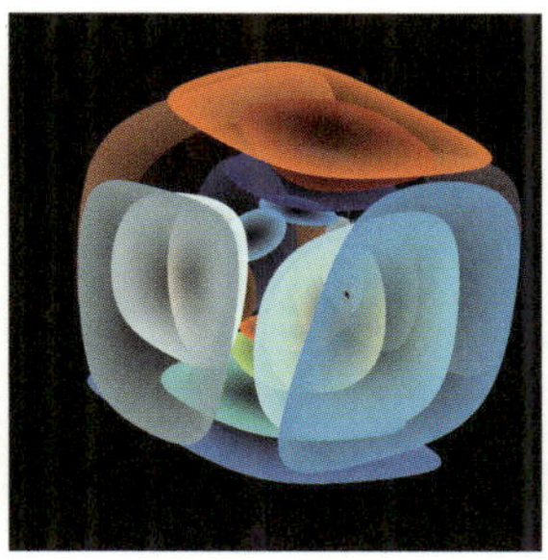
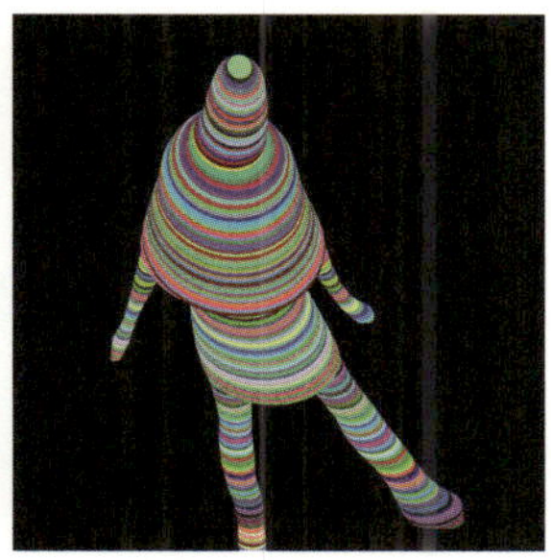

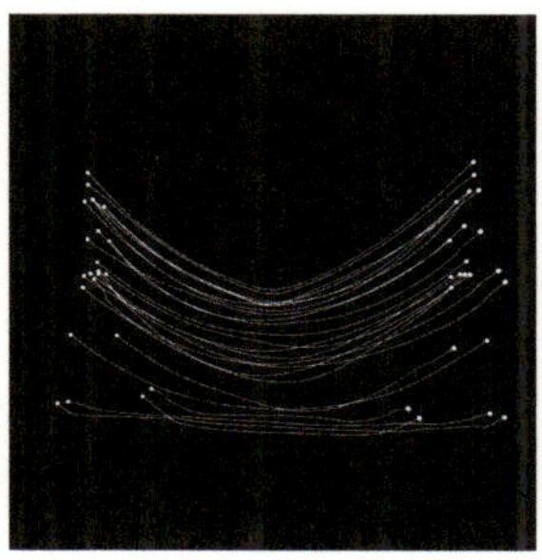
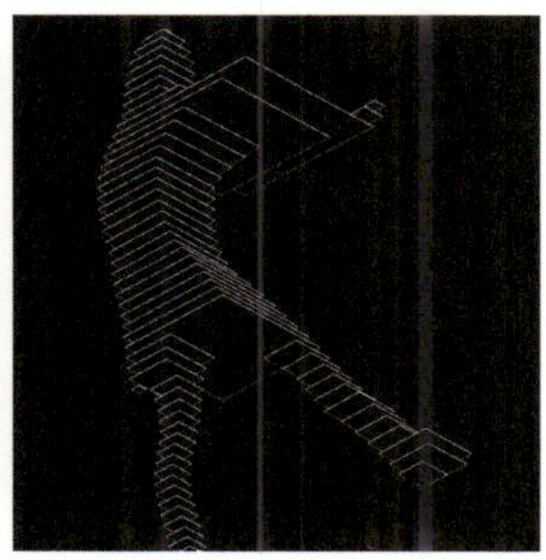

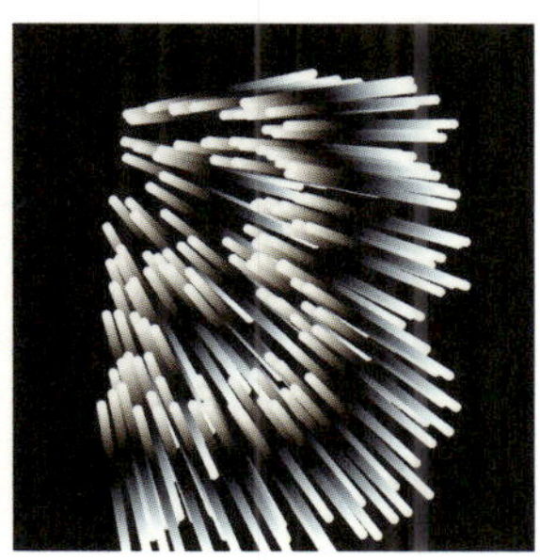

Design and Development
Shota Matsuda (Takram)

Photo Credits
Koki Nagahama

Planck ist ein browserbasiertes Datenvisualisierungs-Framework zur Visualisierung großer geografischer Datenmengen, das von der Agentur Takram speziell für diesen Anwendungsfall neu entwickelt wurde. Planck richtet besonderes Augenmerk darauf, eine Verbindung analytischer Darstellungen sowie ein intuitives immersives Erlebnis zu schaffen – dies gelingt mittels Techniken wie Tiefenschärfe oder Parallelprojektion. Um das Potential dieser Ansätze zu demonstrieren, wurden für das Medienkunstfestival Media Ambition Tokyo 2017 drei unabhängige Datenvisualisierungen erstellt: die Bevölkerungsentwicklung Japan 2050, die Sprachverteilung von Tweets auf Twitter sowie der globale Flugverkehr.

LATION 2050
THIS SCENE VISUALIZES THE POPULATION
APAN IN 2010
RESULT, AND ONE IN 2050 BASED ON THE FORECAST BY STATIST
OF INTERNAL AFFAIRS AND COMMUNICATIONS. WITH A RESOLUTION
THE HEIGHT AND COLOR OF EACH COLUMN REPRESENT THE POPULATIO
THE AREA.
THE FORECAST ALSO INCLUDED REGIONAL POPULATION CHANGES AND
AGE DISTRIBUTIONS FROM 2010 TO 2040 WHICH CAN BE ACCESSED BY
INDIVIDUAL PREFECTURE.
KANAGAWA
AGES 5-19
AGES 20-34
AGES 35-49
AGES 50-64
AGES 65-79
AGES OVER 80
YOKOSUKA
MIURA
KAWASAKI
GEOGRAPHY
AZIMUTH
VIEWPORT
SCENE

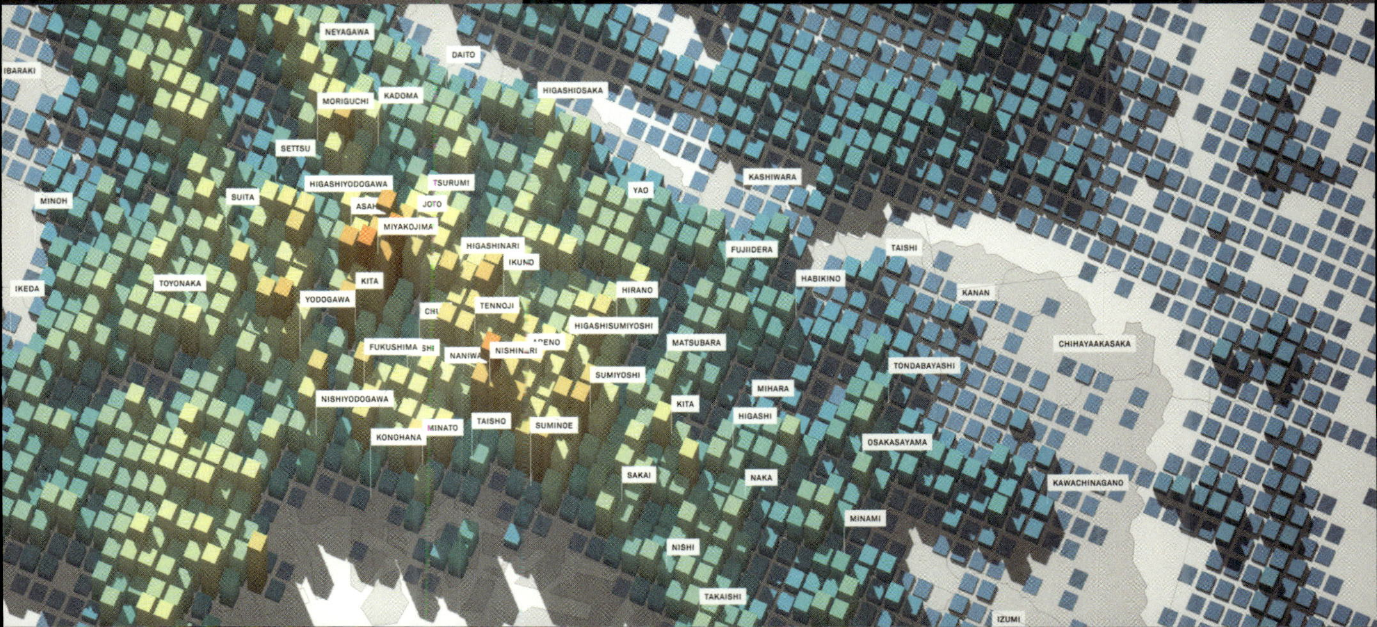
NEYAGAWA
DAITO
IBARAKI
MORIGUCHI
KADOMA
HIGASHIOSAKA
SETTSU
KASHIWARA
HIGASHIYODOGAWA
TSURUMI
YAO
MINOH
SUITA
JOTO
MIYAKOJIMA
HIGASHINARI
FUJIIDERA
TAISHI
IKUNO
HABIKINO
IKEDA
TOYONAKA
KITA
HIRANO
KANAN
YODOGAWA
TENNOJI
HIGASHISUMIYOSHI
CHIHAYAAKASAKA
FUKUSHIMA
MATSUBARA
TONDABAYASHI
SUMIYOSHI
MIHARA
NISHIYODOGAWA
KITA
HIGASHI
MINATO
TAISHO
SUMINOE
OSAKASAYAMA
KONOHANA
SAKAI
NAKA
KAWACHINAGANO
MINAMI
NISHI
TAKAISHI
IZUMI

Interaction Design
Bjørn Karmann

Fashion Design
Julie Helles

Textile Design
Kristine Boesen

Bachelor Graduation Project
Kolding Design school, DK

Mode war schon immer ein Mittel der Selbstdarstellung. **Abstract_** führt dies ins Extreme, indem es einem Käufer erlaubt »sich selbst« in ein Kleidungsstück einzuweben. Abstract_ ist eine interaktive Website mit Gesichtserkennung, die Kunden dazu auffordert, mit ihrem Gesichtsausdruck eine persönliche »Geschichte« zu erstellen. Die Abfolge von Gesichtsausdrücken in Kombination mit dem Rhythmus der Tastaturanschläge wird dann in das Gewebe eines Kleidungsstücks übersetzt.

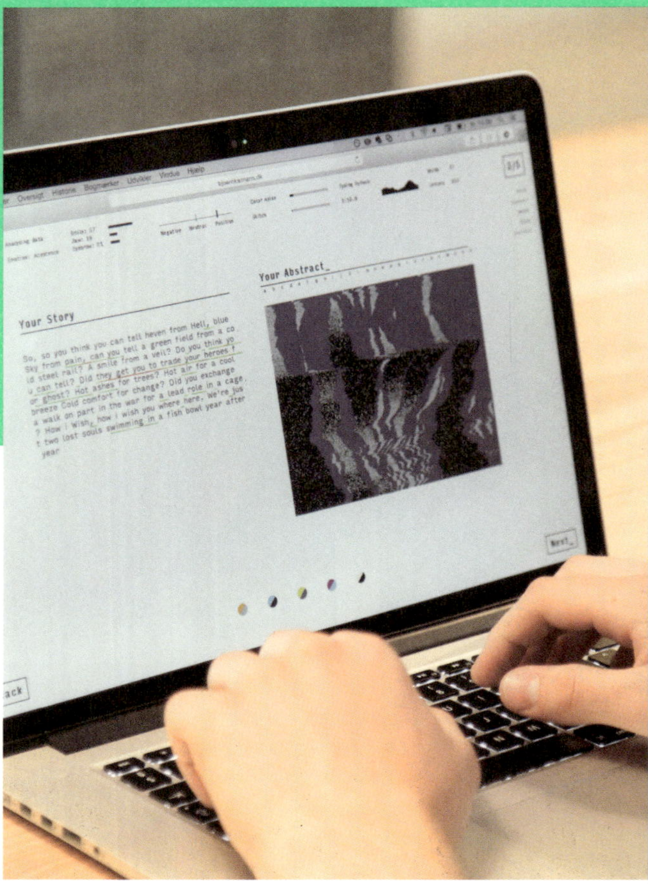

03
2015
Abstract_
Bjørn Karmann
Julie Helles
Kristine Boesen

04

2016

Rottlace – Björk

MIT Media Matter Group
Christoph Bader
Dominik Kolb
Prof. Neri Oxman
Stratasys Ltd.

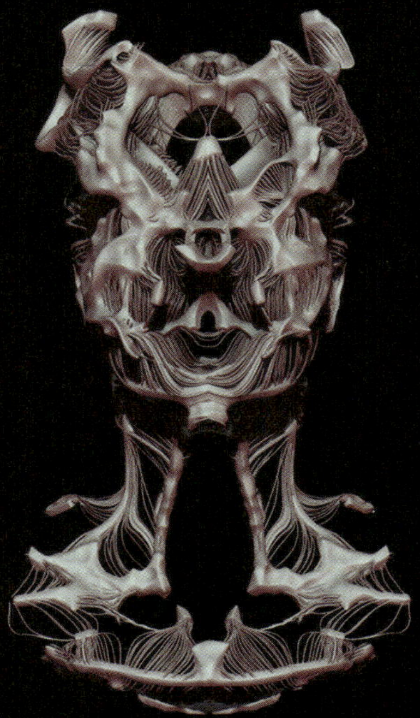

Photo Credits
Santiago Felipe

Rottlace ist ein Teil einer Sammlung an Masken für die isländische Sängerin Björk. Die Gestaltung der Maske spiegelt die Geometrie und Materialität wider, die dem menschlichen Muskel- und Bewegungsapparat zu Grunde liegt. Die Masken sind ein zusätzliches »Muskelgewebe«, das Gesicht und Nacken Bewegungsfreiheit und Schutz bietet. Das Gestaltungsprinzip der Masken nennen die Autoren ein künstliches »Ganzes ohne Einzelteile«.

05 2016 **VOID VIII 01**
Andreas Nicolas Fischer

Primary programming
Andreas Nicolas Fischer and
Benjamin Maus

Additional programming
Abraham Pazos Solatie

VOID ist eine Serie von Bildern generiert anhand einer selbst entwickelten Software. Ein Schwarm aus Partikeln bewegt sich wie in einem Algorithmus vorgegeben und hinterlässt dabei bunte Spuren auf einer Zeichenfläche. Mit der Zeit ergibt sich dabei eine abstrakte Bildkomposition, deren Entwicklung unvorhersehbar ist.

Commissioned by and in Collaboration with Monotype

Monotype: Type Reinvented ist eine Serie bestehend aus drei Medieninstallationen, die untersucht, wie durch die Anwendung neuer digitaler Möglichkeiten (Interaktivität, Generative Gestaltung und Daten) Typografie »smart, dynamisch und emotional« werden kann. Populäre Monotype Schriften werden in einen neuen Kontext gerückt, indem diese in neuen Räumen und Materialien gezeigt werden.

06 2017

Monotype: Type Reinvented

Field

Client
Nike Global Football

Nike Strike Series FA16 ist eine Reihe kurzer Filmanimationen und 3D-Bilder, die das athletische Können von Profifußballspielern zur Schau stellt. Durch einen Ganzkörper-3D-Scan wurden die charakteristischen Bewegungen der Spieler aufgezeichnet und in einem speziellen 3D-Modell genau nachgebildet. Diese Daten (Geschwindigkeit, Beschleunigung und technisches Geschick) sind die Grundlage der Visualisierungen der Bewegungsmuster jedes einzelnen Spielers.

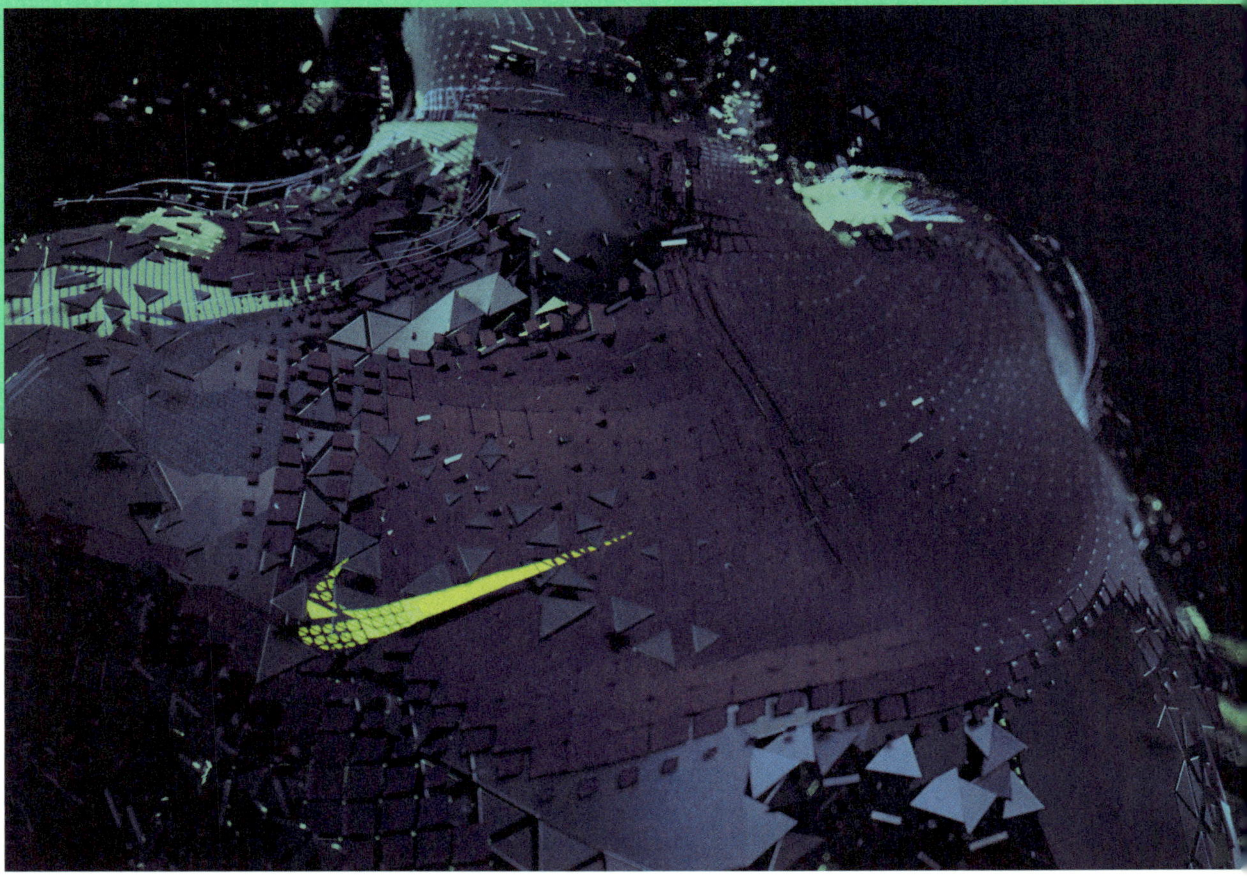

07 2016 **Nike Strike Series FA16**
Onformative

UCL Design Computational Lab

Design
Manuel Jimenez Garcia and
Gilles Retsin

Fabrication Support
Nagami Design, Vicente Soler

Team
Manuel Jimenez Garcia,
Miguel Angel Jimenez Garcia,
Ignacio Viguera Ochoa,
Gilles Retsin, Vicente Soler

Voxel Chair ist ein Möbel-Prototyp, der neue Möglichkeiten demonstriert, die durch aktuelle Fortschritte im Bereich Robotic, 3D-Druck und Software möglich geworden sind. Für das Projekt wurde eine eigene Software entwickelt, die sich neuer Forschungserkenntnisse von computergestützter Architektur bis hin zu bildgebender Diagnostik aus der Medizin bedient, um neue Wege für den 3D-Druck von komplexen Strukturen aufzuzeigen. Die Autoren schlagen mit Voxel Chair vor, dass Designer anstelle der Form eines Stuhles lieber »direkt« das gewünschte Verhalten und die Materialeigenschaften gestalten sollten.

08

2016

VoxelChair v.1.0

Manuel Jimenez García
Gilles Retsin
Nagami Design
Vicente Soler
UCL Design Computational Lab

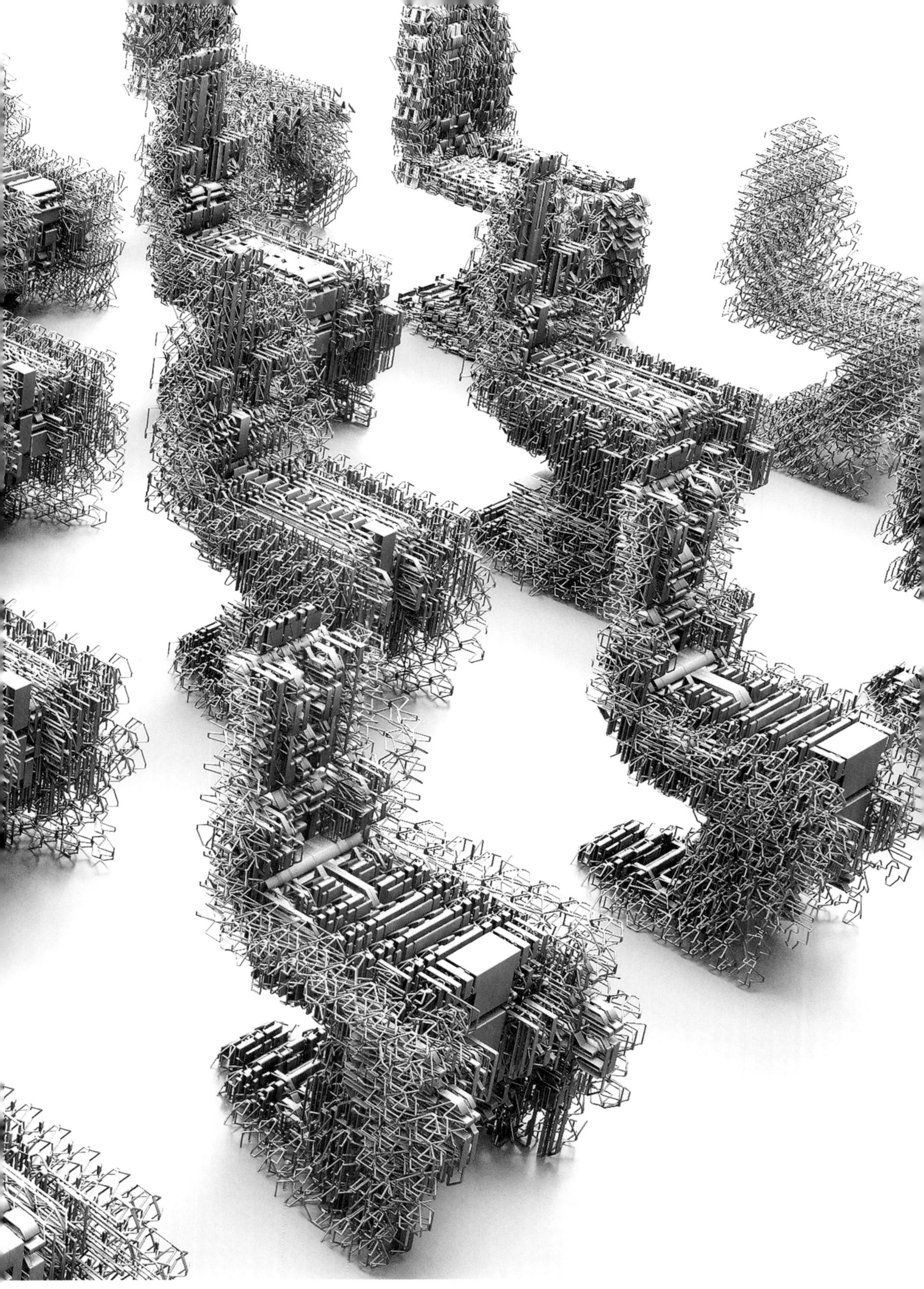

Client
Dolby Laboratories

Collide ist eine Medieninstallation, die Bewegungsdaten in abstrakte Bilder und Musik übersetzt. Surreale Visuals und eine einnehmende Klanglandschaft schaffen einen immersiven Raum, der das Wesen von Bewegung, Farbe und Klang erfasst, um das Erlebnis des »Loslassens« erfahrbar zu machen. Inspiriert durch das Phänomen der Synästhesie, der Vereinigung mehrerer Sinne, kombiniert Collide Kammermusik und surreale Visuals, um eine neue visuelle Sprache zu konstruieren.

09 2016 **Collide: synaesthetic art installation**

Onformative

10 2017 **Block Bills**
Matthias Dörfelt

Archival digital print on paper, 5.9 x 3.3 in

Block Bills ist eine Serie aus 64 generierten Banknoten, die Transaktionsblöcke in einer Bitcoin Blockkette repräsentieren. Auf Basis von Zufall und den individuellen Fingerabdrücken der Transaktionsblöcke definiert ein generatives Regelwerk das Aussehen der Banknoten. Die Banknoten sind für Matthias Dörfelt Ausdruck seiner Ambivalenz zu Bitcoin, und der Versuch, die normalerweise unsichtbaren Vorgänge in Kryptowährungen zu visualisieren und emotional greifbar zu machen.

Map and road network data
OpenStreetMap

Routing engine
GraphHopper

Roads to Rome ist eine Datenvisualisierung, die einem der größten ungelösten Rätsel der Mobilität auf den Grund geht – sie hinterfragt das Sprichwort »alle Wege führen nach Rom«. Die Karten und Bilder machen Mobilität in großem Maßstab lesbar. Die Darstellungen wurden mit Hilfe von Routing-Algorithmen auf Basis von echten Straßendaten (OpenStreetMap) von Stadtebene bis hin zu gesamten Kontinenten berechnet. Neben ihrer ästhetischen Qualität erlauben die Visualisierungen auch Rückschlüsse auf regionale, politische und geografische Verhältnisse manifestiert durch das Straßennetz aufzuzeigen.

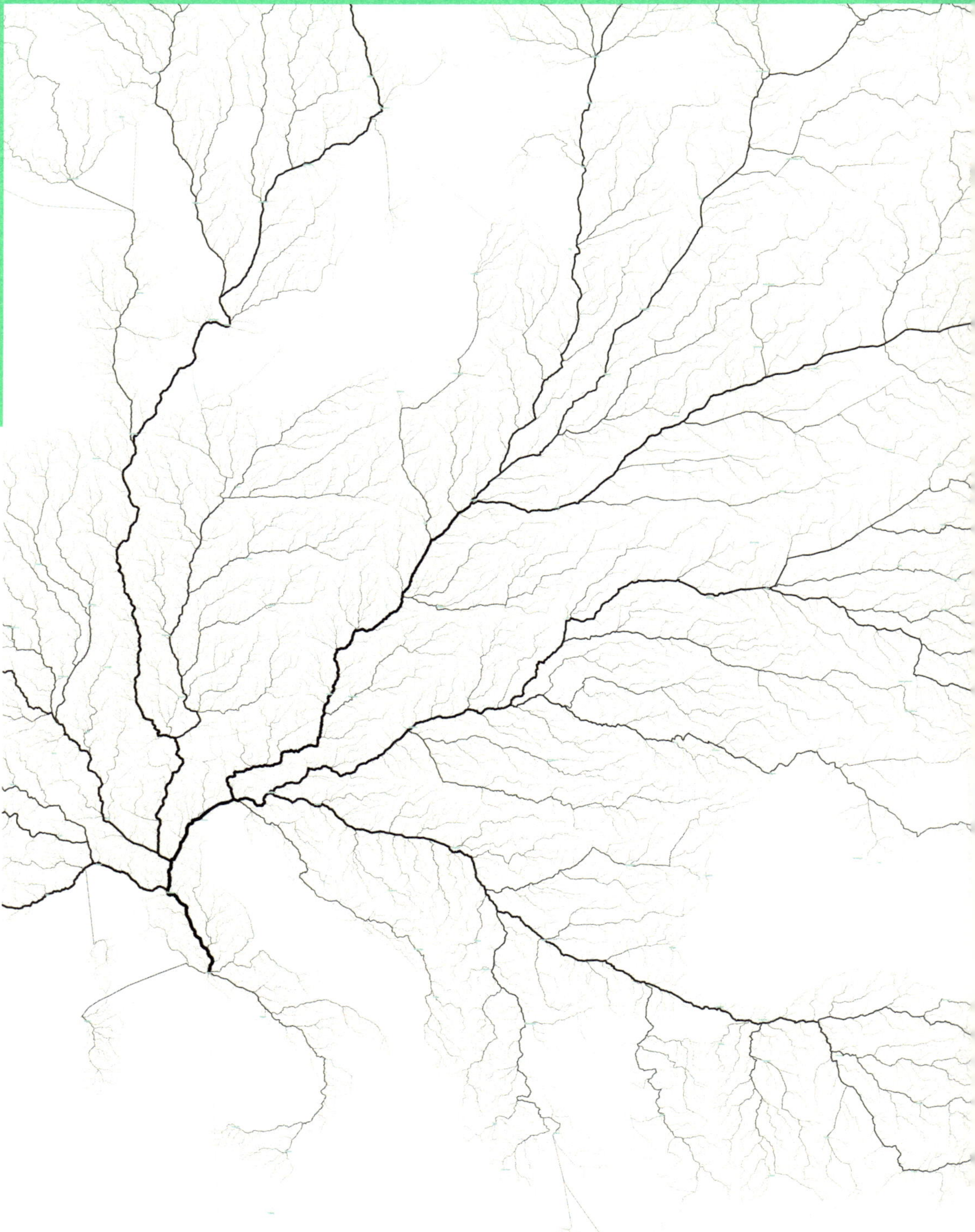

11

2015

Roads to Rome

Benedikt Groß
Philipp Schmitt
Raphael Reimann
moovel lab

12

2015

Jller

Benjamin Maus

Prokop Bartoníček

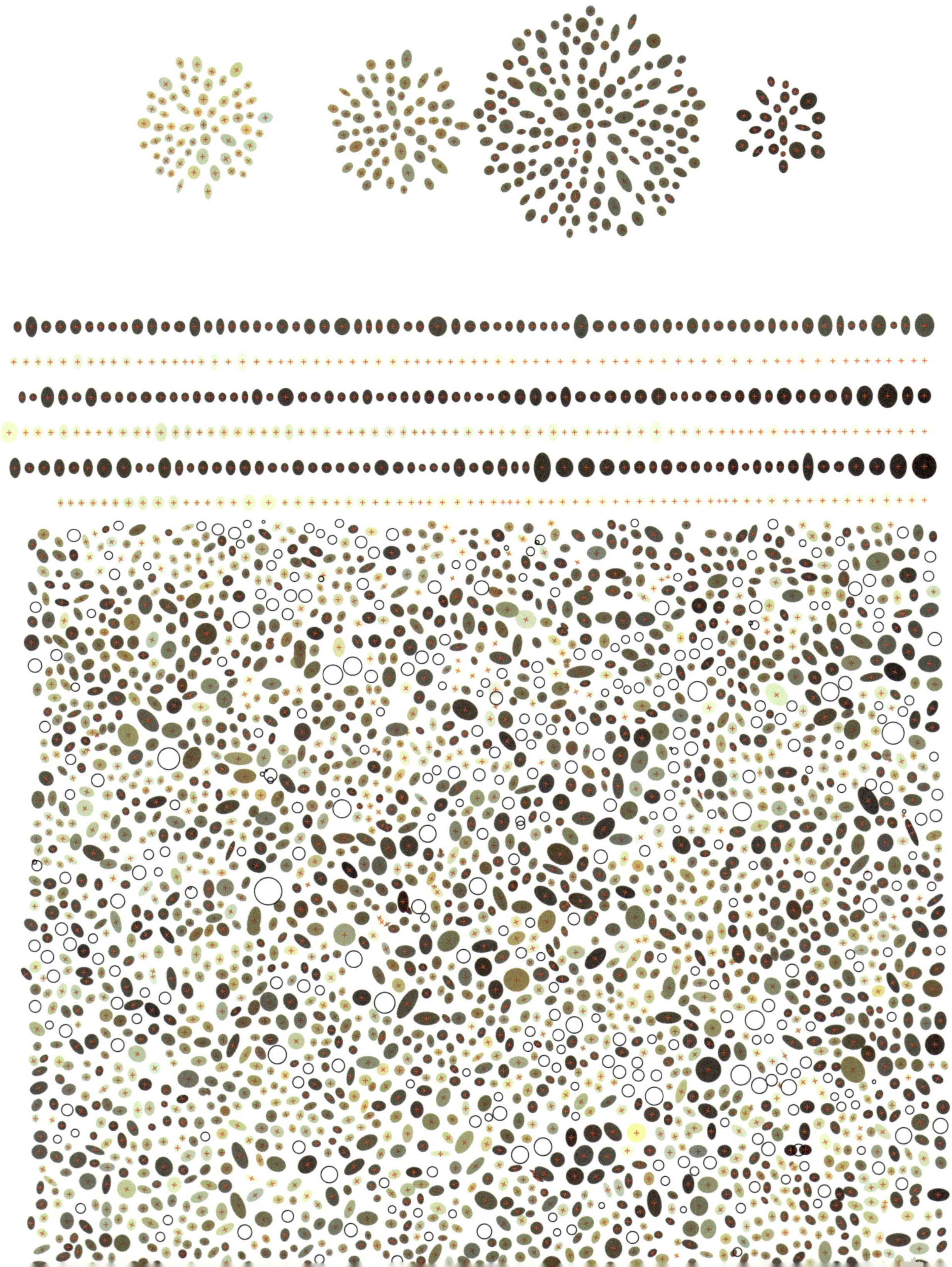

Additional Mechanics and Electronics
Tomislav Arnaudov

Developed at
pebe/lab (Prague)
and FELD (Berlin)

Jller ist Teil eines laufenden Forschungsprojektes im Bereich industrielle Automatisierungstechnik und historische Geologie. Die dazugehörige Apparatur sortiert mit Computer-Bilderkennung automatisch Flusskieselsteine nach geologischem Alter. Gleichzeitig stellt die Installation die von der Natur vorgegebene geologische Geschichte in einem automatisierten Sortierungsprozess als Performance zur Schau.

13 2016

Aerial Bold

Benedikt Groß

Joey Lee

Font Design
Marco Berends

Machine Learning Msc Thesis
Ankita Agrawal, Institute for Artificial Intelligence, HS Ravensburg-Weingarten

Funding and Support
Kickstarter Backers

Aerial Imagery
USGS (United States Geological Survey)

Entgegen der landläufigen Meinung gibt es immer noch viele weiße Flecken auf der Weltkarte zu entdecken. Jeden Tag umkreisen Satelliten die Erde und machen dabei unzählige Bilder, trotzdem existiert nur ein sehr begrenztes Wissen darüber, was genau an einzigartigen Dingen auf diesen Bildern aufgenommen wurde und wie diese gefunden und klassifiziert werden können. **Aerial Bold** – die planetenweite Buchstaben-Suchmission – hinterfragt dies und versucht auf dieses Potential aufmerksam zu machen.

P.O

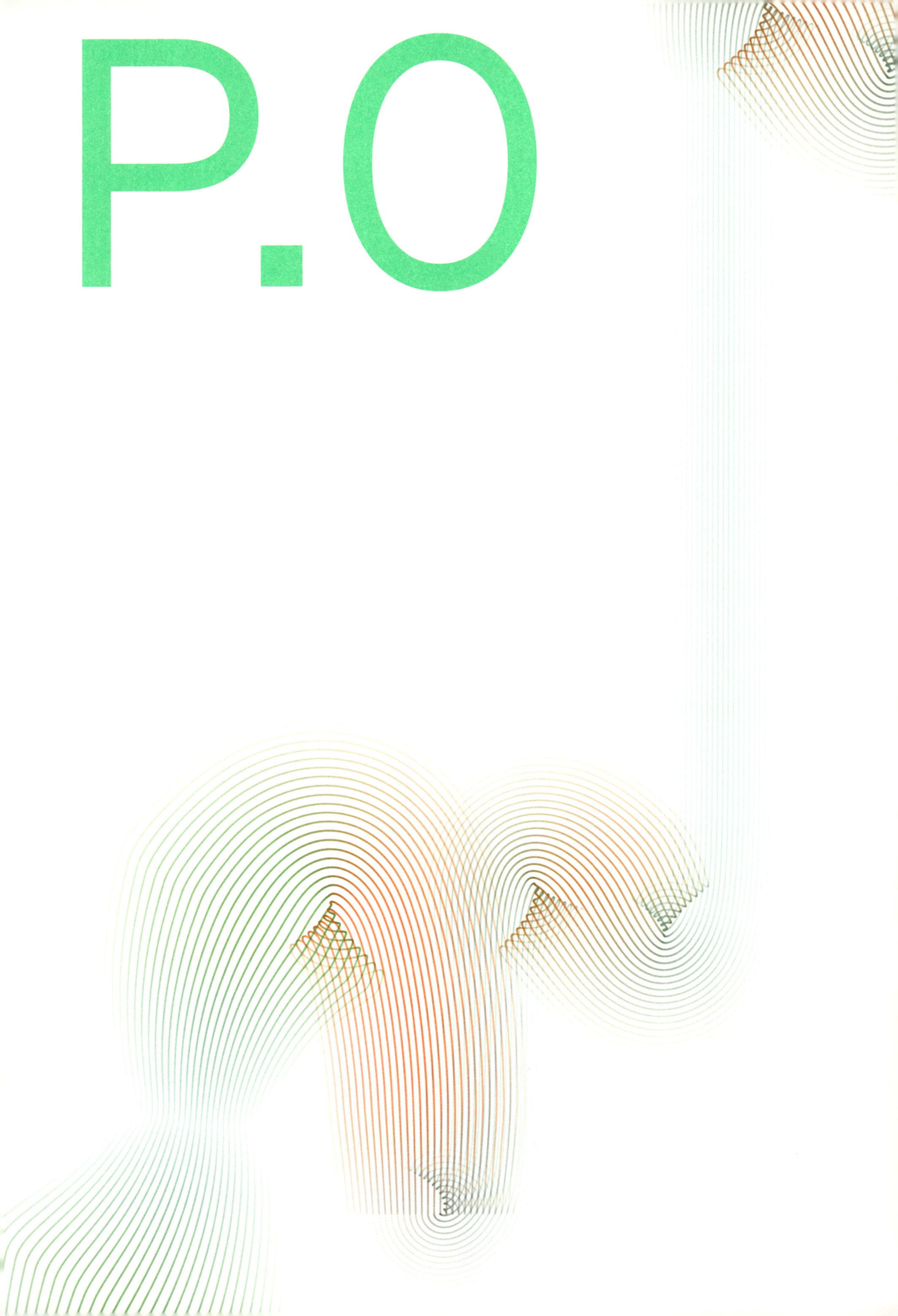

Einführung in p5.js

P.0.0 p5.js, Javascript und Processing

Um Sie in die Konzepte generativen Gestaltens einzuführen, nutzen wir in diesem Buch die Javascript-Library p5.js. Auf den nächsten Seiten geben wir Ihnen einen Überblick über die grundlegende Elemente und Funktionsweisen von Javascript und einen kurzen Abriss über die Historie von Processing und p5.js.

Das Projekt p5.js wurde im August 2013 von Lauren McCarthy begonnen. Um den Gedanken hinter p5.js zu erklären, wollen wir ein klein wenig weiter ausholen. Denn p5.js lehnt sich an das schon deutlich länger existierende Processing-Projekt an.

Die Programmiersprache Processing wurde im Frühjahr 2001 von Ben Fry und Casey Reas mit einer kleinen Gruppe von Helfern initiiert. Hauptziel von Processing war und ist es, visuell orientierten Menschen einen einfachen Zugang zur Programmierung zu ermöglichen. Processing-Programme werden als Sketch (dt. Skizze) bezeichnet. Processing versteht sich als ein Werkzeug oder eine Entwicklungsumgebung zur schnellen Erstellung digitaler, programmierter Skizzen [1]. Um Processing existiert eine große lebendige Community, die das gegenseitige Lernen sehr vereinfacht. Es gibt sehr viele Beispiele, Videos, Tutorials etc. Processing ist Standard für Programmierung in Design, Infografik, Architektur und Kunst geworden.

→ processingfoundation.org

[1] Eine sehr gute und detaillierte Einführung in das Programmieren mit Processing bietet das Buch »Processing: a programming handbook for visual designers and artists«.
→ Casey Reas und Ben Fry

p5.js verfolgt den gleichen Gedanken, nämlich die Programmierung von Grafik möglichst einfach zu machen. Auch die einzelnen Befehle von p5.js im Vergleich zu Processing sind meist identisch. Der große Unterschied ist, dass p5.js nicht wie Processing auf der Programmiersprache Java basiert, sondern auf Javascript. Das ist nicht nur technisch bedeutsam, auch für den Anwender ist das ein wichtiger Unterschied, denn Javascript ist die Programmiersprache, die im Webbrowser läuft und mit der Websites dynamisch und interaktiv gemacht werden. Die Programme, die mit Hilfe von p5.js erstellt werden, können dadurch direkt im Web eingesetzt werden.

p5.js ist ein Open-Source-Projekt, Sie können es also frei herunterladen und für eigene Projekte verwenden. Da p5.js eine Javascript-Library ist und Javascript auch die meist genutzte Programmiersprache im Internetzeitalter ist, fällt es leicht, die Code-Beispiele auf die Mehrheit anderer Entwicklungsumgebungen zu übertragen. Javascript ist Cross-Plattform, d. h. der gleiche Quellcode kann auf allen Betriebssystemen, für die ein moderner Browser oder eine entsprechende Runtime-Umgebung existiert, verwendet werden. Und damit nicht nur auf Desktop-Rechnern, sondern auch auf Smartphones und Tablets.

Auch um p5.js und mehr noch um Javascript gibt es eine riesige Online-Community. Für fast jede Frage oder jedes Problem im Zusammenhang mit Javascript gibt es online Antworten. Das Internet ist zudem voll mit weiteren Javascript-Libraries, die in der Regel problemlos mit p5.js kombiniert werden können.

Für die Programme in diesem Buch verwenden wir unsere eigene Programmbibliothek, die auf der Website des Buches zu finden ist, weisen aber auch auf externe Libraries für Sie hin. Mit der generative-design-Library können Sie beispielsweise an Ihrem Grafiktablet arbeiten oder Farbpaletten im Adobe ASE-Format erzeugen.

→ generative-gestaltung.de
→ generative-design-library

→ Palettenexport P.1.2
Farbpaletten

Programme schreiben p5.js ist einfacher als reines Javascript. p5.js nutzt diese Programmiersprache und erleichtert den Einstieg, sodass die wichtigsten Befehle, vor allem die für grafischen Output (z. B. einen Kreis zeichnen), sehr einfach zu verwenden sind. Der Anfänger wird nicht mit zusätzlichen Konstruktionen belastet, die sonst notwendig wären, um grafische Elemente im Browserfenster anzuzeigen.

Auf den folgenden Seiten zeigen wir Ihnen, wie Sie sich Ihren Arbeitsplatz, die Entwicklungsumgebung, einrichten und stellen Ihnen die wichtigsten Sprachelemente und Programmierkonzepte von p5.js vor. Sie können also gleich damit beginnen, die vorgestellten Befehle einzugeben, das Programm zu starten und nachzuvollziehen, was diese Befehlszeilen produzieren.

P.0.1 Entwicklungsumgebung

Sie wollen gleich loslegen? Gut! Hier erfahren Sie, wie Sie unsere Programme ausprobieren, erweitern und komplett neue erstellen können. Laden Sie einfach unser Code-Paket mit den ganzen Programmen zum Buch herunter. Den Link dazu finden Sie auf generative-gestaltung.de.

Variante 1: Der p5.js-Online-Editor Das ist der einfachste Weg, um zu starten. Alles was Sie brauchen ist ein Browser und Zugang zum Internet.

1 Öffnen Sie den Online-Editor von p5.js. Mit diesem haben Sie eine komfortable Umgebung, um schnell etwas auszuprobieren.

→ editor.p5js.org

Im Browserfenster finden Sie einen Bereich zum Editieren auf der linken Seite. Einen Play- und Stop-Button um das Programm zu starten und wieder zu stoppen, rechts die Zeichenfläche für den grafischen Output und unten die Konsole, in der etwaige Fehlermeldungen erscheinen oder sonstige Textausgaben des Programms.

2 Die Programme zum Buch können Sie entweder in den Online-Editor hochladen, den Text per Copy and Paste einfügen oder einen der Sketches aus unserer Collection kopieren.

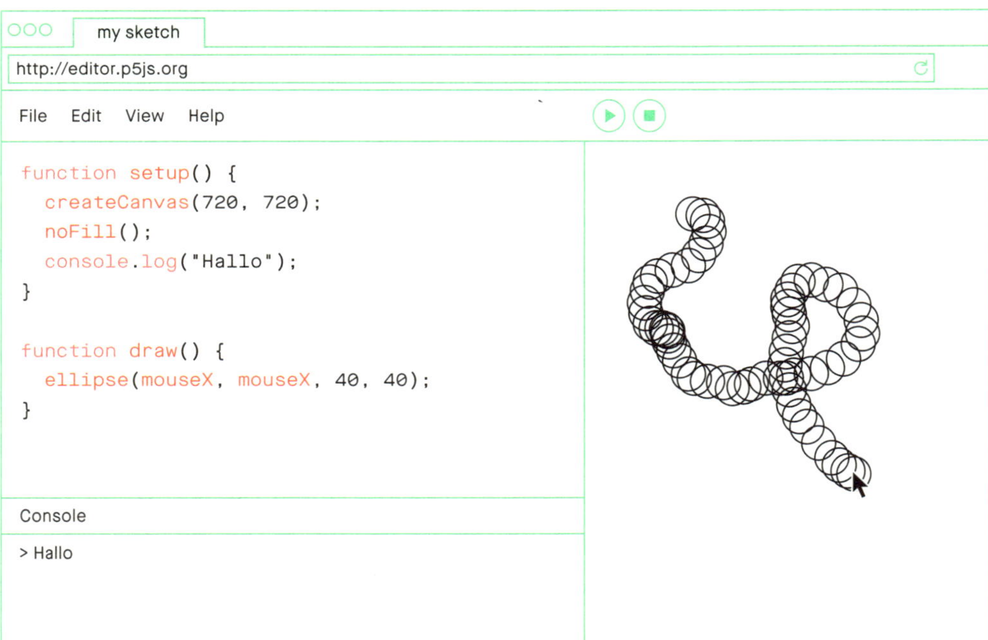

Code-Editor und Output sind im Browserfenster vereint. Neben dem p5.js-Online-Editor gibt es noch eine Reihe ähnlicher Online-Code-Editoren, z. B. codepen.io oder jsfiddle.net, allerdings sind diese nicht speziell für p5.js optimiert.

Variante 2: Code-Editor und Browser Für ein erstes Experimentieren mit p5.js ist der Online-Editor eine sehr gute Möglichkeit, aber auf Dauer sollten Sie sich eine funktionierende Arbeitsumgebung auf Ihrem eigenen Computer einrichten.

1 Dazu brauchen Sie vor allem einen guten Code-Editor, wie Sublime Text, Atom, Brackets, Coda, etc.

2 Laden Sie unser Code-Paket herunter. Den Link dazu finden Sie auf der Website zum Buch.

→ **generative-gestaltung.de**

3 Sie können nun das Programm laufen lassen, indem Sie das index.html aus einem der Sketch-Ordner (z. B. P_1_C_01) im Browser öffnen.

4 Wenn Sie ein Programm verändern wollen, öffnen Sie die Datei sketch.js, editieren den Inhalt und öffnen das zugehörige index.html im Browser. Allerdings müssen Sie bei jeder Änderung in sketch.js diese speichern und den Browserinhalt neu laden.

Eine ausführlichere Anleitung zur Arbeit mit p5.js finden Sie auch auf der Website von p5.js.

→ **p5js.org/get-started**

! Manche unserer Code-Beispiele müssen auf einem Server laufen, um zu funktionieren. Diese Sketches nutzen externe Ressourcen wie z. B. die Webcam oder externe Dateien und müssen daher von einem Webserver ausgeführt werden (die URL des Sketches muss mit »http« beginnen, sonst verbietet der Browser die Nutzung dieser Ressourcen). Detaillierte Erklärungen, wie Sie damit umgehen, finden Sie auf unserer Website.

P_2_3_1_01

sketch.js | index.html

```
function setup() {
  createCanvas(720, 720);
  noFill();
  console.log("Hallo");
}

function draw() {
  background(255);
  ellipse(mouseX, mouseX, 40, 40);
}
```

Ein Code-Editor, z. B. Sublime Text. Der Editor ist ein separates Programm und nicht im Browser integriert.

Die Datei index.html und damit der Sketch wird direkt im Browser von der Festplatte geöffnet. Die URL beginnt daher auch mit »file«.

P.0.2 Sprachelemente

Um dem Computer Anweisungen geben zu können, müssen Sie seine Sprache sprechen. Im Folgenden stellen wir Ihnen die wichtigsten Funktionen und Kontrollstrukturen von Javascript und p5.js vor.

Hallo Ellipse Ein erstes Programm. Öffnen Sie die Datei sketch.js (diese befindet sich im Ordner empty-example), geben Sie folgende Zeile innerhalb der Funktion draw() ein und öffnen Sie das zugehörige index.html in einem Browser.

1

```
function draw() {
 ellipse(50, 50, 80, 80);
}
```

Es gibt Befehle, die etwas zeichnen, wie `ellipse`, `rect`, `line` etc. und Befehle, die festlegen, wie die folgenden Grafiken gezeichnet werden sollen, wie `stroke`, `strokeWeight`, `noStroke`, `fill`, `noFill` etc. Die einmal eingestellten Zeichenmodi gelten dann für alle nachfolgenden Zeichenbefehle, bis wieder etwas anderes eingestellt wird. Die meisten Zeichenbefehle verlangen einen oder mehrere Parameter, die angeben, wohin etwas gezeichnet werden soll und in welcher Größe. Die Maßeinheit dafür ist das Pixel. Der Ursprung des Koordinatensystems liegt in der linken, oberen Ecke der Zeichenfläche.

2

```
point(60, 50);
```

Das Pixel, den der Befehl `point(60, 50)` auf der Zeichenfläche ausgibt, wird also 60 Pixel vom linken Rand und 50 Pixel vom oberen Rand entfernt gezeichnet.

Es ist natürlich möglich, mehr als eine Zeile Code zu haben. Die einzelnen Zeilen werden dann der Reihe nach von oben nach unten abgearbeitet. Die folgenden Befehlszeilen werden also von p5.js so gelesen:

3

```
fill(128);
strokeWeight(1);
ellipse(40, 50, 60, 60);
rect(50, 50, 40, 20);
```

Bei den Befehlen ist es wichtig, auf die genaue Schreibweise mit Groß- und Kleinbuchstaben zu achten. Der Befehl `strokeWeight()` würde beispielsweise in den Schreibweisen `strokeweight()` oder `StrokeWeight()` nicht als solcher erkannt.

1 Ein Kreis wird auf die Zeichenfläche gezeichnet. Die runden Klammern `()` definieren zusammen mit `function` den Namen und Parameter der Funktion. Zwischen den geschweiften Klammern `{ ... }` wird definiert, was die Funktion machen soll, z. B. einen Kreis zeichnen.

2

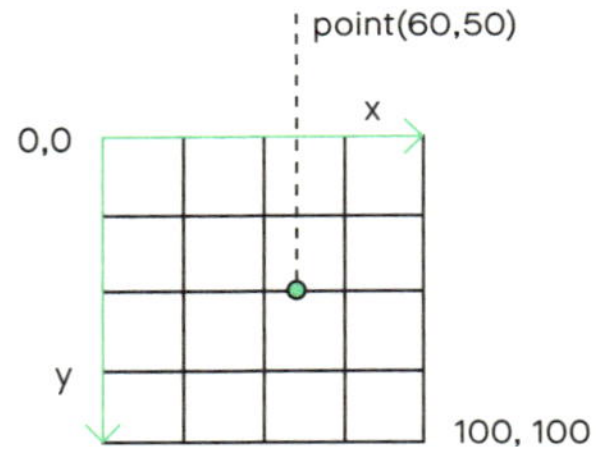

3 Stelle die Füllfarbe auf ein mittleres Grau ein. Stelle die Linienstärke auf 1 Pixel ein. Zeichne eine Ellipse an den Punkt (40, 50) mit Breite und Höhe 60 Pixel. Zeichne ein Rechteck an die Koordinate (50, 50) mit Breite 40 und Höhe 20.

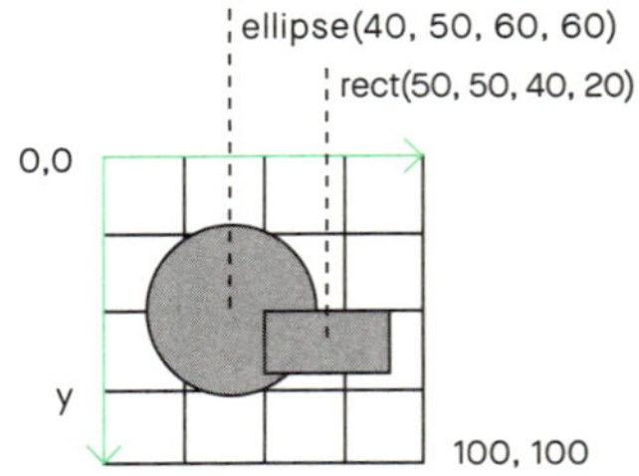

Zeichenfläche mit 100 Pixel Breite und 100 Pixel Höhe

Setup, Draw und Preload p5.js stellt verschiedene Funktionen zur Verfügung, die automatisch aufgerufen werden. Die beiden wichtigsten sind `setup()` und `draw()`.

Die Funktion `draw()` wird in jedem Zeichenschritt aufgerufen und jedesmal werden darin alle Befehlszeilen abgearbeitet.

4
```
function draw() { }
```

4 In dieser `draw()`-Funktion stehen zwar noch keine Befehlszeilen, sie hält aber das Programm am Laufen.

5
```
function draw() {
  console.log(frameCount);
}
```

5 Eine `draw()`-Funktion mit einer Befehlszeile. Der Befehl `console.log()` gibt Text im Konsolenbereich des Browsers aus. In diesem Fall die stetig steigende Nummer des aktuellen Frames.

Die `draw()`-Funktion wird mit einer festgelegten Taktfrequenz aufgerufen, die bestimmt, wie viele Bilder pro Sekunde gezeichnet werden. Als Standard ist diese auf 60 Bilder pro Sekunde eingestellt und kann mit dem Befehl `frameRate()` geändert werden.

6
```
frameRate(30);
```

6 Die Zeichengeschwindigkeit wird auf 30 Bilder pro Sekunde eingestellt.

Die eingestellte Bildfrequenz wird allerdings automatisch kleiner, wenn der Rechenaufwand pro Frame so groß wird, dass der Browser ihn nicht mehr innerhalb der Zeit bewältigen kann.

Manche Dinge sollen nur einmal beim Starten des Programms ausgeführt werden, und nicht in jedem Frame erneut. Dafür gibt es die `setup()`-Funktion.

7
```
function setup() {
  frameRate(30);
}
```

7 In die `setup()`-Funktion kommen die Befehle, die bei Programmstart genau einmal ausgeführt werden sollen.

Um sicherzustellen, dass beim Start des Programms zusätzliche Daten vollständig geladen sind, gibt es die `preload()`-Funktion.

8
```
function preload(){
  img = loadImage("data/pic1.jpg");
}
```

8 In `preload()` kommen die Anweisungen zum Laden von Daten, in diesem Beispiel soll ein Bild geladen werden.

Zeichenfläche und Renderer Innerhalb des Browserfensters wird eine Zeichenfläche angelegt. Diese ist die Bühne für den visuellen Output des Programms und kann auf jede beliebige Größe gebracht werden.

9
```
createCanvas(640, 480);
```

9 Die Zeichenfläche ist nun 640 Pixel breit und 480 Pixel hoch.

Zusätzlich zu den Parametern Breite und Höhe kann im Befehl `createCanvas()` noch angegeben werden, welcher Renderer zur Darstellung benutzt werden soll. Der Renderer ist dafür verantwortlich, wie die verschiedenen Grafikbefehle tatsächlich in Pixel übersetzt werden. Folgende stehen zur Verfügung:

10
```
createCanvas(640, 480, P2D);
```

10 Der Standard-Renderer: falls nichts angegeben ist, wird dieser verwendet.

11
```
createCanvas(640, 480, WEBGL);
```

11 Renderer für hardwarebeschleunigte 3D-Grafiken im Webbrowser.

Transformationen Eine der Stärken von p5.js ist es, das Koordinatensystem verschieben, rotieren und skalieren zu können. Alle nachfolgenden Grafikbefehle beziehen sich dann auf dieses transformierte Koordinatensystem.

12
```
translate(40, 20);
rotate(0.5);
scale(1.5);
```

12 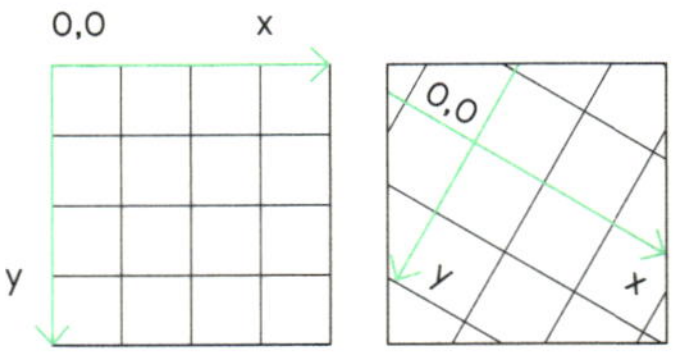

Das Koordinatensystem wird in diesem Beispiel um 40 Pixel nach rechts und 20 Pixel nach unten verschoben, dann um 0,5 Radianten (ca. 30°) gedreht und dann noch um den Faktor 1,5 skaliert.

Winkel werden in p5.js grundsätzlich in Radianten angegeben. Dabei entspricht 180° der Zahl Pi (≈ 3,14) und die Rotation erfolgt im Uhrzeigersinn.

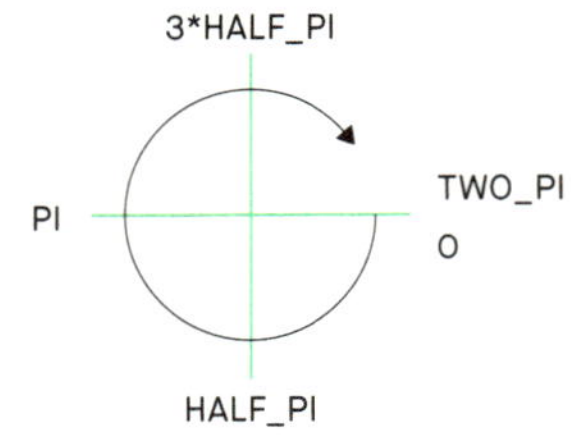

Variablen und Datentypen Im Code lassen sich Informationen, die an einer anderen Stelle wieder gebraucht werden, in Variablen speichern. Diesen kann ein beliebiger Name gegeben werden, tabu sind allerdings Javascript-Schlüsselworte. Diese Schlüsselworte sind daran zu erkennen, dass sie in einem guten Editor besonders eingefärbt werden.

13
```
var meineVariable;
meineVariable = 5;
```

13 Die Variable `meineVariable` wird erstellt. In dieser wird dann der Wert 5 gespeichert.

Variablen können unterschiedliche Datentypen beinhalten. Im Gegensatz zu den meisten anderen Programmiersprachen muss das in Javascript bei der Variablenerstellung nicht berücksichtigt werden. Trotzdem sollten Sie selbst den Überblick behalten, in welcher Variablen welche Art von Wert gespeichert ist. Datentypen können beispielsweise sein:

14
```
var meinWahrheitswert = true;
```

14 Wahrheitswerte: `true` oder `false`

15
```
var meineGanzzahl = 7;
```

15 Ganzzahlen: z. B. 50, -532

16
```
var meineFliesskommazahl = -3.219;
```

16 Fließkommazahlen: z. B. 0.02, -73.1

17
```
var meinZeichen = "A";
```

17 Ein Zeichen: z. B. "a", "A", "9", "&"

18
```
var meineZeichenkette = "Dies ist ein Text";
```

18 Zeichenkette/Text: z. B. "Hallo Welt"

Arrays Soll eine größere Anzahl an Werten gespeichert werden, wäre es sehr umständlich, für jeden einzelnen Wert eine eigene Variable anzulegen. Arrays ermöglichen, eine Liste von Werten zu verwalten.

19
```
var planeten = ["Merkur", "Venus", "Erde", "Mars",
                "Jupiter", "Saturn", "Uranus", "Neptun"];
```

19 Das Merkmal von Arrays sind die eckigen Klammern. Innerhalb von diesen können beliebig viele Werte (hier die acht Planetennamen) durch Komma getrennt aufgelistet werden.

20

```
console.log(planeten[0]);
```

20 Auf die Werte kann durch Angabe einer Indexzahl in eckigen Klammern hinter dem Variablennamen zugegriffen werden. Der Index 0 zeigt auf den ersten Eintrag im Array.

Falls einem Array nicht sofort Werte zugewiesen werden sollen, kann das Array auch zunächst nur erzeugt werden um es später zu befüllen:

21

```
var planetenDurchmesser = [];
planetenDurchmesser[0] = 4879;
planetenDurchmesser[1] = 12104;
planetenDurchmesser[2] = 12756;
planetenDurchmesser[3] = 6794;
...
```

21 Die eckigen Klammern initialisieren ein leeres Array. Anschließend werden dem Array Werte zugewiesen (das könnte natürlich auch erst später im Programmablauf geschehen).

Zusätzlich besitzen Arrays eine Menge von weiteren Funktionen, um die Elemente zu bearbeiten. In diesem Buch verwenden wir vor allem `push()` um ans Ende eines Arrays neue Elemente hinzuzufügen.

22

```
planeten.push("Pluto");
```

22 Auch wenn Pluto nicht mehr als Planet gilt, kann sein Name auf diese Weise dem Array `planeten` hinzugefügt werden.

Objekte Neben Arrays können auch in Objekten viele Informationen auf einmal gespeichert werden. Der Unterschied ist, dass auf einzelne Werte nicht über einen numerischen Index zugegriffen wird, sondern über einen sogenannten Key (Schlüssel).

23

```
var planet = {name: "Saturn", masse: 5.685e26,
              temperatur: 134};
planet.durchmesser = 120536;

console.log("Masse in kg: " + planet.masse);
```

23 Das Merkmal von Objekten sind die geschweiften Klammern. Hier wird ein Objekt mit drei Key-Value-Paaren erzeugt. Ein weiteres Key-Value-Paar wird dem bestehenden Objekt hinzugefügt und zuletzt auf einen der Werte zugegriffen.

Alternativ kann folgendermaßen auf einen Wert zugegriffen werden. Das ist dann notwendig, wenn die Keys nicht von Beginn an feststehen, sondern dynamisch erzeugt oder ausgelesen werden.

24

```
var k = "masse";
console.log("Masse in kg: " + planet[k]);
```

24 Wenn der Name des Keys in einer Variablen gespeichert ist, kann nur auf diese Art auf den Wert zugegriffen werden.

Operatoren und Mathematik Natürlich kann man in p5.js auch rechnen. Das geht sowohl mit einfachen Zahlen, ...

25

```
var a = (4 + 2.3) / 7;
```

25 In `a` ist hinterher der Wert 0.9 gespeichert.

mit Zeichenketten ...

26

```
var s = "Umfang des Jupiters: " + (142984*PI) + " km";
```

26 Die Variable `s` beinhaltet dann die Zeichenkette »Umfang des Jupiters: 449197.5 km«.

und mit Variablen:

27

```
var i = meineVariable * 50;
```

27 Der Wert in `meineVariable` wird mit 50 multipliziert und das Ergebnis in `i` gespeichert.

Es stehen folgende Rechenoperatoren zur Verfügung: `+`, `-`, `*`, `/`, `%`. Außerdem gibt es eine ganze Reihe von mathematischen Funktionen. Einige wenige davon sind diese:

28

```
var umgerechneterWert = map(einWert, 10, 20, 0, 1);
```

28 Der Wert in der Variablen `einWert` wird aus dem Wertebereich von 10 bis 20 in eine Zahl zwischen 0 und 1 umgerechnet.

29

```
var gerundeterWert = round(2.67);
```

29 Runden: `gerundeterWert` ist 3.

30

```
var zufaelligerWert = random(-5, 5);
```

30 Eine Zufallszahl zwischen -5 und 5.

31

```
var kosinusWert = cos(winkel);
```

31 Berechnet den Kosinus des Winkels.

Maus und Tastatur Es gibt mehrere Möglichkeiten, an Informationen über die Eingabegeräte Maus und Tastatur zu kommen. Eine davon ist, die von p5.js zur Verfügung gestellten Variablen abzufragen.

32

```
function draw() {
  console.log("Mausposition:" + mouseX + "," + mouseY);
  console.log("Maustaste gedrückt?:" + mouseIsPressed);
  console.log("Taste gedrückt?:" + keyIsPressed);
  console.log("Zuletzt gedrückte Taste:" + key);
}
```

32 Die p5.js-Variablen `mouseX` und `mouseY` beinhalten immer die aktuelle Position der Maus, `mousePressed` ist `true`, wenn eine der Maustasten momentan gedrückt ist. Die Variable `keyPressed` zeigt an, ob eine Taste auf der Tastatur gedrückt ist, in `key` steht die zuletzt gedrückte Taste.

Eine andere Möglichkeit ist, einen der Event-Handler zu implementieren. Ein Event-Handler wird aufgerufen, wenn das zugehörige Ereignis (z. B. eine Maustaste wird gedrückt oder eine Taste auf der Tastatur wird angeschlagen) auftritt.

33

```
function mouseReleased() {
  console.log("Die Maustaste wurde losgelassen");
}
```

33 Die Funktion `mouseReleased()` wird aufgerufen, wenn die linke Maustaste losgelassen wird.

Weitere Event-Handler sind beispielsweise: `mousePressed()`, `mouseMoved()`, `keyPressed()`, `keyReleased()`, ...

Bedingungen Oft ist es notwendig, bestimmte Codezeilen nur in bestimmten Fällen ausführen zu lassen. Das häufig eingesetzte Mittel dafür sind `if`-Anweisungen.

34

```
if (eineZahl == 3) {
  fill(255, 0, 0);
  ellipse(50, 50, 80, 80);
}
```

34 Die beiden Codezeilen innerhalb der geschweiften Klammern werden nur dann ausgeführt, wenn die Bedingung erfüllt ist, also wenn der Wert der Variablen `eineZahl` gleich 3 ist.

35

```
if (eineZahl == 3) {
  fill(255, 0, 0);
} else {
  fill(0, 255, 0);
}
```

35 Mit else lässt sich die `if`-Bedingung um einen Codeblock erweitern, der immer dann ausgeführt wird, wenn die Bedingung nicht erfüllt wurde.

36

```
if (eineZahl == 3) fill(255, 0, 0);
else fill(0, 255, 0);
```

36 Falls ein Codeblock wie im vorigen Beispiel nur aus einer Zeile besteht, kann auf die geschweiften Klammern verzichtet werden.

Falls bei einer Variablen zwischen mehreren Werten unterschieden werden soll, eignet sich meist die `switch`-Anweisung.

37

```
switch (eineZahl) {
  case 1:
    rect(20, 20, 80, 80);
    break;
  case 2:
    ellipse(50, 50, 80, 80);
    break;
  default:
    line(20, 20, 80, 80);
}
```

37 Die `switch`-Anweisung prüft, ob der Wert der angegebenen Variablen `eineZahl` einem der Werte bei `case` entspricht, springt an diese Stelle und führt alle nachfolgenden Befehle bis zur nächsten `break`-Anweisung aus.

Falls kein passender Wert gefunden wurde, springt das Programm zu `default` und führt die Befehle aus, die dort stehen.

Funktionen Häufig gibt es in einem Programm Teile, die in ähnlicher Weise an verschiedenen Stellen vorkommen. Dann ist es meist sinnvoll, diesen Programmteil in einer Funktion zu kapseln. Ein Beispiel:

38

```
function draw() {
  translate(40, 15);
  line(0, -10, 0, 10);
  line(-8, -5, 8, 5);
  line(-8, 5, 8, -5);
  translate(20, 50);
  line(0, -10, 0, 10);
  line(-8, -5, 8, 5);
  line(-8, 5, 8, -5);
}
```

38 Das Koordinatensystem wird an die angegebene Stelle verschoben und dort ein Stern aus drei Linien gezeichnet. Dann wird das Koordinatensystem nochmals verschoben und an der neuen Stelle mit den gleichen Befehlen wiederum ein Stern gezeichnet.

Will man in diesem Programm das Aussehen der Sterne verändern, dann muss man den Code an zwei Stellen anpassen. Es ist deshalb besser, die entsprechenden Zeilen in eine Funktion auszulagern:

39

```
function draw() {
  translate(40, 15);
  zeichneStern();
  translate(20, 50);
  zeichneStern();
}

function zeichneStern() {
  line(0, -10, 0, 10);
  line(-8, -5, 8, 5);
  line(-8, 5, 8, -5);
}
```

39 Die Funktion `zeichneStern()` beinhaltet jetzt die Zeichenbefehle. Diese Funktion kann von jeder anderen Stelle im Programm aufgerufen werden, um den dort enthaltenen Code auszuführen.

Sie können auch Funktionen definieren, in die man Werte übergeben kann oder die einen Wert als Ergebnis zurückliefern.

40
```
function setup() {
  console.log("Die Fakultät von 5 ist 1*2*3*4*5 = "
              + fakultaet(5));
}

function fakultaet(theValue) {
  var result = 1;
  for (var i = 1; i <= theValue; i++) {
    result = result * i;
  }
  return result;
}
```

40 Hier wird die Funktion `fakultaet()` definiert, in die ein Wert übergeben werden kann (`theValue`).

Beim Aufruf der Funktion wird der Parameter (in diesem Fall 5) in die Variable `theValue` übergeben.

In der Funktion werden mit diesem Wert verschiedene Rechenschritte ausgeführt und mit der Anweisung `return` das Ergebnis zurückgeliefert.

In Javascript kommt es besonders häufig vor, dass bei einem Funktionsaufruf als einer der Parameter wiederum eine Funktion übergeben wird. Diese übergebene Funktion wird aufgerufen, wenn ein definiertes Ereignis stattgefunden hat. Diese Art von Funktionen nennt man Callback-Funktionen.

41
```
loadJSON("meineDaten.json", callback);

function callback(data) {
  console.log(data);
}
```

41 Wenn die p5.js-Funktion `loadJSON()` auf diese Art verwendet wird, dann wird der Programmablauf nicht durch den Ladevorgang blockiert sondern läuft im Hintergrund ab (asynchrones Laden). Wenn die Datei vollständig geladen ist, wird die Funktion `callback()` aufgerufen.

Schleifen Wenn innerhalb eines Programms bestimmte Befehlszeilen mehrfach ausgeführt werden sollen, dann kommen Schleifen zum Einsatz. Man kann Schleifen auf mehrere Arten programmieren:

Die `for`-Schleife dient dazu, einen Code-Block mit einer ganz bestimmten Anzahl von Wiederholungen zu durchlaufen.

42
```
for (var i = 0; i <= 5; i++) {
  line(0, 0, i * 20, 100);
  line(100, 0, i * 20, 100);
}
```

42 Die beiden Codezeilen innerhalb der geschweiften Klammern werden genau sechs Mal ausgeführt. Zu Beginnn wird die Variable `i` auf den Wert 0 gesetzt, bei jedem Durchlauf durch `i++` um 1 erhöht, und zwar solange der Wert noch kleiner oder gleich 5 ist.

Eine `while`-Schleife wird immer weiter durchlaufen, solange eine bestimmte Bedingung erfüllt ist.

43
```
var meinWert = 0;
while (meinWert < 100) {
  meinWert = meinWert + random(5);
  console.log("Der Wert von meinWert ist " + meinWert);
}
```

43 Diese `while`-Schleife wird durchlaufen, solange der Wert der Variablen `meinWert` kleiner als 100 ist. In jedem Schleifendurchlauf wird diesem ein zufälliger Wert zwischen 0 und 5 addiert.

Um alle Werte eines Arrays zu durchlaufen, gibt es mehrere Möglichkeiten. Üblich sind die folgenden beiden:

```
var planeten = ["Merkur", "Venus", "Erde", "Mars",
               "Jupiter", "Saturn", "Uranus", "Neptun"];
```

44

```
for (var i = 0; i < planeten.length; i++) {
   console.log(planeten[i]);
}
```

44 Variante 1: Die for-Schleife läuft, solange die Variable `i` kleiner ist als die Länge des Arrays.

45

```
planeten.forEach(function(planet) {
    console.log(planet);
});
```

45 Variante 2: Hier wird die Array-Funktion `forEach()` verwendet. Diese verlangt eine Callback-Funktion, die in jedem Schleifendurchlauf aufgerufen wird. Die Variable `planet` enthält nacheinander die einzelnen Werte des Arrays.

Um alle Key-Value-Paare eines Objekts zu durchlaufen, bietet sich die folgende Variante der for-Schleife an:

```
var planet = {name: "Saturn", masse: 5.685e26,
              temperatur: 134, durchmesser: 120536};
```

46

```
for (k in planet) {
   console.log("Key: " + k + ", Value: " + planet[k]);
}
```

46 Die Variable `k` enthält nacheinander jeden Key des Objekts. Über diesen kann auf die zugehörigen Values zugegriffen werden.

P.0.3 Schön programmieren

Beim Programmieren gibt es meist sehr viele Wege, ein gewünschtes Ergebnis zu erreichen. Dass ein Programm funktioniert, ist aber nur ein (zugegeben sehr wichtiger) Teil der Lösung. Deshalb hier ein paar Worte zu einigen weiteren Aspekten, die Sie beachten sollten.

Kommentare Je komplexer und trickreicher ein Programm ist desto schwerer ist es für andere – und nach kurzer Zeit auch für Sie selbst – das Programm zu durchschauen. Ein Programm, das nicht verstanden wird, lässt sich nicht mehr modifizieren und erweitern. Kommentare im Programm helfen dabei, den Code verständlich zu halten.

1

```
// calculate distance between actual and previous mouse
// position, which represents the speed of the mouse
var speed = dist(mouseX, mouseY, pmouseX, pmouseY);
```

1 Text, der zwei Schrägstrichen folgt, wird ignoriert und kann dadurch für Kommentare genutzt werden.

Die p5.js-Community ist über die ganze Welt verteilt. Es empfiehlt sich daher, Kommentare und Variablennamen in Englisch zu halten. Das erleichtert es Ihnen und anderen, bei Problemen in Internet-Foren Rat zu suchen – und zu finden.

Sinnvolle Namen und klare Struktur Neben dem Einsatz von Kommentaren tragen vor allem sinnvoll gewählte Variablen- und Funktionsnamen dazu bei, den Überblick zu behalten und zu verstehen, was ein bestimmter Programmteil macht.

2

```
function mixer(apples, oranges) {
  var juice = (apples + oranges) / 2;
  return juice;
}
```

2 In diesem Beispiel ist schwer zu erkennen, was genau die Funktion berechnet. Dass hier einfach der Mittelwert zweier Zahlen berechnet wird, kann nur aus der Formel erraten werden.

Dazu ist es notwendig, das Programm mit Hilfe von Funktionen und Klassen in nachvollziehbare Häppchen zu gliedern. Zudem erlaubt diese Kapselung von Funktionalität in Funktionen und Klassen, das Programm schnell verändern und erweitern zu können.

Performance Auch wenn die Computer immer schneller werden, so brauchen sie doch Zeit, einen Befehl auszuführen. Auch kurze Zeitspannen summieren sich spürbar auf, wenn der Befehl sehr oft ausgeführt wird. Deshalb achten Sie darauf, dem Programm keine unnötige Arbeit aufzubürden.

3

```
for (var i = 0; i < 10000000; i++) {
  var speed = dist(mouseX, mouseY, pmouseX, pmouseY);
  doSomethingWithMouseSpeed(speed);
}
```

4

```
var speed = dist(mouseX, mouseY, pmouseX, pmouseY);
for (var i = 0; i < 10000000; i++) {
  doSomethingWithMouseSpeed(speed);
}
```

3 Die Mausgeschwindigkeit MouseSpeed wird hier in allen zehn Millionen Schleifendurchläufen berechnet, obwohl sich währenddessen nichts an der Mausposition ändern kann.

4 Es steigert deshalb die Performance enorm, die Berechnung der Mausgeschwindigkeit vor der Schleife zu erledigen.

Bei den Programmen in diesem Buch haben wir versucht, uns an diese Prinzipien zu halten. Manchmal widersprechen sich allerdings Klarheit und Performance, d.h., dass Programmcode, der auf Performance optimiert ist, schwieriger zu verstehen ist. Wir haben uns in diesen Fällen für die klarere Struktur entschieden.

P.1

Farbe

Im Gegensatz zu diesem Buch, dessen Farben wir durch das reflektierte und gefilterte Licht wahrnehmen, sind Computer wahre Quantenschleudern. Mit dem Blick auf den Monitor wird das Licht in unterschiedlichen Wellenlängen direkt in unser Auge geschickt und ist in Echtzeit manipulierbar. Die folgenden Beispiele zeigen Ihnen die wichtigsten technischen Aspekte und einige gestalterische Möglichkeiten von Farbe am Bildschirm.

P.1.0 Hallo Farbe

Der direkte Einfluss auf 16 777 216 Farben ermöglicht auch einen anderen Zugang zur Farbe an sich. Der Farbkontrast, ohne den es gar keine Farbwahrnehmung gäbe, wird hier am Beispiel des Simultankontrastes erlebbar. Die unmittelbare Farbwahl und die Verschiebung des Größenverhältnisses von Quadrat und Hintergrund verändern die Farbwirkungen untereinander.

→ P_1_0_01

Die horizontale Mausposition steuert die Größe der Farbfläche. Vom Zentrum ausgehend wird die Farbfläche mit einer Höhe und Breite von 1 bis 720 Pixel dargestellt. Die vertikale Mausposition steuert die Farbtöne. Der Hintergrund durchläuft das Farbtonspektrum von 0 bis 360, während die Farbfläche das Spektrum in umgekehrter Richtung von 360 bis 0 durchläuft.

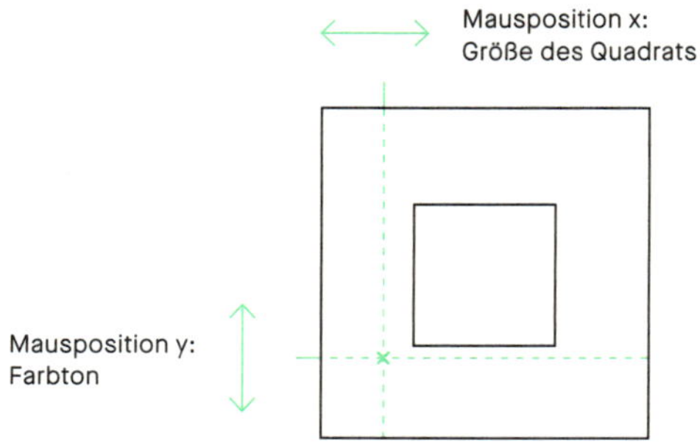


```
1   function setup() {
      createCanvas(720, 720);
      noCursor();

2     colorMode(HSB, 360, 100, 100);
      rectMode(CENTER);
      noStroke();
    }


    function draw() {
3     background(mouseY / 2, 100, 100);

4     fill(360 - mouseY / 2, 100, 100);
5     rect(360, 360, mouseX + 1, mouseX + 1);
    }
```

Maus: Position x: Größe des Quadrats
Position y: Farbe
Tasten: S: Bild speichern

1 In der `setup()`-Funktion wird die Größe der Zeichenfläche festgelegt und der Cursor unsichtbar gemacht.

2 Die Farben sollen in diesem Programm das Farbtonspektrum durchlaufen. Mit `colorMode()` wird deshalb der Modus umgestellt, wie Farbwerte angegeben werden. HSB gibt das Farbmodell an, die drei Werte dahinter die jeweiligen Wertebereiche. Der Farbton (engl. hue) beispielsweise kann nun durch Werte zwischen 0 und 360 angegeben werden.

3 Der y-Wert der Mausposition wird durch zwei geteilt, um Werte von 0 bis 360 im Farbkreis zu erhalten.

4 Der halbierte y-Wert der Mausposition wird von 360 abgezogen, dadurch entstehen Werte von 360 bis 0.

5 Die Farbfläche verändert ihre Größe in Abhängigkeit des x-Wertes der Mausposition zwischen 1 und 720 Pixel Seitenlänge.

→ P_1_0_01 Der x-Wert der Mausposition bestimmt die Größe der inneren Farbfläche, der y-Wert den Farbton.

P.1.1.1 Farbspektrum im Raster

Dieses Farbspektrum entsteht durch unterschiedlich gefärbte Rechtecke. Jedem Rechteck wird auf der Horizontalen ein Farbton und auf der Vertikalen ein Sättigungswert zugewiesen. Durch die Vergrößerung der unterschiedlich gefärbten Rechtecke reduziert sich die Farbauflösung und die Grundfarben im Spektrum werden immer deutlicher.

→ P_1_1_1_01

Das Raster wird durch zwei verschachtelte for-Schleifen realisiert. In der äußeren Schleife wird die y-Position nach und nach erhöht. Die innere Schleife zeichnet dann jeweils eine Zeile, indem der Wert für die x-Position der Rechtecke schrittweise erhöht wird, bis die komplette Breite durchlaufen ist. Die Schrittweite wird durch den Wert der Mausposition festgelegt und befindet sich in den Variablen stepX und stepY. Sie bestimmt gleichzeitig die Länge und die Breite der Rechtecke.

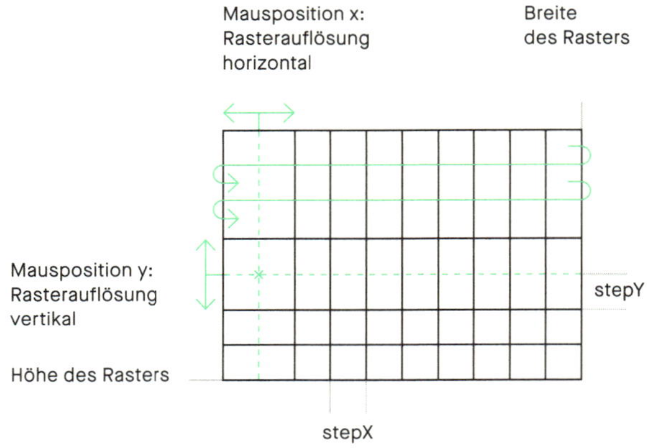

→ P_1_1_1_01 Der x-Wert der Mausposition bestimmt die Größe der inneren Farbfläche, der y-Wert die Anzahl an verschiedenen Sättigungsstufen eines Farbtons.

```
  var stepX;
  var stepY;

  function setup() {
1   createCanvas(800, 400);
    noStroke();
2   colorMode(HSB, width, height, 100);
  }


  function draw() {
3   stepX = mouseX + 2;
    stepY = mouseY + 2;

4   for (var gridY = 0; gridY < height; gridY += stepY) {
      for (var gridX = 0; gridX < width; gridX += stepX) {
5       fill(gridX, height - gridY, 100);
        rect(gridX, gridY, stepX, stepY);
      }
    }
  }
```

Maus: Position x/y: Auflösung des Rasters
Tasten: S: Bild speichern

1 Durch `createCanvas()` wird die Displaygröße eingestellt. Die Werte, die hier angegeben werden, können dann jederzeit über die p5.js-Variablen `width` und `height` abgerufen werden.

2 Die Wertebereiche für Farbton und Sättigung werden durch den Befehl `colorMode()` auf 800 bzw. 400 gesetzt. Ein Farbton wird nun nicht mehr wie üblich als Zahl von 0 bis 360 angegeben, sondern von 0 bis 800. Mit dem Sättigungswert verhält es sich entsprechend.

3 Die Addition von 2 verhindert, dass `stepX` oder `stepY` zu klein sein können, was zu langen Bildaufbauzeiten führen würde.

4 Mit Hilfe zweier verschachtelter Schleifen werden nun alle Positionen im Raster durchgegangen. Die y-Position der zu zeichnenden Rechtecke wird durch `gridY` in der äußeren Schleife definiert. Der Wert erhöht sich erst, wenn die innere Schleife abgearbeitet wurde, d. h., wenn eine komplette Zeile von Rechtecken gezeichnet wurde.

5 Die Variablen `gridX` und `gridY` werden nicht nur zur Positionierung der Rechtecke verwendet, sondern auch, um die Füllfarbe festzulegen. Der Farbton wird dabei von `gridX` bestimmt, die Sättigung wird immer kleiner, je größer der Wert `gridY` ist.

→ P_1_1_1_01 Bei maximaler Auflösung erhält man einen weichen Regenbogenverlauf.

→ P_1_1_1_01 Die primären Grundfarben am Bildschirm – Rot, Grün und Blau – in verschiedenen Abstufungen.

→ P_1_1_1_01 Bei dieser Auflösung des Rasters werden zusätzlich die sekundären Grundfarben sichtbar.

P.1.1.2 Farbspektrum im Kreis

Es gibt unzählige Modelle für das Ordnen von Farben. Das im Kreis angeordnete Farbspektrum ist ein beliebtes Modell, um Harmonien, Kontraste und Farbklänge abzuleiten. Hier können Sie die Anzahl der Kreissegmente sowie deren Helligkeits- und Sättigungswerte steuern, wodurch Sie die Farbanordnung im HSB-Modus besser nachvollziehen können.

→ P_1_1_2_01

Farbige Kreissegmente werden in Fächerform angeordnet. Die einzelnen Eckpunkte ergeben sich durch Kosinus- und Sinuswert des zugehörigen Winkels. Beim Zeichnen der Kreissegmente kommt eine Methode zum Einsatz, mit der besonders leicht diese Art von Fächer erstellt werden kann. Die einzelnen Punkte müssen dabei in dieser Reihenfolge angegeben werden: zuerst der mittlere Punkt, danach reihum die äußeren.

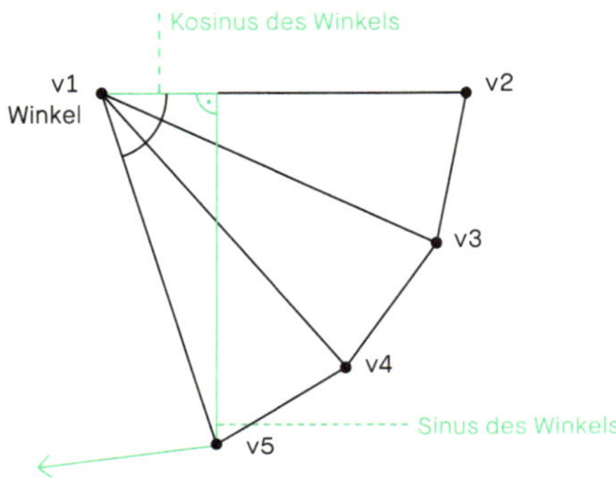

→ P_1_1_2_01 Segmentanzahl 45, Taste 2

→ P_1_1_2_01 Segmentanzahl 12, Taste 4

→ P_1_1_2_01 Segmentanzahl 6, Taste 5

```
1   function draw() {
      colorMode(HSB, 360, width, height);
      background(360, 0, height);

2     var angleStep = 360 / segmentCount;

      beginShape(TRIANGLE_FAN);
3     vertex(width / 2, height / 2);

      for (var angle = 0; angle <= 360; angle += angleStep) {
4       var vx = width / 2 + cos(radians(angle)) * radius;
        var vy = height / 2 + sin(radians(angle)) * radius;
        vertex(vx, vy);
5       fill(angle, mouseX, mouseY);
      }

6     endShape();
    }


    function keyPressed() {
      ...
7     switch (key) {
      case '1':
        segmentCount = 360;
        break;
      case '2':
        segmentCount = 45;
        break;
      case '3':
8       segmentCount = 24;
        break;
      case '4':
        segmentCount = 12;
        break;
      case '5':
        segmentCount = 6;
        break;
      }
    }
```

Maus: Position x: Sättigung
Position y: Helligkeit

Tasten: 1 – 5: Anzahl der Segmente
S: Bild speichern

1 Die Wertebereiche für Sättigung und Helligkeit werden so angepasst, dass später einfach die Mauskoordinaten als deren Werte übernommen werden können.

2 Die Winkelschrittweite `angleStep` hängt davon ab, wie viele Segmente gezeichnet werden sollen (`segmentCount`).

3 Der erste Vertexpunkt (v1 in der Skizze) liegt in der Mitte der Zeichenfläche.

4 Für die weiteren Vertexpunkte (v2 bis vN) muss `angle` von Grad (0–360) in Bogenmaß (0–2π) umgerechnet werden, da die Funktionen `sin()` und `cos()` diese Art von Winkelangabe verlangen. Diese Umrechnung übernimmt `radians()`.

5 Die Füllfarbe für das nächste Segment wird festgelegt: der Wert von `angle` als Farbton, `mouseX` als Sättigung und `mouseY` als Helligkeit.

6 Mit `endShape()` wird der Aufbau des Farbfächers abgeschlossen.

7 Die Funktion `switch()` prüft die zuletzt gedrückte Taste `key` und ermöglicht dadurch ein simples Umschalten zwischen verschiedenen Fällen.

8 Wurde beispielsweise die Taste 3 gedrückt, wird `segmentCount` auf den Wert 24 gesetzt.

P.1.2.1 Farbpaletten durch Interpolation

In jedem Farbraum haben die Farben ihren klar definierten Ort. Der direkte Weg von einer Farbe zur anderen führt immer über genau bestimmbare Abstufungen, die sich aber je nach Farbraum unterscheiden. Durch diese Interpolation können Sie sowohl Farbserien in jeglicher Abstufung erzeugen als auch einzelne Zwischentöne ermitteln.

→ P_1_2_1_01

Da eine Farbe keine einfache Zahl ist, sondern durch mehrere Werte definiert wird, muss zwischen diesen Werten interpoliert werden. Dieselbe Farbe wird je nach gewähltem Farbraum (RGB oder HSB) durch unterschiedliche Werte definiert und dadurch führt jeweils auch der Weg über andere Farben. So wird im HSB-Farbraum ein Umweg über den Farbkreis gemacht. Dieser Umstand ergibt sich durch die Charakteristika der Farbräume, die beide sehr nützlich sein können. Deshalb ist es wichtig, für das jeweilige Problem immer den passenden Farbraum zu wählen.

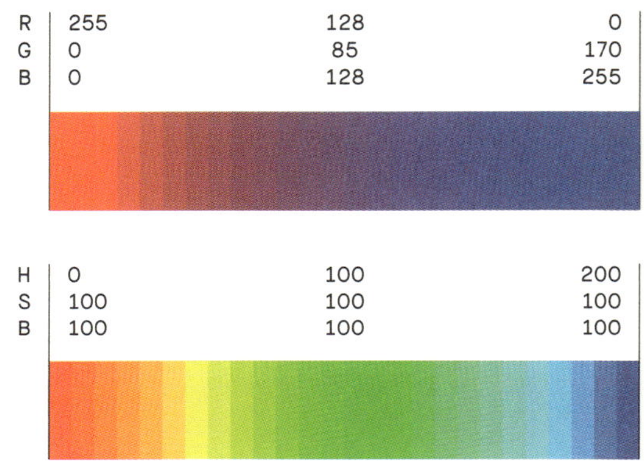

→ P_1_2_1_01 In jeder Reihe werden zwei Farben in neun Schritten interpoliert, hier im RGB-Farbraum.

```
    function draw() {
1     tileCountX = int(map(mouseX, 0, width, 2, 100));
      tileCountY = int(map(mouseY, 0, height, 2, 10));
      var tileWidth = width / tileCountX;
      var tileHeight = height / tileCountY;
      var interCol;
      ...
2     for (var gridY = 0; gridY < tileCountY; gridY++) {
3       var col1 = colorsLeft[gridY];
        var col2 = colorsRight[gridY];

        for (var gridX = 0; gridX < tileCountX; gridX++) {
          var amount = map(gridX, 0, tileCountX - 1, 0, 1);
          ...
4         interCol = lerpColor(col1, col2, amount);
          ...
          fill(interCol);

          var posX = tileWidth * gridX;
          var posY = tileHeight * gridY;
          rect(posX, posY, tileWidth, tileHeight);
          ...
        }
      }
    }
```

Maus: Linksklick: neues zufälliges Farbset
Position x: Auflösung
Position y: Anzahl der Reihen

Tasten: 1–2: Interpolationsstile
S: Bild speichern
C: ASE-Palette speichern

1 Die Anzahl der Farbabstufungen `tileCountX` und die Anzahl der Reihen `tileCountY` wird durch die Position der Maus bestimmt.

2 Darstellung des Gitters: Das Gitter wird Reihe für Reihe aufgebaut.

3 Die Farben für die linke und die rechte Spalte sind in den Arrays `colorsLeft` und `colorsRight` festgelegt.

4 Berechnung der Zwischenfarbe durch `lerpColor()`. Diese Funktion übernimmt die Interpolation zwischen den einzelnen Farbwerten. Die Variable `amount` (ein Wert zwischen 0 und 1) gibt dabei die Position zwischen Start- und Endfarbe an.

! In sämtlichen Programmen, die in den Farbpalettenkapiteln beschrieben werden, kann mit der Taste C eine Farbpalette im Format ASE für Adobe-Anwendungen gespeichert werden.

→ P_1_2_1_01 Hier wird im HSB-Farbraum interpoliert. Obwohl am Anfang und am Ende der Reihen ähnliche Farben stehen, wie im linken Bild, ergeben sich völlig andere Zwischentöne.

P.1.2.2 Farbpaletten aus Bildern

Eigentlich sind wir umgeben von Farbpaletten. Wir müssen sie nur festhalten und auswerten. Aus jedem Foto – beispielsweise auch dem einer U-Bahnstation – werden mit dem folgenden Programm die enthaltenen Farben ausgelesen und sortiert. Die dadurch entstandene Farbsammlung kann als inspirierende Farbpalette exportiert werden.

→ P_1_2_2_01

Die Pixel eines geladenen Bildes werden in einem durch die Mausposition bestimmten Rasterabstand der Reihe nach und Zeile für Zeile abgetastet, um den jeweiligen Farbwert zu ermitteln. Diese Werte werden in einem Array abgelegt und können darin nach Kriterien wie Farbton, Sättigung, Helligkeit oder Grauwert sortiert werden.

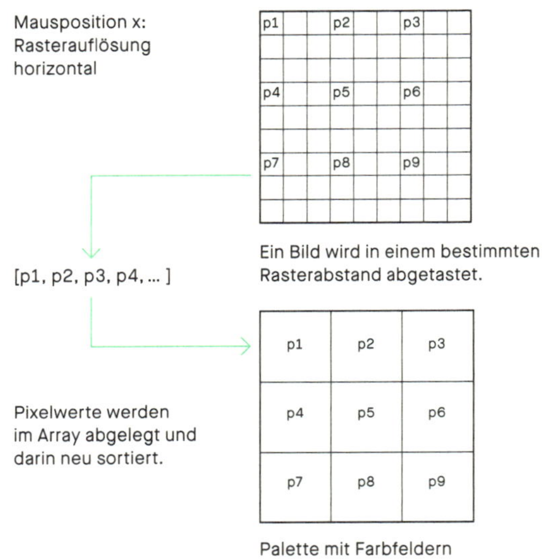

→ Fotografie: Stefan Eigner
Originalbild »U-Bahn-Schacht«

→ P_1_2_2_01 Pixel sortiert nach Farbton

Pixel sortiert nach Sättigung

Pixel sortiert nach Helligkeit

```
    var img;
1   var colors = [];
    var sortMode = null;


    function preload(){
2     img = loadImage("data/pic1.jpg");
    }


    function draw() {
3     var tileCount = floor(width / max(mouseX, 5));
4     var rectSize = width / tileCount;


5     img.loadPixels();
      colors = [];

      for (var gridY = 0; gridY < tileCount; gridY++) {
        for (var gridX = 0; gridX < tileCount; gridX++) {
6         var px = int(gridX * rectSize);
          var py = int(gridY * rectSize);
          var i = (py * img.width + px) * 4;
          var c = color(img.pixels[i], img.pixels[i+1],
                        img.pixels[i+2], img.pixels[i+3]);
          colors.push(c);
        }
      }

7     gd.sortColors(colors, sortMode);

      var i = 0;
      for (var gridY = 0; gridY < tileCount; gridY++) {
        for (var gridX = 0; gridX < tileCount; gridX++) {
8         fill(colors[i]);
          rect(gridX*rectSize, gridY*rectSize,
               rectSize, rectSize);
          i++;
        }
      }
    }


    function keyReleased(){
      if (key == 'c' || key == 'C') writeFile(
9             [gd.ase.encode(colors)],
               gd.timestamp(), 'ase');
      ...
10    if (key == '5') sortMode = null;
      if (key == '6') sortMode = gd.HUE;
      if (key == '7') sortMode = gd.SATURATION;
      if (key == '8') sortMode = gd.BRIGHTNESS;
      if (key == '9') sortMode = gd.GRAYSCALE;
    }
```

Maus: Position x: Auflösung
Tasten: 1–4: Beispielbild wechseln
5–9: Sortierungsmodus wechseln
S: Bild speichern
C: ASE-Palette speichern

1 In der Variablen `sortMode` ist immer der aktuell gewählte Sortierungsmodus gespeichert. Per default soll nicht sortiert werden, der Wert wird deshalb auf `null` (leer) gesetzt.

2 Bevor das Programm anfängt zu laufen, wird das Bild geladen und die Variable `img` gespeichert.

3 Die Anzahl der Zeilen und Spalten des Rasters `tileCount` ist vom x-Wert der Maus abhängig. Die Funktion `max()` wählt dabei den größeren der beiden angegebenen Werte.

4 Die eben errechnete Rasterauflösung wird nun genommen, um die Größe der Kacheln `rectSize` zu bestimmen.

5 Erst nach Aufruf von `loadPixels()` kann auf die einzelnen Pixel des Bildes zugegriffen werden.

6 Nun wird das Bild Zeile für Zeile im vorher berechneten Rasterabstand `rectSize` abgetastet. Die Pixel sind im Array `pixels[]` als eine lange Reihe von Werten gespeichert. Aus `px` und `py` muss deshalb der passende Index `i` errechnet werden.

7 Die Farben werden mit Hilfe der Funktion `sortColors()` neu sortiert. Dieser Funktion muss das Array mit den Farben `colors` und der Sortiermodus `sortMode` übergeben werden.

8 Um die Palette zu zeichnen, wird erneut das Raster durchlaufen. Die Füllfarben für die Quadrate werden dabei Wert für Wert dem `colors`-Array entnommen.

9 Die Funktion `ase.encode()` erlaubt, ein Array von Farben `colors` als Adobe-Swatch-Exchange-Datei zu speichern. Die Palette kann dann als Farbfelderbibliothek beispielsweise in Adobe Illustrator geladen werden.

10 Die Tasten 5 bis 9 steuern, welche Sortierfunktion auf die Farben angewendet wird. Dazu wird `sortMode` auf `null` (keine Sortierung) oder eine der Konstanten `HUE`, `SATURATION`, `BRIGHTNESS` oder `GRAYSCALE` aus der generativedesign-Library gesetzt.

→ P_1_2_2_01 »pic4.jpg« mit Sortierung nach Grauwert.

→ Fotografie: Steffen Knöll

→ P_1_2_2_01 »pic4.jpg« mit Sortierung nach Farbton.

P.1.2.3 Farbpaletten aus Regeln

Alle Farben setzen sich aus den drei Komponenten Farbton, Sättigung und Helligkeit zusammen. Die Werte für diese Farbkomponenten werden hier durch Regelwerke erzeugt. Mit Hilfe von gesteuerten Zufallsfunktionen können Sie schnell unterschiedliche Paletten in spezifischen Farbstimmungen erzeugen.

→ P_1_2_3_01

Aus vordefinierten Wertebereichen werden Werte für Helligkeit (brightness), Sättigung (saturation) und Farbton (hue) an zufälligen Stellen herausgepickt. Diese Kombination von festen Regeln – die Definition der Wertebereiche – und Zufallsfunktionen führt dazu, dass zwar ständig neue Paletten entstehen, diese aber immer eine bestimmte Farbstimmung erzeugen.

Da die Farbwahrnehmung stark kontextabhängig ist, werden die erzeugten Farben in ein interaktives Raster gezeichnet. Auch die Farbstimmung tritt so deutlicher hervor.

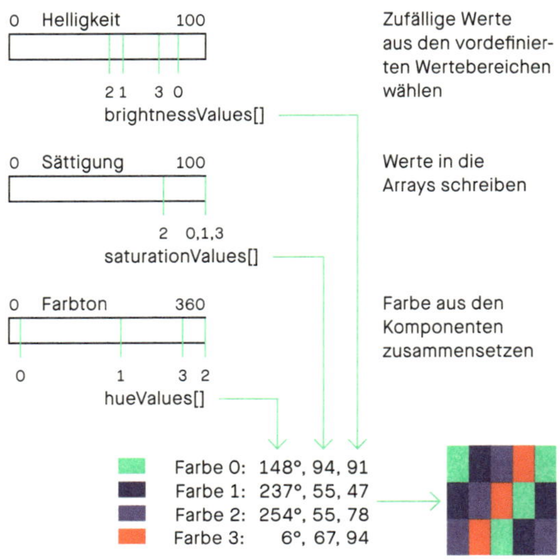


```
1   var hueValues = [];
    var saturationValues = [];
    var brightnessValues = [];


    function draw() {
      ...
2     var index = counter % currentTileCountX;

      fill(hueValues[index],
           saturationValues[index],
           brightnessValues[index]);
      rect(posX, posY, tileWidth, tileHeight);
      counter++;
      ...
    }
```

1 Für die Speicherung des Farbtons, der Sättigung und der Helligkeit wird jeweils ein eigenes Array verwendet. Abhängig davon, welche Taste gedrückt wird (0–9), werden diese Arrays nach unterschiedlichen Regeln neu befüllt.

2 Beim Zeichnen des Rasters werden nun nacheinander die Farben aus den Arrays genommen. Die immer weiter hochzählende Variable `counter` wird dabei allerdings durch den Modulo-Operator `%` zum Rotieren gebracht. Ist `currentTileCountX` beispielsweise 3, dann befinden sich in `index` nacheinander die Werte 0, 1, 2, 0, 1, 2 … Das bedeutet natürlich auch, dass nur die drei ersten Farben aus den Arrays im Raster verwendet werden.

3

```
if (key == '1') {
  for (var i = 0; i < tileCountX; i++) {
    hueValues[i] = int(random(0, 360));
    saturationValues[i] = int(random(0, 100));
    brightnessValues[i] = int(random(0, 100));
  }
}
```

3 Wenn die Taste 1 gedrückt wurde, werden die drei Arrays mit zufälligen Werten aus den kompletten Wertebereichen gefüllt. Dadurch kann jede beliebige Farbe in der Palette vorkommen.

4

```
if (key == '2') {
  for (var i = 0; i < tileCountX; i++) {
    hueValues[i] = int(random(0, 360));
    saturationValues[i] = int(random(0, 100));
    brightnessValues[i] = 100;
  }
}
```

4 Hier wird die Helligkeit immer auf den Wert 100 gesetzt. Das Ergebnis ist eine Palette, in der die hellen Farben dominieren.

5

```
if (key == '3') {
  for (var i = 0; i < tileCountX; i++) {
    hueValues[i] = int(random(0, 360));
    saturationValues[i] = 100;
    brightnessValues[i] = int(random(0, 100));
  }
}
```

5 Wenn der Sättigungswert auf 100 fixiert wird, gibt es keine Pastelltöne unter den erzeugten Farben.

6

```
if (key == '7') {
  for (var i = 0; i < tileCountX; i++) {
    hueValues[i] = int(random(0, 180));
    saturationValues[i] = int(random(80, 100));
    brightnessValues[i] = int(random(50, 90));
  }
}
```

6 Hier findet bei allen Farbkomponenten eine Einschränkung statt. Die Farbtöne beispielsweise werden nur aus der ersten Hälfte des Farbkreises genommen. Dadurch entstehen eher warme Farben.

7

```
if (key == '9') {
  for (var i = 0; i < tileCountX; i++) {
    if (i % 2 == 0) {
      hueValues[i] = int(random(0, 360));
      saturationValues[i] = 100;
      brightnessValues[i] = int(random(0, 100));
```

8

```
    } else {
      hueValues[i] = 195;
      saturationValues[i] = int(random(0, 100));
      brightnessValues[i] = 100;
    }
  }
}
```

Maus: Position x/y: Auflösung
Tasten: 0 – 9: Farbpaletten wechseln
S: Bild speichern
C: ASE-Palette speichern

7 Es ist auch möglich, zwei Paletten zu mischen. Der Ausdruck `i % 2` liefert abwechselnd die Zahlen 0 und 1. Ist das Ergebnis 0, wird eine eher dunkle, voll gesättigte Farbe in den Arrays abgelegt.

8 Ansonsten wird die zweite Regel angewendet, bei der Farbton und Helligkeit auf feste Werte gesetzt sind. Diese Werte führen zu hellen Blautönen.

→ P_1_2_3_01 Taste 0 erzeugt eine Farbpalette, bei der sich zwei vorgegebene Farbtöne (Blau und Grün) abwechseln. Sättigung und Helligkeit werden per Zufall variiert.

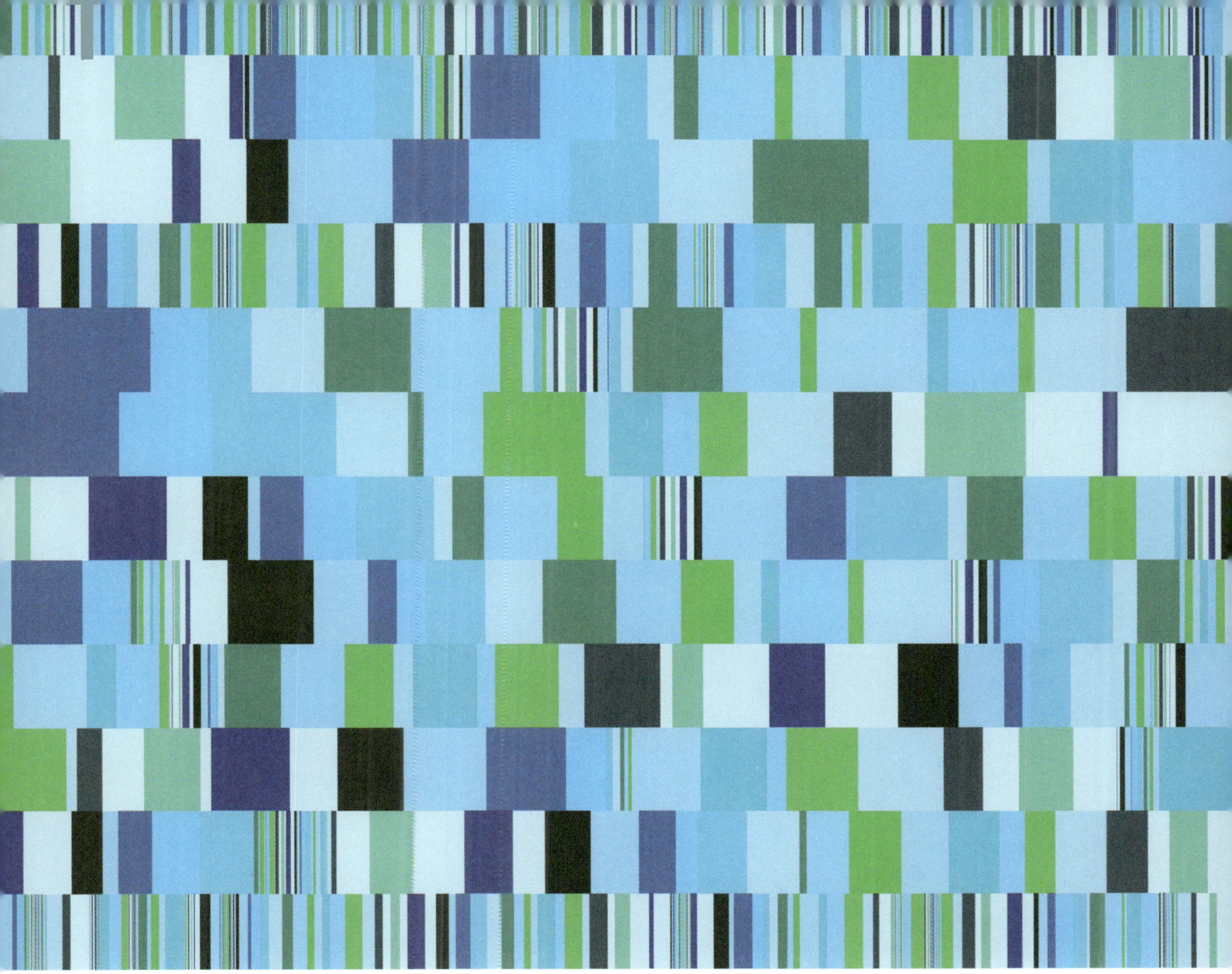

→ P_1_2_3_02 Hier kommt der Zufall noch mehr zum Tragen: Die Streifen werden in unterschiedlich breite Kacheln unterteilt, für jede dieser Kacheln wird nochmal per Zufall entschieden, ob diese weiter unterteilt wird.

→ P_1_2_3_03 Werden die Kacheln mit Verlauf, leicht transparent und überlappend gezeichnet, entstehen zusätzlich zu den Farben der Palette eine Menge weiterer Farben.

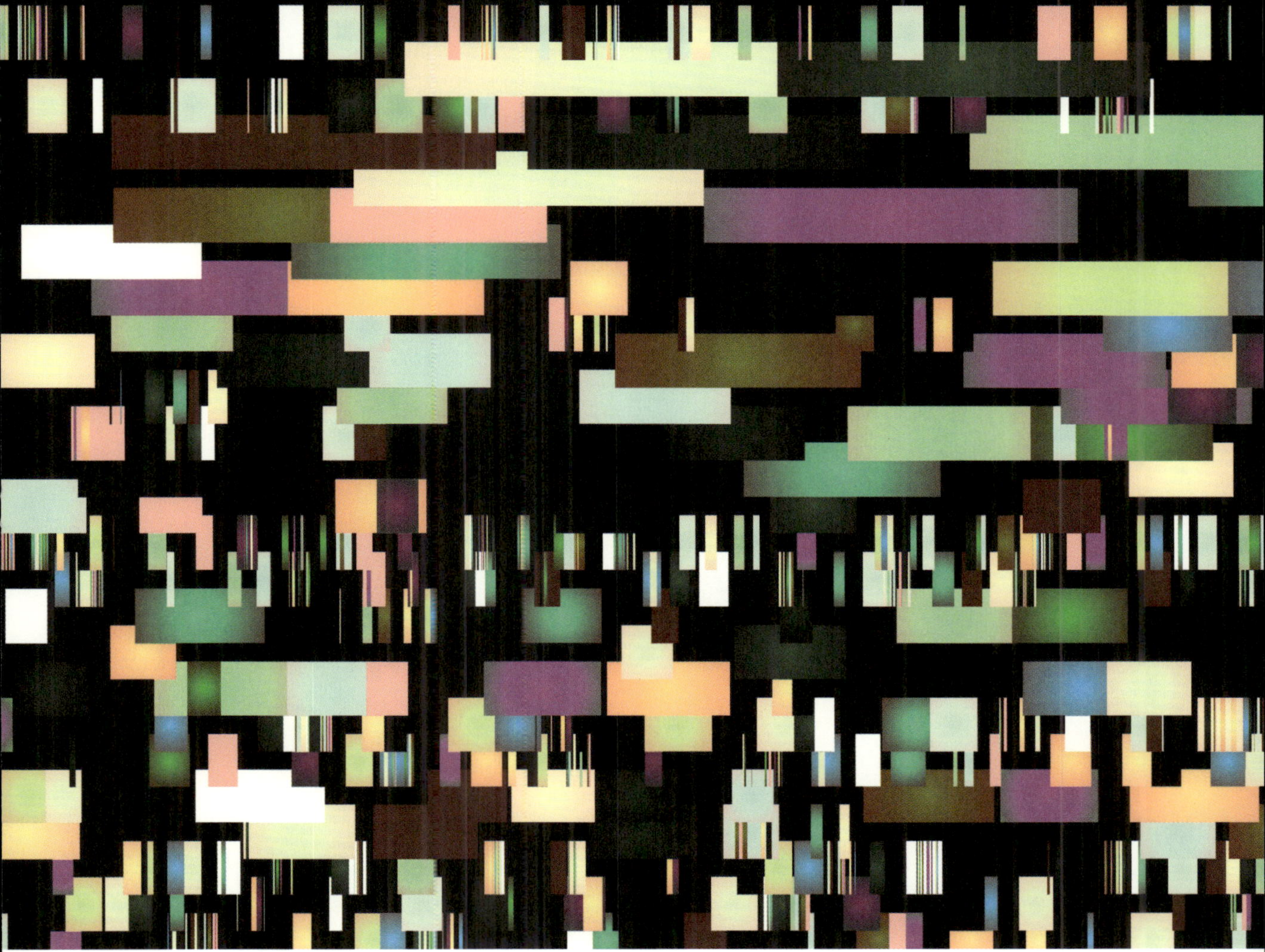

→ P_1_2_3_05 In dieser Variante des Programms werden zusätzlich radiale Verläufe eingesetzt.

P.2

Form

In den letzten Kapiteln gaben wir der Farbe ihren Wirkungsraum und die Form spielte eine untergeordnete Rolle. Durch die Möglichkeit, jedes einzelne Bildelement zu jeder Zeit direkt anzusprechen, können wir neben dem Steuern von Farben eine enorme Formenvielfalt abrufen, modularisieren und automatisieren. Es entsteht ein Dialog mit der Form.

P.2.0 Hallo Form

Sind Punkt, Linie und Fläche noch die heilige Dreifaltigkeit jeder Formgenese? Kandinskys Definition dieser Grundelemente ist als Gedankenmodell für die generative Gestaltung aktueller denn je. In Anlehnung daran ist hier der Ursprung der schwarzen Kreisfläche ein Pixel. Linien bilden sich durch aneinandergereihte Pixel und Linie an Linie entsteht eine Fläche.

→ P_2_0_01

Befindet sich der Mauszeiger am oberen Bildschirmrand in der Mitte, ist die Form auf einen Pixel reduziert.

Der x-Wert der Mausposition steuert die Länge der Linien. Der y-Wert bestimmt die Anzahl und Strichstärke der Linien.

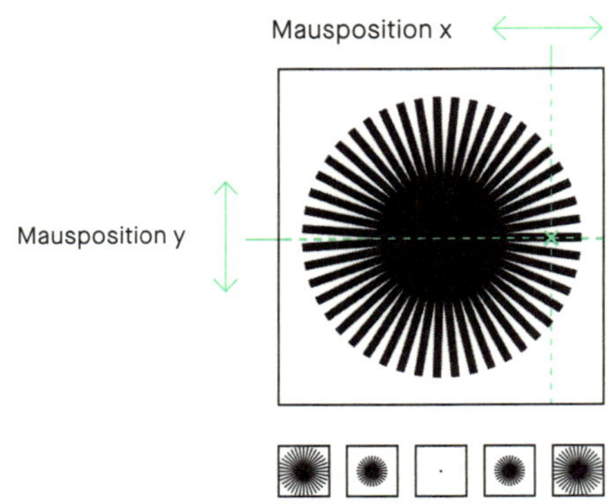


```
    function draw() {
      background(255);
[1]   translate(width / 2, height / 2);

[2]   var circleResolution = map(mouseY, 0, height, 2, 80);
[3]   var radius = mouseX - width / 2 + 0.5;
[4]   var angle = TWO_PI / circleResolution;

      strokeWeight(mouseY / 20);

      beginShape();
      for (var i = 0; i <= circleResolution; i++) {
        var x = cos(angle * i) * radius;
        var y = sin(angle * i) * radius;
        line(0, 0, x, y);
[5]     // vertex(x, y);
      }
      endShape(CLOSE);
    }
```

Maus: Position x: Länge der Linien
Position y: Stärke und Anzahl der Linien
Tasten: S: Bild speichern

1 Der Ursprung des Koordinatensystems wird in die Mitte der Zeichenfläche verschoben.

2 Die Funktion `map()` rechnet den y-Wert der Mausposition (eine Zahl zwischen `0` und `height`) in den Wertebereich zwischen `2` und `80` um.

3 Durch Abziehen der halben Breite der Zeichenfläche vom x-Wert der Mausposition wird der Radius umso kleiner, je weiter die Maus in die Mitte bewegt wird. Die Addition von `0.5` sorgt dafür, dass der Durchmesser des Kreises mindestens 1 beträgt.

4 Die Winkel-Schrittweite `angle` ergibt sich aus dem Winkel für eine komplette Umdrehung `TWO_PI` geteilt durch die Anzahl der Linien `circleResolution`.

5 Durch Entfernen der Kommentarzeichen `//` können die Endpunkte der Linie zu einer geschlossenen Vertexform verbunden werden.

→ P_2_0_02 und → P_2_0_03 In Version 02 und 03 werden die Endpunkte der Sternformen zu geschlossenen Polygonen verbunden. Außerdem bleiben beim Ziehen mit der Maus die Spuren der Transformation erhalten, da der Hintergrund nicht erneut eingefärbt wird.

P.2.1.1 Anordnung im Raster

Wie kann eine Diagonale mit nur zwei möglichen Richtungen die strenge Ordnung eines Rasters nutzen, um komplexe Strukturen zu schaffen? In jedem Rasterfeld entscheidet sich die Diagonale zufällig für eine der beiden Richtungen. Die Überlagerungen durch das Verändern der Strichstärke schaffen neue Formen, Verbindungen und Zwischenräume.

→ P_2_1_1_01

In einem Raster wird in jedem Feld entweder eine Linie A von links oben nach rechts unten oder B von links unten nach rechts oben gezeichnet. Die Entscheidung für die Richtung der Diagonalen trifft jeweils der Zufall.

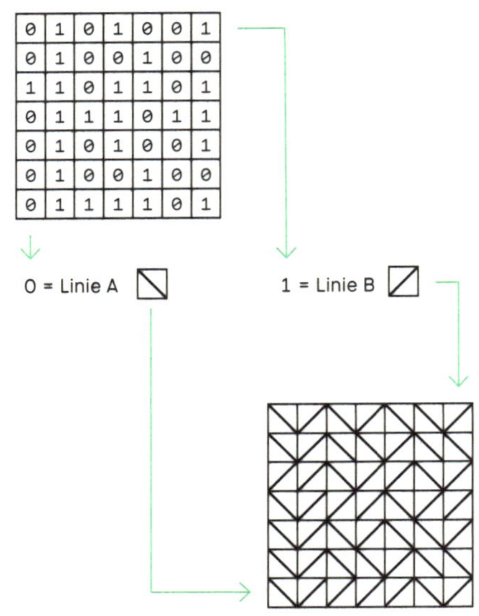

→ P_2_1_1_01 Die Strichstärken der Diagonalen sind an die Mausposition gekoppelt, die Art der Linienenden wird mit den Tasten 1 bis 3 gewechselt.

```
1   var tileCount = 20;

    function draw() {
      ...
      strokeCap(actStrokeCap);
      ...
      for (var gridY = 0; gridY < tileCount; gridY++) {
        for (var gridX = 0; gridX < tileCount; gridX++) {
          var posX = width / tileCount * gridX;
          var posY = height / tileCount * gridY;
2         var toggle = int(random(0, 2));
3         if (toggle == 0) {
4           strokeWeight(mouseX / 20);
            line(posX, posY, posX + width / tileCount,
                 posY + height / tileCount);
          }
5         if (toggle == 1) {
            strokeWeight(mouseY / 20);
            line(posX, posY + width / tileCount,
                 posX + height / tileCount, posY);
          }
        ...

6   function keyReleased() {
      ...
7     if (key == '1') actStrokeCap = ROUND;
8     if (key == '2') actStrokeCap = SQUARE;
9     if (key == '3') actStrokeCap = PROJECT;
    }
```

Maus: Position x: Strichstärke linke Diagonale
Position y: Strichstärke rechte Diagonale
Linksklick: neue Zufallswerte

Tasten: 1–3: Art der Linienenden ändern
S: Bild speichern

1 Der Wert der Variablen `tileCount` bestimmt die Auflösung des Rasters.

2 Der Befehl `random(0,2)` erzeugt eine Zufallszahl von 0,000 bis 1,999. Bei der Konvertierung in eine Ganzzahl durch `int` wird diese abgerundet, der Variablen `toggle` wird dadurch entweder 0 oder 1 zugewiesen.

3 Mit einer `if`-Abfrage wird der Wert der Variablen `toggle` mit `0` verglichen. Wenn das der Fall ist, werden die beiden darauffolgenden Code-Zeilen ausgeführt, mit denen Linie A gezeichnet wird.

4 Der Wert der aktuellen Mausposition auf der x-Achse bestimmt die Strichstärke der Linie A. Er wird durch `20` geteilt, damit die Strichstärke keine allzu großen Werte annehmen kann.

5 Entsprechendes geschieht hier für Linie B.

6 Nach Drücken der Tasten 1 bis 3 wird die Variable `actStrokeCap` auf eine der Processing-Konstanten ROUND, SQUARE oder PROJECT gesetzt. Dieser Wert wird an anderer Stelle verwendet, um mit dem Befehl `strokeCap()` einzustellen, wie die Enden der Linien gezeichnet werden.

7 `strokeCap(ROUND)`

8 `strokeCap(SQUARE)`

9 `strokeCap(PROJECT)`

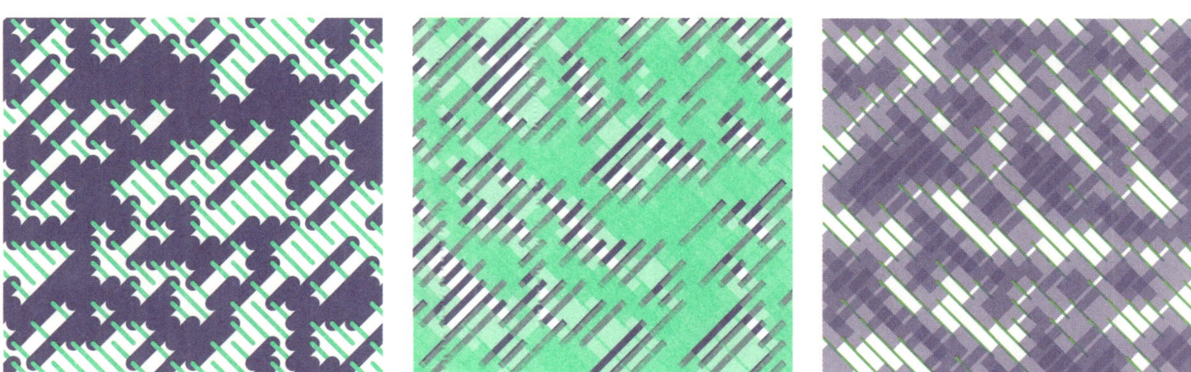

→ P_2_1_1_02 In Version 02 werden zusätzlich Farben und Transparenzen auf die beiden Diagonalen-Arten angewendet.

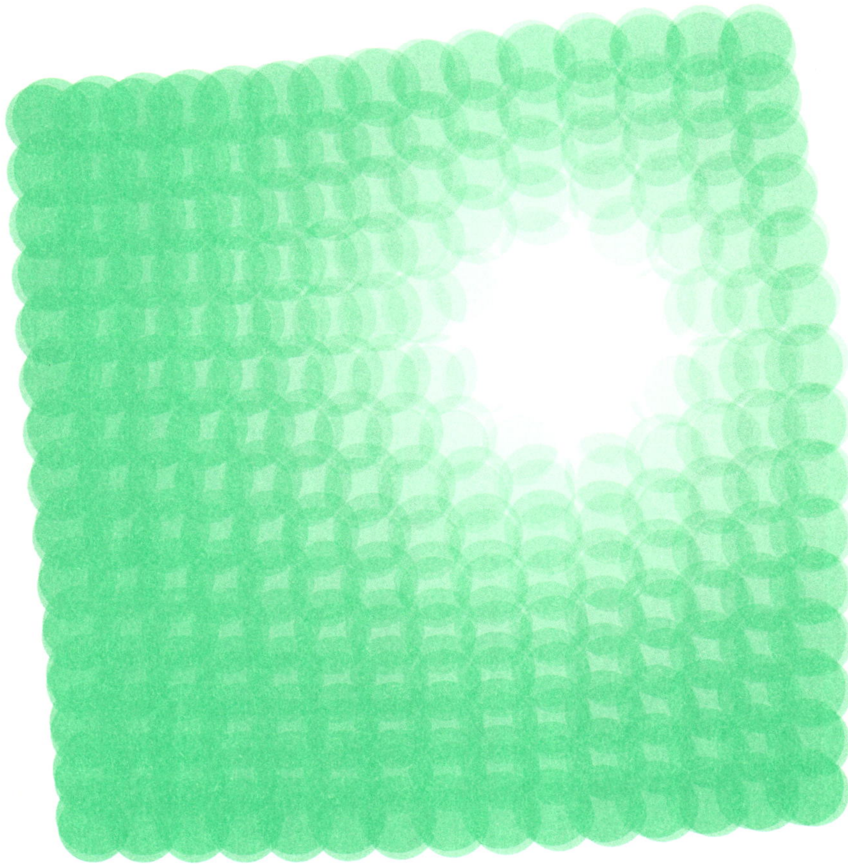

→ P_2_1_1_04 Hier sind die Elemente im Raster aus dem data-Ordner geladene SVG-Grafiken, welche immer zur Mausposition hin gedreht werden. Mit der Taste C kann zwischen verschiedenen Farbmodi gewechselt werden. Die Transparenz eines Elements ist dann abhängig von dessen Abstand zur Mausposition.

→ P_2_1_1_04 Mit der Taste D kann gewählt werden, ob die Elemente zur Maus hin kleiner oder größer werden.

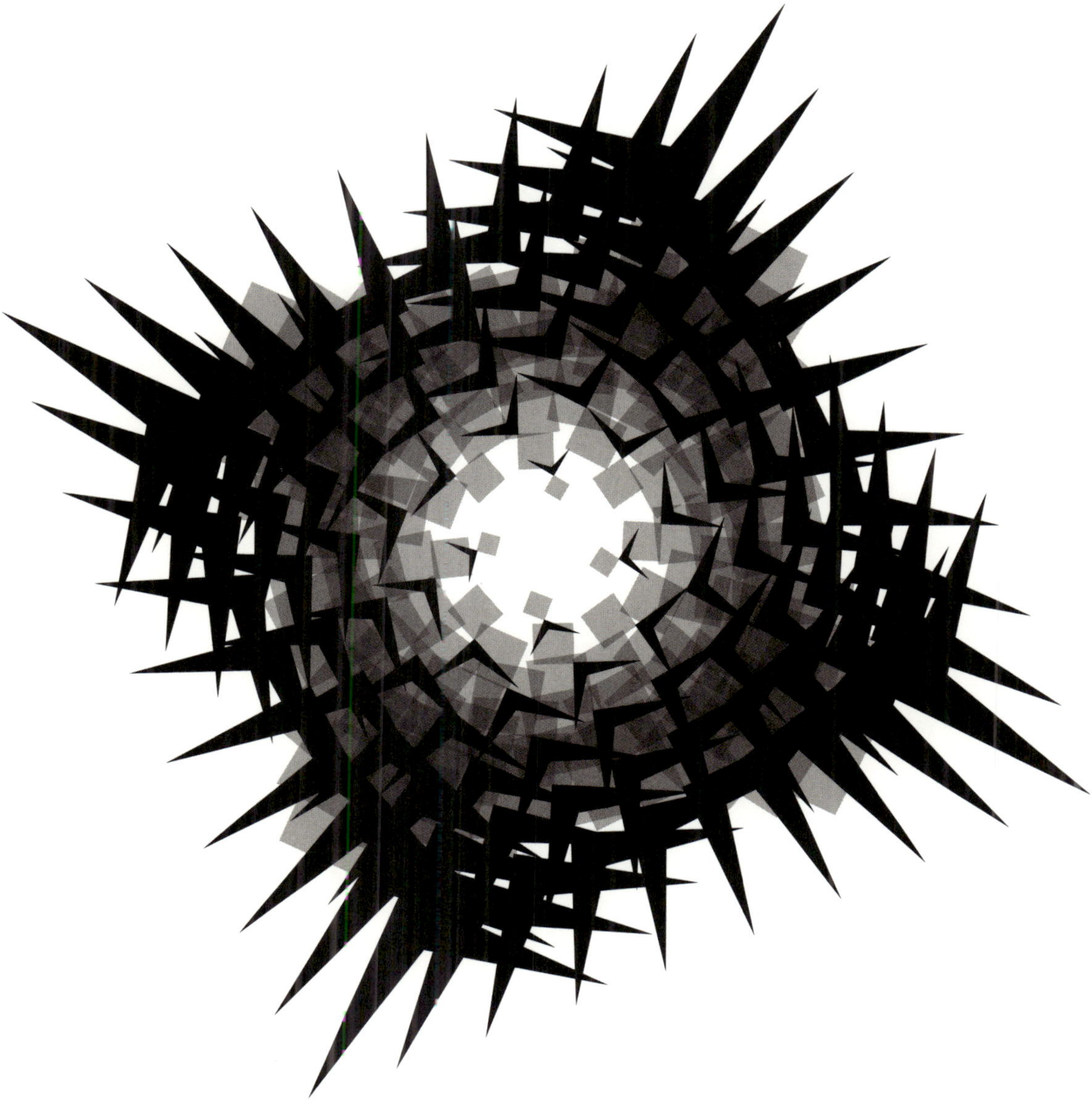

→ P_2_1_1_04 Andere SVG-Module können mit den Zifferntasten 1 bis 7 gewählt werden. Bei dezentral platzierten SVG-Grafiken scheint sich das Raster aufzulösen, obwohl die Module streng ins Raster gezeichnet werden.

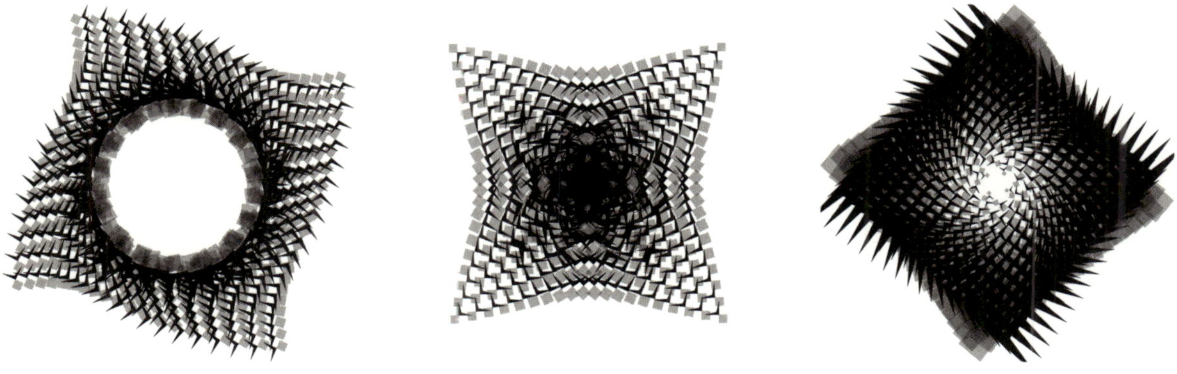

→ P_2_1_1_04 Die Elemente können zusätzlich in sich gedreht werden (Pfeiltasten links und rechts).

P.2.1.2 Verschiebung im Raster

An der Grenze zur Unordnung ist die Spannung am höchsten. Die einzelnen Formen verlassen ihre starre Anordnung im dynamischen Raster und geben sich zufälligen Gruppierungen hin. Dem Raster zugeneigte und vom Raster abgeneigte Elemente kämpfen um die visuelle Vormacht. Wichtig sind hier die Momente des Übergangs.

→ P_2_1_2_01

Eine festgelegte Anzahl von Kreisen wird der Reihe nach und zeilenweise auf der Zeichenfläche dargestellt. Zur Rasterposition eines Kreises werden zufällige Werte addiert, die ihn auf der x- und y-Achse verschieben. Je weiter die Maus nach rechts bewegt wird, desto größer kann diese Verschiebung werden.

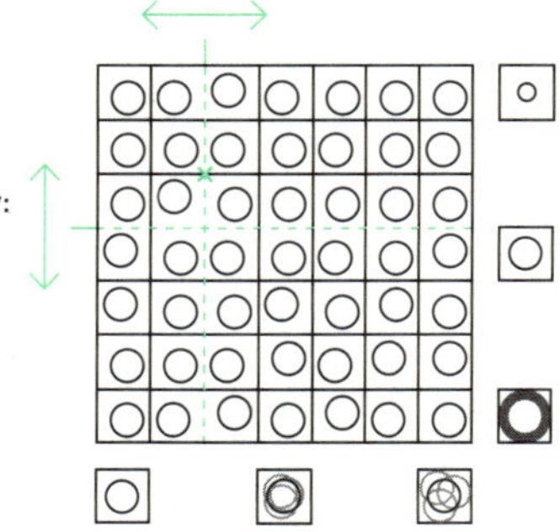


```
function draw() {
  translate(width / tileCount / 2, height / tileCount / 2);
  ...
  strokeWeight(mouseY / 60);

  for (var gridY = 0; gridY < tileCount; gridY++) {
    for (var gridX = 0; gridX < tileCount; gridX++) {

      var posX = width / tileCount * gridX;
      var posY = height / tileCount * gridY;

      var shiftX = random(-mouseX, mouseX) / 20;
      var shiftY = random(-mouseX, mouseX) / 20;

      ellipse(posX + shiftX, posY + shiftY,
              mouseY / 15, mouseY / 15);
    }
  }
}
```

(Markierungen: 1 bei translate, 2 bei shiftX/shiftY, 3 bei ellipse)

1 Der Ursprung des Koordinatensystems wird um eine halbe Kachelbreite und -höhe nach rechts und unten verschoben, damit die Kreise mittig in ihren Kacheln sitzen.

2 Der Wertebereich für die Zufallszahlen ist umso größer, je höher der x-Wert der Mausposition `mouseX` wird.

3 Durch Addieren der Werte `shiftX` und `shiftY` zu den Rasterkoordinaten `posX` und `posY` ergibt sich die endgültige, verschobene Position der Kreise.

Maus: Position x: Kreisposition
Position y: Kreisgröße
Linksklick: neue Zufallswerte Kreisposition
Tasten: S: Bild speichern

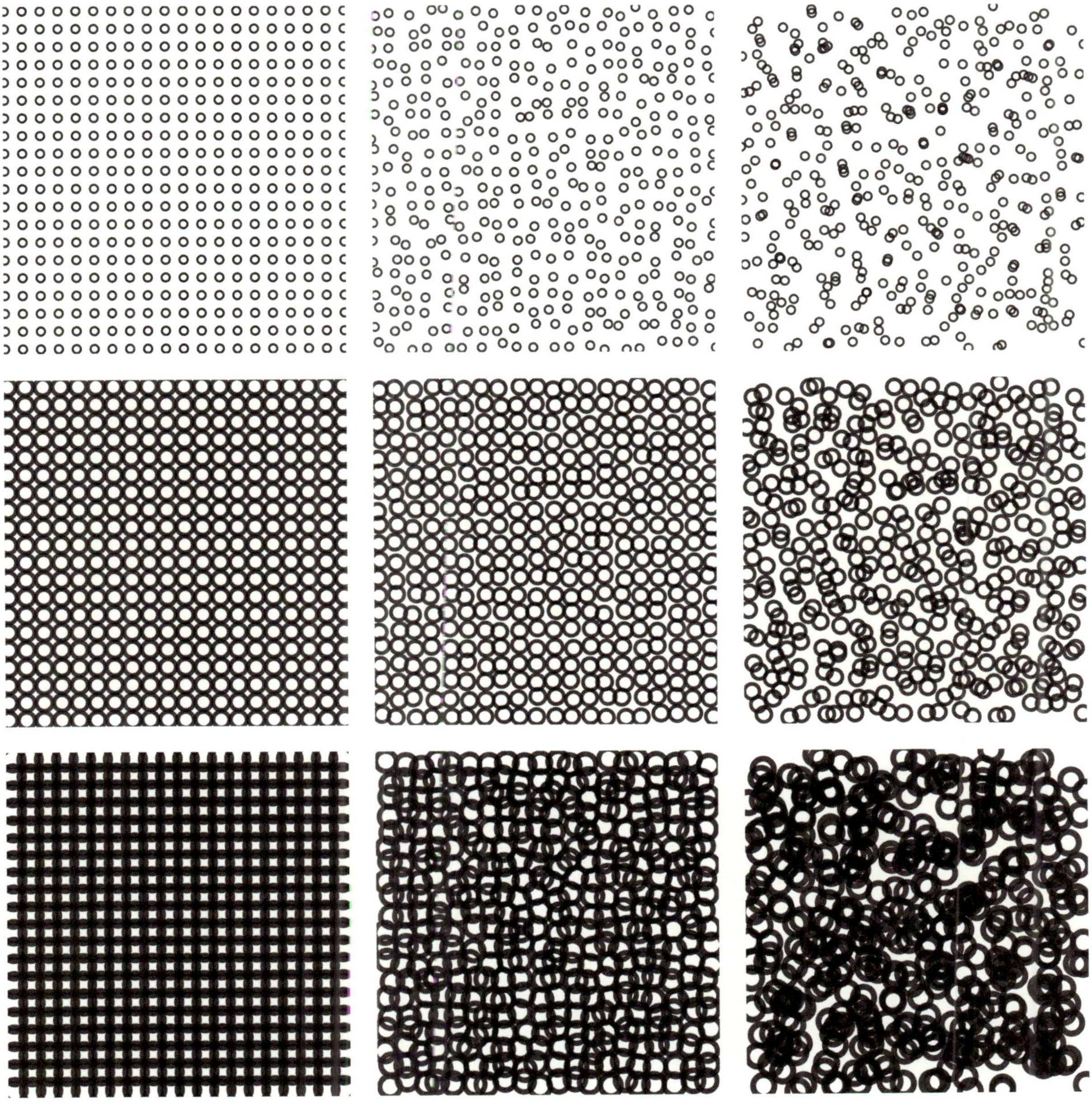

→ P_2_1_2_01 Transparente Kreise verschieben sich im Raster abhängig von der horizontalen Mausposition. Die vertikale Mausposition bestimmt die Größe der Kreise.

→ P_2_1_2_02 Die sich verschiebenden schwarzen Kreise stehen hinter einem fest gefügten Raster aus weißen Kreisen. So kann man beobachten, ab wann sich das Raster auflöst.

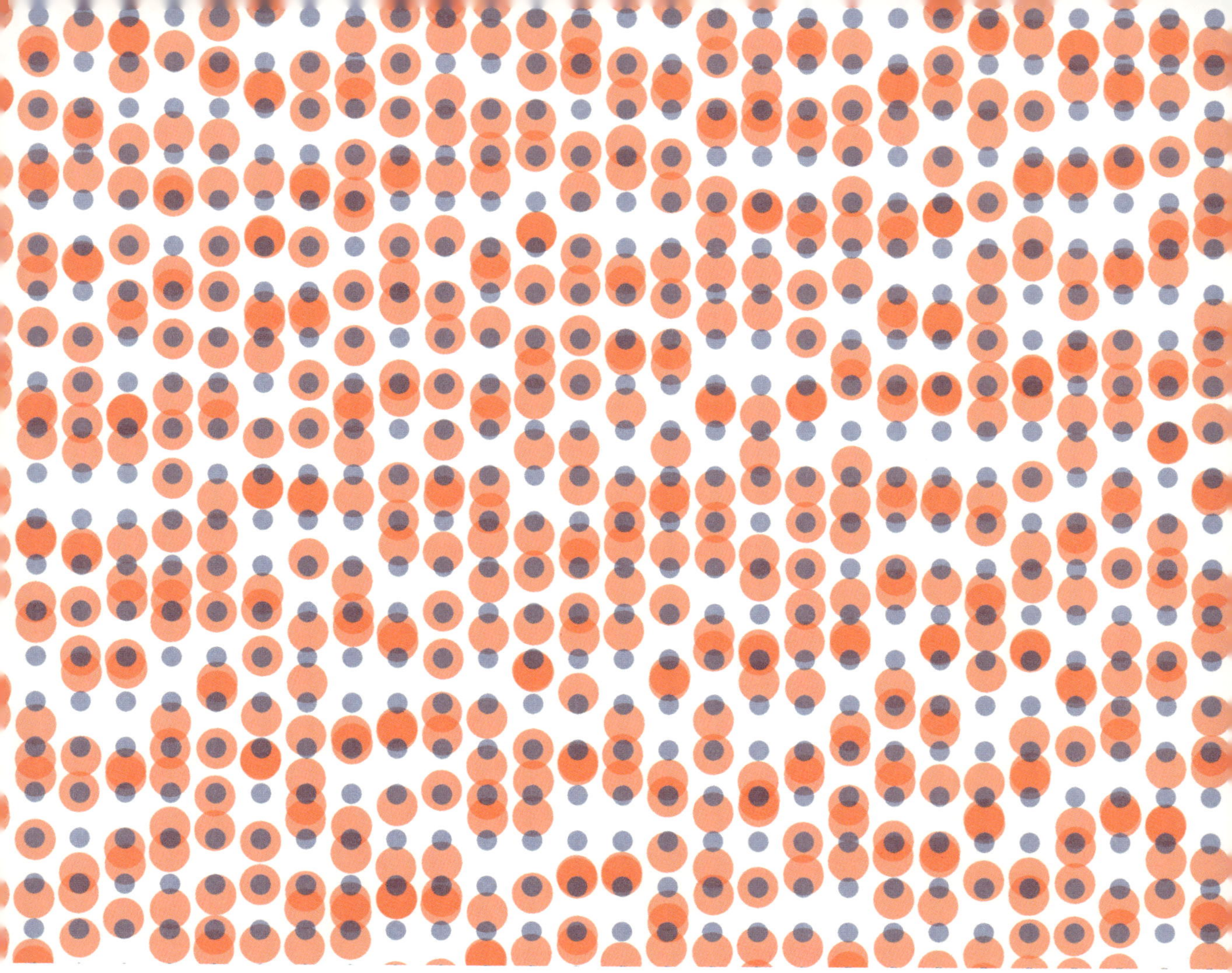

→ P_2_1_2_02 Eine Farbvariante mit transparenten Kreisen.

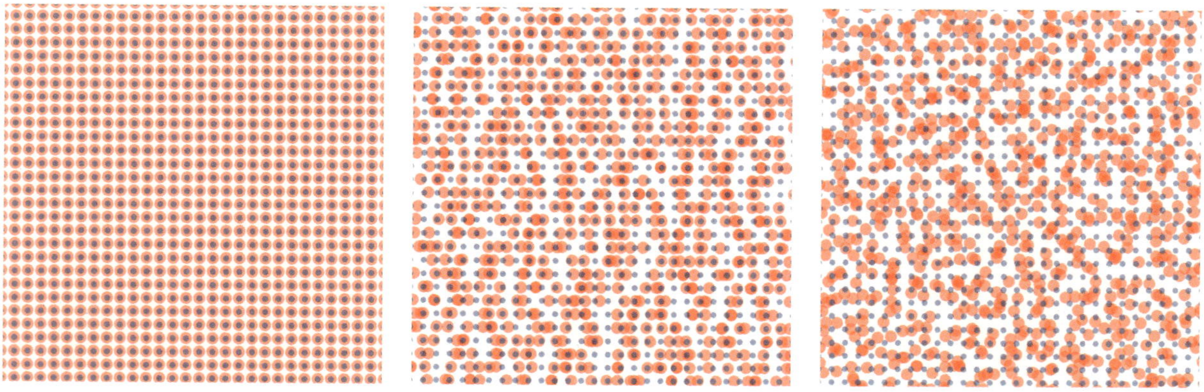

→ P_2_1_2_02 Diese Bildreihe zeigt, dass sich hier nur die roten Kreise verschieben, die blauen bleiben im Raster.

→ P_2_1_2_04 Hier verschieben sich nicht die kompletten Elemente, sondern nur deren Eckpunkte.

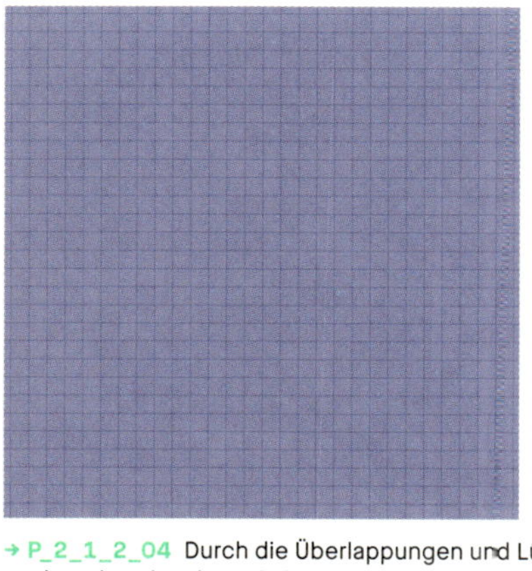

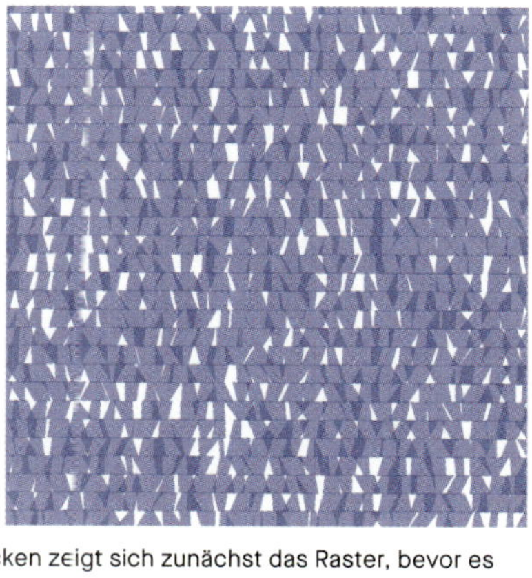

→ P_2_1_2_04 Durch die Überlappungen und Lücken zeigt sich zunächst das Raster, bevor es nach und nach unkenntlich wird.

P.2.1.3 Komplexes Modul im Raster

Noch spannender ist die Verschachtelung von mehreren Formen zu einem komplexen Modul. Es sind vier verschiedene Anhäufungen von Ellipsen, die sich in gegensätzliche Richtungen aufbauen und abwechselnd auf dem Raster positioniert werden. Der räumliche Eindruck ensteht durch die unterschiedlichen Durchmesser und die Transparenz der Ellipsen.

→ P_2_1_3_01

Das Modul, mit dem das Raster gefüllt wird, besteht aus einem Stapel von Kreisen, die sich immer kleiner werdend in eine Richtung verschieben. In welche der vier Richtungen (oben, unten, rechts oder links) entscheidet der Zufall. Dabei ist die Anzahl der Kreise an die Mausposition x, die Verschiebung an die Mausposition y gebunden.

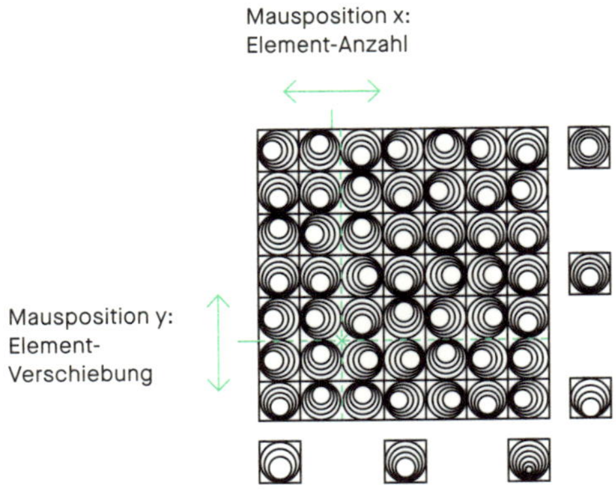

→ P_2_1_3_01 Jedes Modul im Raster besteht aus mehreren Kreisen. Die Position der Maus bestimmt deren Anzahl, Größe und Position.

```
    function draw() {
      ...
1     circleCount = mouseX / 30 + 1;
      endSize = map(mouseX, 0, max(width, mouseX),
                             tileWidth / 2, 0);
      endOffset = map(mouseY, 0, max(height, mouseY),
                               0, (tileWidth - endSize) / 2);

      for (var gridY = 0; gridY <= tileCountY; gridY++) {
        for (var gridX = 0; gridX <= tileCountX; gridX++) {
2         push();
          translate(tileWidth * gridX, tileHeight * gridY);
          scale(1, tileHeight / tileWidth);

3         var toggle = int(random(0, 4));
          if (toggle == 0) rotate(-HALF_PI);
          if (toggle == 1) rotate(0);
          if (toggle == 2) rotate(HALF_PI);
          if (toggle == 3) rotate(PI);

          // draw module
          for (var i = 0; i < circleCount; i++) {
4           var diameter = map(i, 0, circleCount,
                                tileWidth, endSize);
            var offset = map(i, 0, circleCount, 0, endOffset);
            ellipse(offset, 0, diameter, diameter);
          }
5         pop();
        }
      }
    }
```

Maus: Position x: Anzahl und Größe der Kreise
Position y: Position der Kreis
Linksklick: neue Zufallswerte für Position
Tasten: S: Bild speichern

1 Die Anzahl der Kreise in einem Modul, die Größe sowie der Versatz des letzten Kreises werden von der Mausposition bestimmt.

2 Die unterschiedliche Drehung der Module ist leichter zu bewerkstelligen, wenn vor dem Zeichnen eines Moduls der Ursprung des Koordinatensystems temporär an die Stelle verschoben wird, an der es gezeichnet werden soll. Der Befehl `push()` sorgt dafür, dass der aktuelle Zustand des Koordinatensystems gespeichert wird, bevor der Ursprung mit `translate()` verschoben wird.

3 Die Zufallszahl `toggle` entscheidet zwischen den vier Drehrichtungen. `random(0, 4)` erzeugt eine Zahl zwischen 0 und 3.999, abgerundet also die Werte `0`, `1`, `2` und `3`. Der Bogenmaß-Winkel `HALF_PI` entspricht einer Drehung um 90°.

4 Das Modul wird aufgebaut, indem die Kreise nacheinander gezeichnet werden. Der Wert für den Durchmesser `diameter` bewegt sich zwischen `tileWidth` und dem zuvor berechneten `endSize`. Der Wert `offset` beinhaltet den Versatz vom Zentrum. Die kleiner werdenden Kreise werden also immer weiter nach rechts verschoben.

5 Zuletzt wird der zuvor gespeicherte Zustand des Koordinatensystems mit `pop()` wiederhergestellt.

→ P_2_1_3_02 Komplexe Module aus geraden Linien. Die Verdichtung der Linien lässt neue Formen erscheinen.

→ P_2_1_3_02 Der Punkt, an dem die Linien zusammenlaufen, kann mit der Maus diagonal verschoben werden.

→ P_2_1_3_02 Verdichtungen erzeugen leicht einen dreidimensionalen Eindruck.

→ P_2_1_3_05 Das Modul besteht aus immer kleiner und dunkler werdenden Kreisen.

→ P_2_1_3_04 Ein ähnliches Prinzip wie auf der linken Seite, hier allerdings mit rotierenden Quadraten. Eingefärbt und transparent sind die Quadrate als solche kaum mehr zu erkennen.

P.2.1.4 Checkboxes im Raster

Hier werden die kühnsten Träume der Bedienelemente wahr. Endlich sind sie Gestaltungselemente. Buttons, Checkboxes oder Slider werden im Browser als Rasterelemente eingesetzt. Sie dienen jetzt der reinen Visualisierung und in der Masse fühlen sie sich besonders wohl.

→ P_2_1_4_01

Jeder Pixel eines Ausgangsbildes wird analysiert und als Checkbox dargestellt. Die Helligkeit des Pixels bestimmt, ob das Häkchen gesetzt wird oder nicht. Wenn die Helligkeit über einem festgelegten Schwellenwert liegt, wird das Häkchen nicht gesetzt. Die Checkbox erscheint dadurch ebenfalls heller.

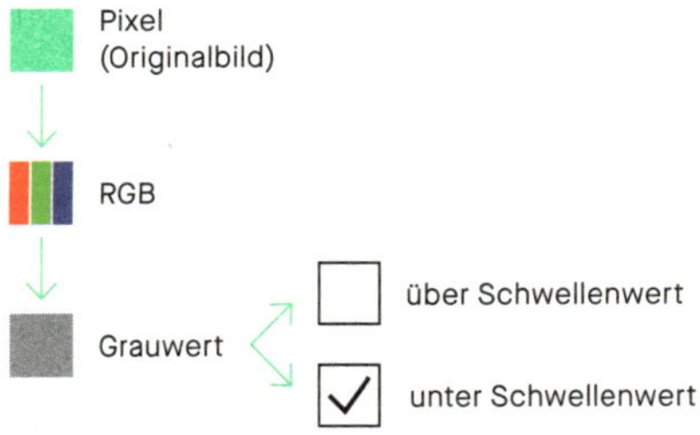

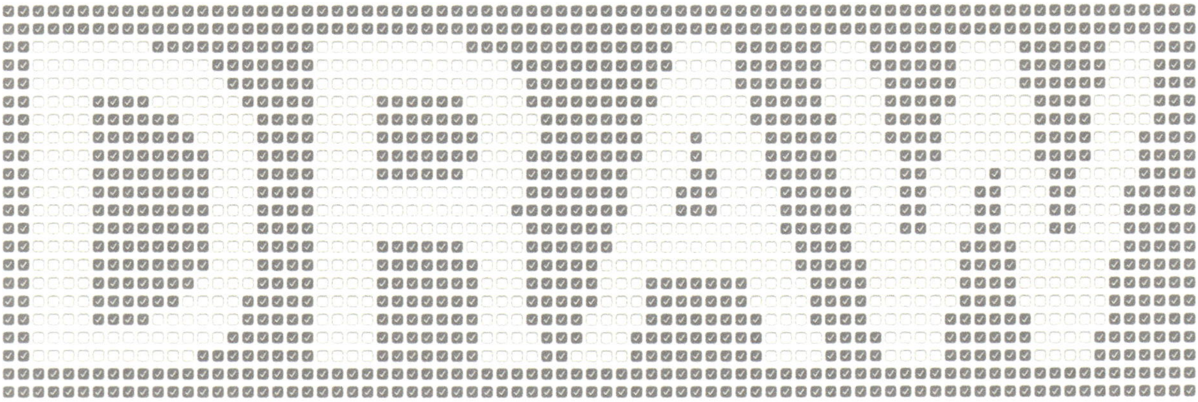

→ P_2_1_4_01 Die Darstellung der Checkboxes variiert von Browser zu Browser, kann aber bei Bedarf über die Stylesheets angepasst werden.

```
   <html>
     ...
     <body>
1      <div id="container"></div>
       ...
     </body>
   </html>
```

```
   function setup() {
2    noCanvas();
     ...
     for (var y = 0; y < rows; y++) {
       for (var x = 0; x < cols; x++) {
3        var box = createCheckbox();
         box.style('display', 'inline');
         box.parent('container');
         boxes.push(box);
       }
4      var linebreak = createSpan('<br/>');
       linebreak.parent('mirror');
     }

5    slider = createSlider(0, 255, 0);
   }
```

```
   function draw() {
     for (var y = 0; y < img.height; y++) {
       for (var x = 0; x < img.height; x++) {
6        var c = color(img.get(x, y));
         var bright = (red(c) + green(c) + blue(c)) / 3;

7        var threshold = slider.value();

8        var checkIndex = x + y * cols;

9        if (bright > threshold) {
           boxes[checkIndex].checked(false);
         } else {
           boxes[checkIndex].checked(true);
         }
       }
     }
   }
```

Tasten: 1–3: Bild wechseln
Slider: Schwellenwert für Graustufen einstellen

1 Im Dokument index.html wird ein `<div>`-Element mit der `id` `container` zur Verfügung gestellt, zu dem später die Checkboxes hinzugefügt werden.

2 Da die Elemente direkt im HTML-Dokument landen, kann die Standard-Zeichenfläche entfernt werden.

3 Mit `createCheckbox()` wird ein Kontrollkästchen erzeugt. Diesem können mit `style()` Stil-Eigenschaften zugewiesen werden und `parent()` fügt es in das HTML-Element `container` ein.

4 Am Ende jeder Zeile wird ein Zeilenumbruch hinzugefügt.

5 Mit dem Slider kann später der Schwellenwert für die Graustufen gesteuert werden. Ein Wertebereich von `0` bis `255` ist deshalb sinnvoll. Als Startwert wird `0` eingestellt.

6 Beim Umsetzen des Bildes in Checkboxes müssen die einzelnen Pixel des Bildes in einen Helligkeitswert `bright` umgerechnet werden. Bei Graustufenbildern genügt eine einfache Mittelwertsberechnung. Bei Farbbildern sollte eine etwas komplexere Berechnung angewendet werden.
→ P.4.3.1 Grafik aus Pixelwerten

7 Die Funktion `value()` ermittelt den aktuell eingestellten Wert des Sliders.

8 Aus `x`, `y` und der Anzahl der Spalten `cols` wird der Index der diesem Pixel zugehörigen Checkbox berechnet.

9 Wenn die Helligkeit des Pixels über dem eingestellten Schwellenwert `threshold` liegt, wird das Häkchen der Checkbox entfernt, andernfalls gesetzt.

→ P_2_1_4_03 Viele Slider geometrisch angeordnet.

→ P_2_1_4_04 Diese Slider bleiben automatisch in Bewegung.

P.2.1.5 Vom Raster zum Moiré

Was in der Drucktechnik meist als Fehler gilt, ist hier erwünscht. Durch das Überlagern und Verschieben der gleichen grafischen Raster erleben sie unerwartete optische Illusionen, die Sie live verändern können.

→ P_2_1_5_01

Vom Moiré-Effekt spricht man, wenn sich zwei oder mehrere feine Rasterstrukturen so überlagern, dass ein groberes Muster entsteht. Das geschieht dadurch, dass an allen Kreuzungspunkten das Gesamtbild heller scheint, denn neben diesen Kreuzungen ist mehr vom weißen Hintergrund zu sehen.

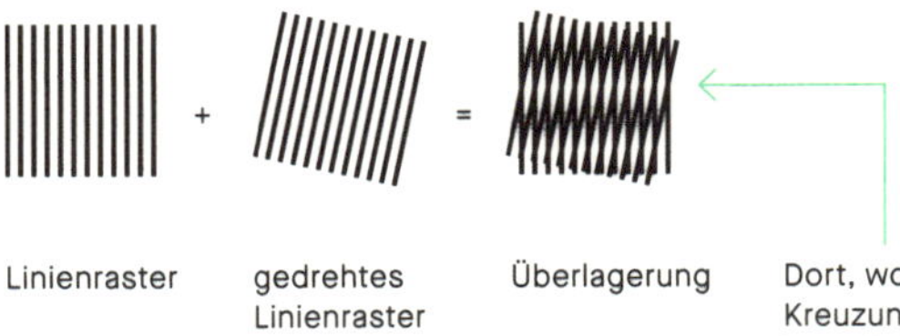

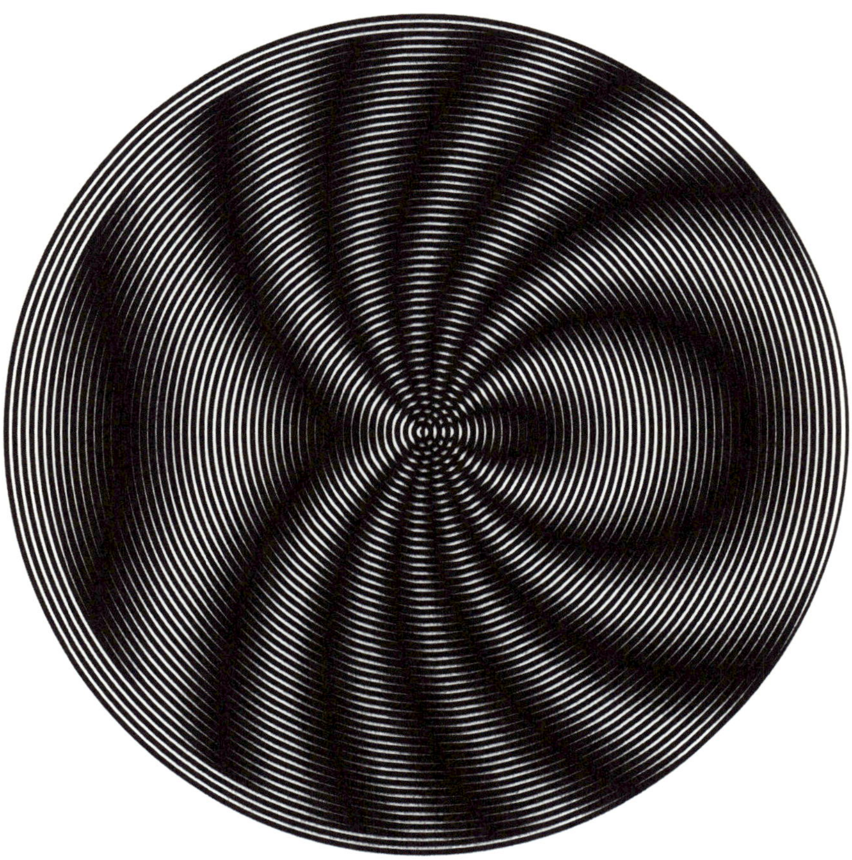

→ P_2_1_5_01 Bei kurvigen Rasterelementen entstehen in der Regel besonders interessante Überlagerungen.

```
  function draw() {
    ...
    strokeWeight(3);
1   overlay();

2   var x = map(mouseX, 0, width, -50, 50);
    var a = map(mouseX, 0, width, -0.5, 0.5);
    var s = map(mouseY, 0, height, 0.7, 1);

3   if (drawMode == 2) translate(x, 0);
    if (drawMode == 1) rotate(a);
    scale(s);

4   strokeWeight(2);
    overlay();
  }


5 function overlay() {
    var w = width - 100;
    var h = height - 100;

6   if (drawMode == 1) {
      for (var i = -w / 2; i < w / 2; i += 5) {
        line(i, -h / 2, i, h / 2);
      }
    }
7   if (drawMode == 2) {
      for (var i = 0; i < w; i += 10) {
        ellipse(0, 0, i);
      }
    }
  }
```

1 Die Hintergrundgrafik wird gezeichnet. Da diese Grafik ein zweites Mal erzeugt werden muss, ist dieser Vorgang in die Funktion `overlay()` ausgelagert worden.

2 Aus der Mausposition werden passende Werte für die Verschiebung `x`, die Rotation `a` und die Skalierung `s` berechnet.

3 Je nach Zeichenmodus `drawMode` wird das Koordinatensystem entweder horizontal verschoben oder gedreht. Skaliert wird in beiden Fällen.

4 Die überlagernde Grafik wird mit einer leicht veränderten Strichstärke gezeichnet.

5 In der Funktion `overlay()` wird die Grafik erzeugt.

6 Im Zeichenmodus 1 eine Reihe von Linien.

7 Im Zeichenmodus 2 nach und nach größer werdende Kreise.

Maus: Position x: Überlagerung drehen oder verschieben
Position y: Überlagerung skalieren
Tasten: 1–2: Zeichenmodus ändern
S: Bild speichern

→ P_2_1_5_01 Der Moiré-Effekt wird umso stärker, je näher sich die beiden Raster in Bezug auf Drehung und Skalierung kommen.

→ P_2_1_5_04 Frei gezeichnete Linien, vielfach parallel nebeneinander gezeichnet und überlagert.

P.2.2.1 Dummer Agent

Im Gegensatz zur starren Einbettung in einem Raster wird nun das Pixel zum Agenten und kann sich auf der Basis verschiedener Verhaltensregeln frei bewegen. Der Agent bewegt sich nach jedem Schritt zufällig in eine der acht Richtungen voran und hinterlässt dabei seine Spur. Er folgt seinem Auftrag und gibt nie auf.

→ P_2_2_1_01

Bei jedem Zeichenvorgang wird per Zufall eine neue der acht möglichen Richtungen für den nächsten Schritt ausgewählt. Der Schritt wird gemacht, indem ein festgelegter Wert (Schrittweite) zu den Koordinaten der aktuellen Position addiert, bzw. von ihnen subtrahiert wird. An der neuen Position wird zuletzt der Kreis gezeichnet.

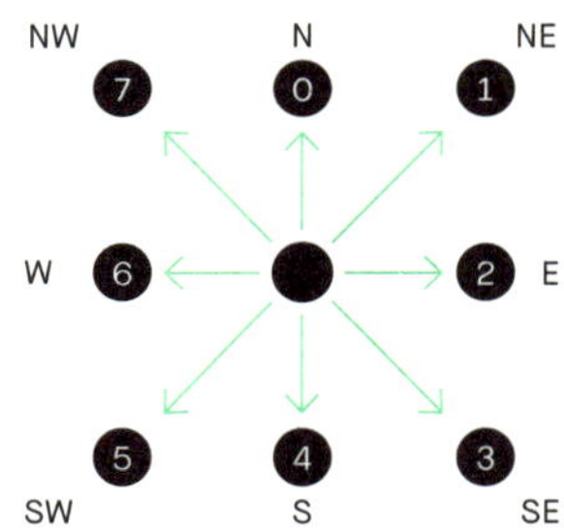

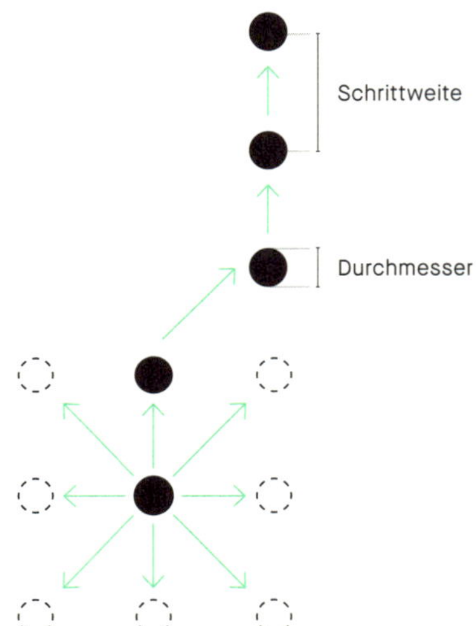

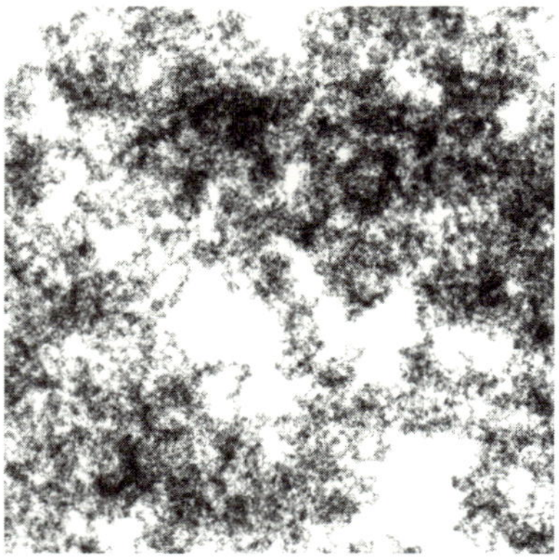

→ P_2_2_1_01 Je länger der Agent wandert, umso dichter wird die Wolkenstruktur.

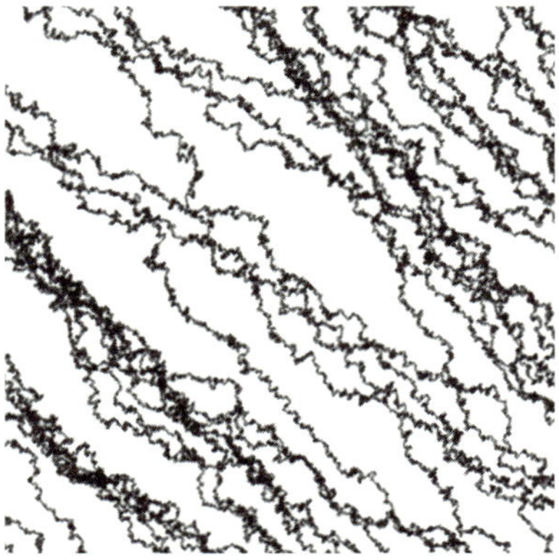

→ P_2_2_1_02 Die Bewegungsrichtung des Agenten ist hier eingeschränkt.

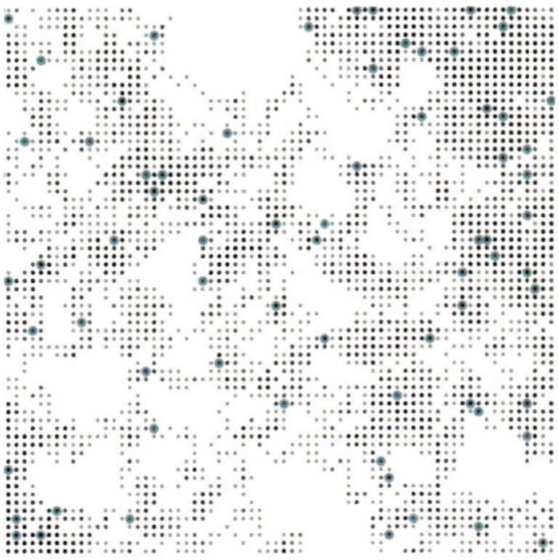

→ P_2_2_1_02 Im Zeichenmodus 3 sind die Durchmesser der Kreise größer und teilweise blau eingefärbt.

```
1   var NORTH = 0;
    var NORTHEAST = 1;
    var EAST = 2;
    var SOUTHEAST = 3;
    var SOUTH = 4;
    var SOUTHWEST = 5;
    var WEST = 6;
    var NORTHWEST = 7;
    ...
2   var stepSize = 1;
    var diameter = 1;


    function draw() {
      for (var i = 0; i <= mouseX; i++) {
3       direction = int(random(0, 8));

4       if (direction == NORTH) {
          posY -= stepSize;
5       } else if (direction == NORTHEAST) {
          posX += stepSize;
          posY -= stepSize;
6       } else if (direction == EAST) {
          posX += stepSize;
        } else if (direction == SOUTHEAST) {
          posX += stepSize;
          posY += stepSize;
        } else if (direction == SOUTH) {
          posY += stepSize;
        } else if (direction == SOUTHWEST) {
          posX -= stepSize;
          posY += stepSize;
        } else if (direction == WEST) {
          posX -= stepSize;
        } else if (direction == NORTHWEST) {
          posX -= stepSize;
          posY -= stepSize;
        }

7       if (posX > width) posX = 0;
        if (posX < 0) posX = width;
        if (posY < 0) posY = height;
        if (posY > height) posY = 0;

8       ellipse(posX + stepSize / 2, posY + stepSize / 2,
                diameter, diameter);
      }
    }
```

Maus: Position x: Geschwindigkeit des Bildaufbaus
Tasten: ENTF: Zeichenfläche leeren
S: Bild speichern

1 Es werden acht Konstanten mit unterschiedlichen Zahlenwerten definiert.

2 Durch Verändern der Werte für `stepSize` und `diameter` kann Schrittweite und Durchmesser der Agenten festgelegt werden.

3 Der Befehl `random(0,8)` erzeugt eine Zufallszahl von 0,000 bis 7,999. Abgerundet ergibt das einen Wert von 0 bis 7, der in `direction` abgelegt wird und die Richtung für den nächsten Schritt bestimmt.

4 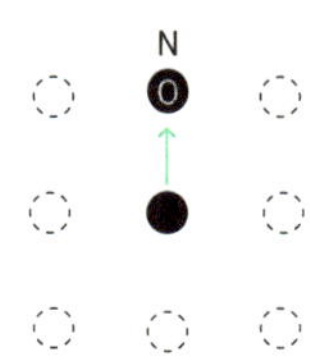

5 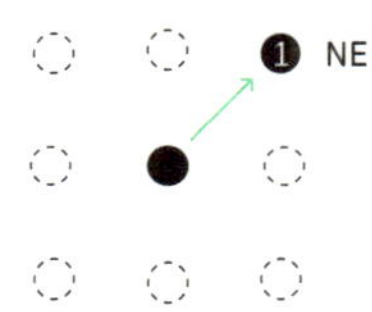

6 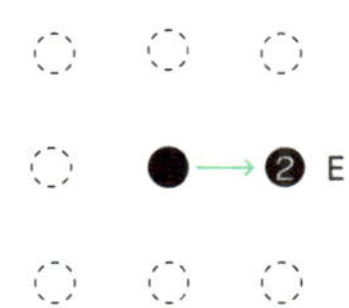

7 Wenn die aktuelle Position des Agenten den rechten Rand der Zeichenfläche überschreitet, wird `posX` auf `0` gesetzt. Der Agent setzt dadurch seinen Weg auf der gegenüberliegenden Seite fort.

8 Ein Kreis wird an die neue Position gezeichnet. Die halbe Schrittweite `stepSize/2` wird dazugezählt, damit die Kreise am Rand der Zeichenfläche nicht angeschnitten werden.

P.2.2.2 Intelligenter Agent

Die Verhaltensregeln sind jetzt wesentlich komplexer und an klare Bedingungen geknüpft. Kreuzt der Agent hier seine eigene Spur, so kommt er leicht vom Wege ab. Erreicht er den Rand der Zeichenfläche, läuft er in die entgegengesetzte Richtung. Die geraden Linien, die zwischen zwei Kreuzungspunkten gezogen werden, verändern ihre Farbe und Strichstärke in Abhängigkeit zur zurückgelegten Distanz.

→ P_2_2_2_01

Der Agent bewegt sich immer in eine der vier Hauptrichtungen Nord, Ost, Süd oder West. Er hat allerdings die Wahl aus mehreren möglichen Winkeln, wobei rechte Winkel nicht möglich sind. Stößt der Agent an den Rand der Zeichenfläche, dann dreht er sich in die entgegengesetzte Hauptrichtung und sucht sich aus den möglichen Winkeln zufällig einen aus. Wenn er seine eigene Spur kreuzt, dann bleibt er in seiner Hauptrichtung und wählt lediglich einen neuen Winkel.

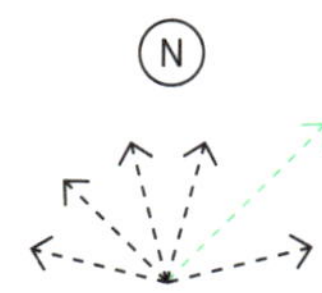

Mögliche Winkel des Agenten für die Hauptrichtung Nord

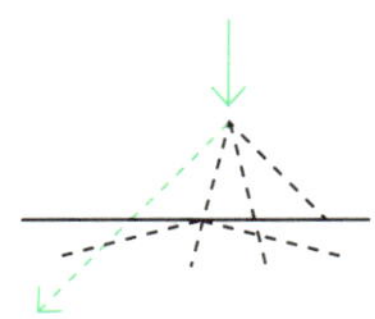

Der Agent stößt an den Rand der Zeichenfläche

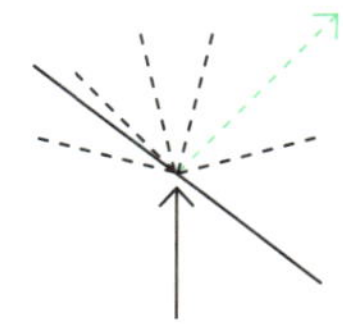

Der Agent kreuzt seine Spur

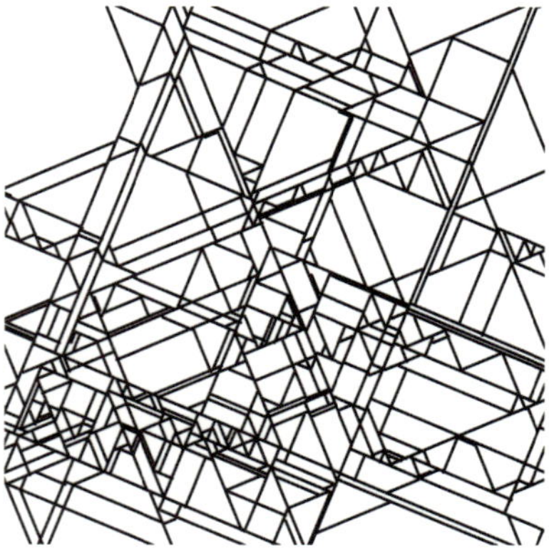

→ P_2_2_2_01 Die langen geraden Linien entstehen zu Beginn, danach muss der Agent häufig seine Richtung ändern.

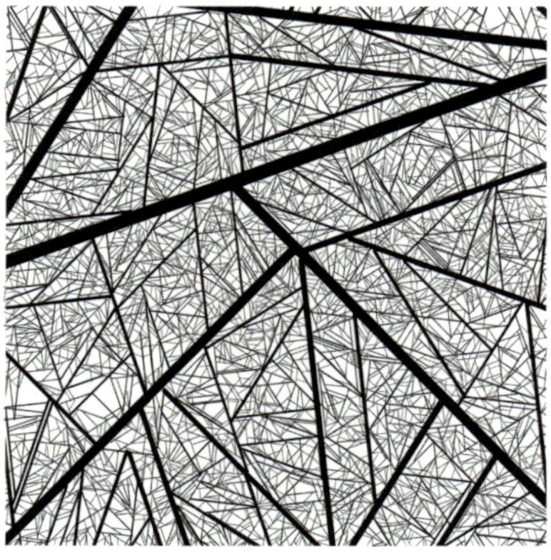

→ P_2_2_2_02 Die Linienstärke ist abhängig von der Distanz.

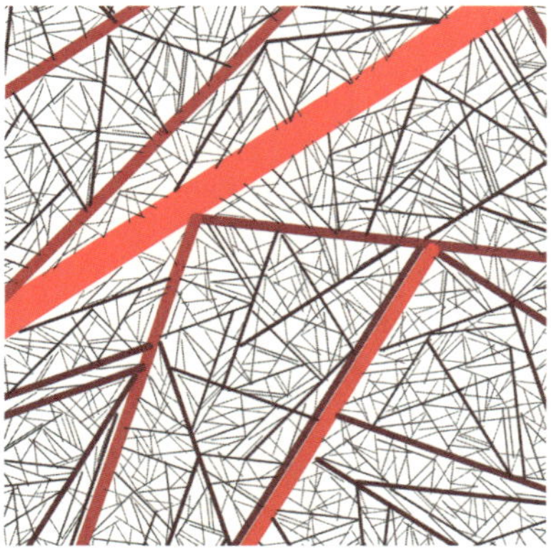

→ P_2_2_2_02 Die Linien sind hier abhängig von ihrer Länge eingefärbt (Taste 2).

```
    function draw() {
      var speed = int(map(mouseX, 0, width, 0, 20));
      for (var i=0; i<=speed; i++) {

        strokeWeight(1);
        stroke(180, 0, 0);
1       point(posX, posY);

2       posX += cos(radians(angle)) * stepSize;
        posY += sin(radians(angle)) * stepSize;

        reachedBorder = false;

3       if (posY <= 5) {
          direction = SOUTH;
          reachedBorder = true;
        } else if (posX >= width - 5) {
          direction = WEST;
          reachedBorder = true;
        }
        ...

        loadPixels();
4       var currentPixel = get(floor(posX), floor(posY));
        if ((currentPixel[0]!=255 && currentPixel[1]!=255 &&
             currentPixel[2]!=255) || reachedBorder) {

          angle = getRandomAngle(direction);

5         var distance = dist(posX, posY,
                              posXcross, posYcross);
          if (distance >= minLength) {
            strokeWeight(3);
            stroke(0, 0, 0);
            line(posX, posY, posXcross, posYcross);
          }

6         posXcross = posX;
          posYcross = posY;
        }
      }
    }


7   function getRandomAngle(currentDirection) {
      var a = (floor(random(-angleCount, angleCount)) +
               0.5) * 90 / angleCount;
      if (currentDirection == NORTH) return a - 90;
      if (currentDirection == EAST) return a;
      if (currentDirection == SOUTH) return a + 90;
      if (currentDirection == WEST) return a + 180;
      return 0;
    }
```

Maus: Position x: Geschwindigkeit des Bildaufbaus
Tasten: ENTF: Zeichenfläche leeren
S: Bild speichern

1 An der aktuellen Position des Agenten (posX, posY) wird ein Punkt gezeichnet.

2 Der Agent macht einen Schritt. Dazu wird seine Position aktualisiert: angle bestimmt dabei die Richtung und stepSize die Länge des Schrittes.

3 Nun wird geprüft, ob er einen der Ränder der Zeichenfläche erreicht. Ist er beispielsweise nur noch 5 Pixel oder weniger vom oberen Rand entfernt, wird die Hauptrichtung direction auf SOUTH geändert und die Variable reachedBorder auf true gesetzt.

4 Die Funktion get() prüft bei jedem Schritt des Agenten, ob er gerade auf einem Pixel steht, der nicht weiß ist. Sollte dies der Fall sein (oder sollte die Variable reachedBorder gleich true sein), dann wird über die Funktion getRandomAngle() ein neuer zufälliger Winkelschritt in der Hauptrichtung gewählt.

5 Es wird beim Richtungswechsel nur dann eine Linie gezeichnet, wenn die Position des letzten Richtungswechsels (posXcross, posYcross) mindestens die durch minLength definierte Strecke entfernt liegt.

6 Abschließend wird die aktuelle Position in den Variablen posXcross und posYcross gespeichert.

7 Die Funktion getRandomAngle() wählt abhängig von der übergebenen Hauptrichtung currentDirection einen der möglichen Winkel zufällig aus und gibt diesen zurück. Wenn angleCount beispielsweise 3 ist (drei Richtungen pro Quadrant) und currentDirection gleich SOUTH ist, dann wird einer dieser Winkel zurückgegeben:

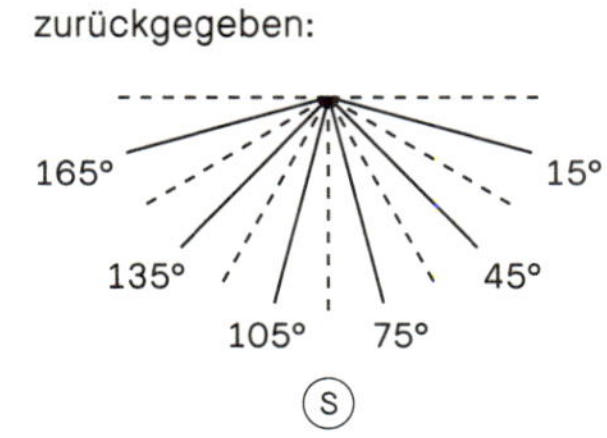

→ P_2_2_2_02 Lange Linien sind deckender, kurze transparenter dargestellt.

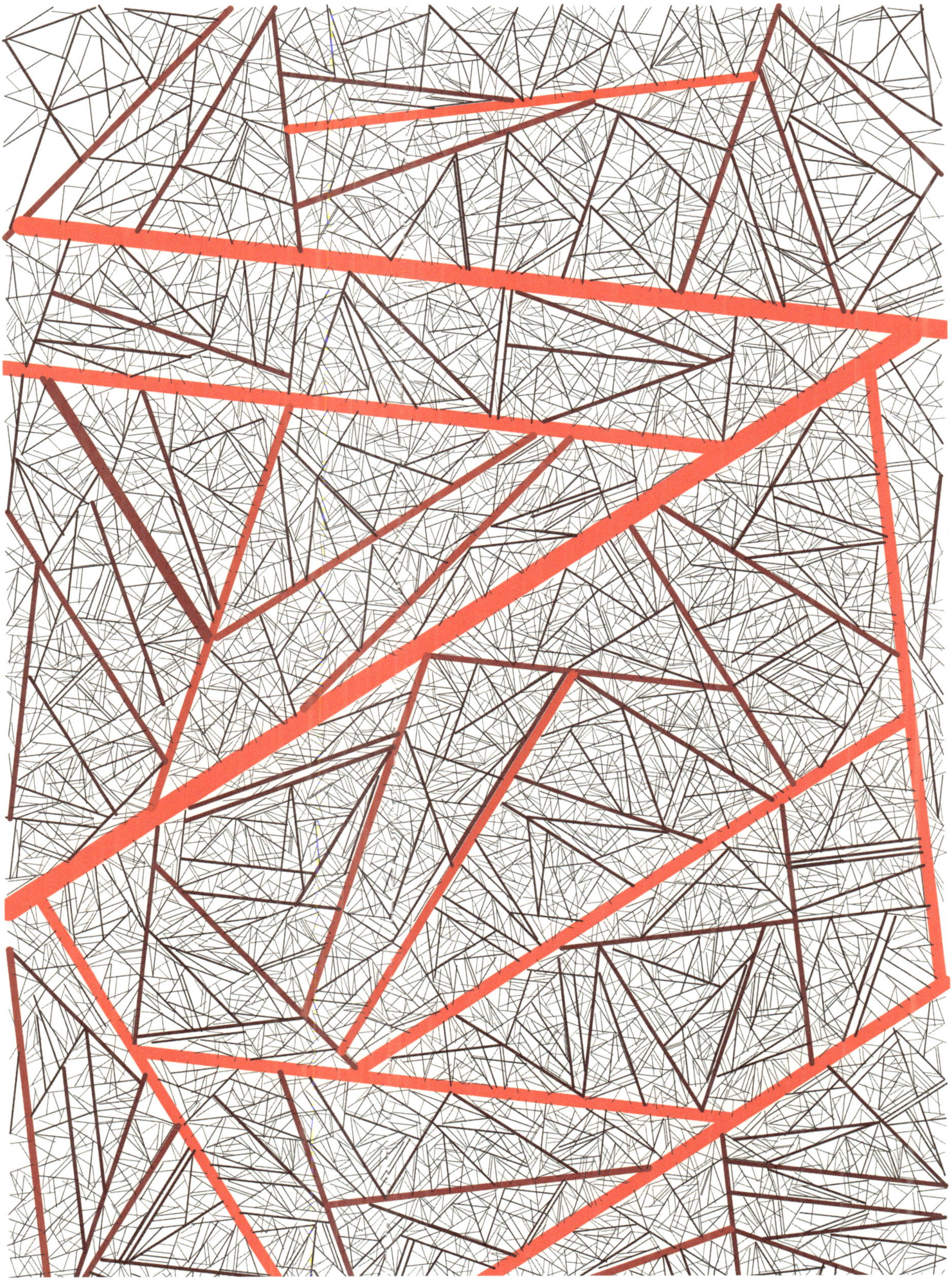

→ P_2_2_2_02 Für Farbton und Sättigung sind feste Werte eingestellt, der Helligkeitswert ist abhängig von der Länge der Linie.

P.2.2.3 Formen aus Agenten

Allein durch die Zusammenarbeit werden dumme Agenten stark. Der Kreis ist hier in diesem Beispiel die Ausgangsform. Als Permutationsregel machen wir uns zunutze, dass jeder Kreispunkt durch einen dummen Agenten repräsentiert wird und diese durch ihre Bewegung den Kreis nach und nach verändern. Dadurch lässt sich ein erstaunlich großer Formenkanon erzeugen.

→ P_2_2_3_01

Durch Berechnung von Kreispunkten werden die Startpositionen der Agenten erzeugt. Jeder Agent ist mit seinen beiden Nachbarn durch eine flexible Kurve fest verbunden. Je mehr sich nun die dummen Agenten von ihren Ausgangspositionen entfernen, desto mehr wird die kreisförmige Organisation aufgelöst.

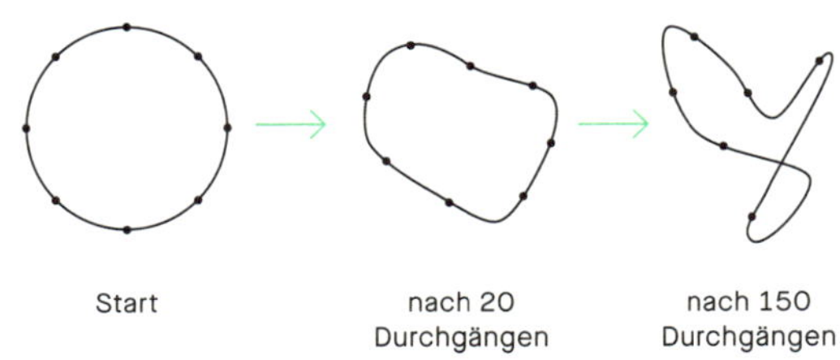

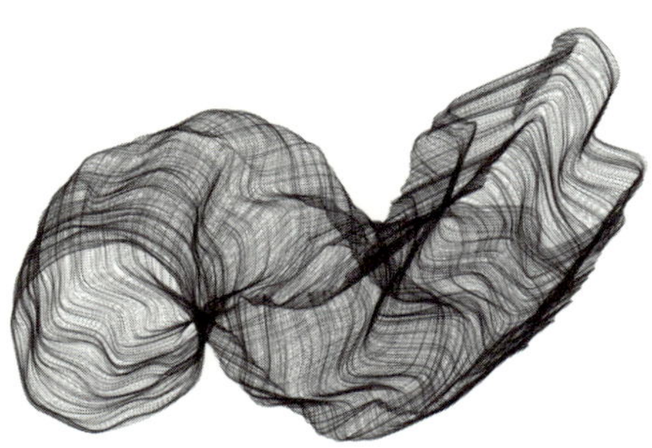

→ P_2_2_3_01 Die sich stetig verändernde Form bewegt sich immer auf die Maus zu und kann dadurch gesteuert werden.

→ P_2_2_3_01 Mit Taste 2 wird der Füllmodus so eingestellt, dass die Form mit einem zufällig wechselnden Grauwert eingefärbt wird.

```
function setup() {
  ...
1   centerX = width / 2;
  centerY = height / 2;
  var angle = radians(360 / formResolution);
  for (var i = 0; i < formResolution; i++) {
2     x.push(cos(angle * i) * initRadius);
    y.push(sin(angle * i) * initRadius);
  }
  ...
}


function draw() {
3   centerX += (mouseX - centerX) * 0.01;
  centerY += (mouseY - centerY) * 0.01;

  for (var i = 0; i < formResolution; i++) {
4     x[i] += random(-stepSize, stepSize);
    y[i] += random(-stepSize, stepSize);
5     // ellipse(x[i] + centerX, y[i] + centerY, 5, 5);
  }
  ...
  beginShape();
6   curveVertex(x[formResolution - 1] + centerX,
              y[formResolution - 1] + centerY);

  for (var i = 0; i < formResolution; i++) {
    curveVertex(x[i] + centerX, y[i] + centerY);
  }
  curveVertex(x[0] + centerX, y[0] + centerY);

7   curveVertex(x[1] + centerX, y[1] + centerY);
  endShape();
}
```

Maus: Linksklick: neuer Kreis
Position x/y: Bewegungsrichtung
Tasten: 1–2: Füllmodus
S: Bild speichern

1 Um die Position (centerX, centerY) werden später die Agenten gezeichnet. Zu Beginn wird diese auf den Mittelpunkt der Zeichenfläche eingestellt.

2 Die Startpositionen der Agenten werden als Kreispunkte berechnet und durch die Array-Funktion push() in die beiden Arrays x und y gespeichert.
→ Kap.P.1.1.2 Farbspektrum im Kreis

3 Die Position (centerX, centerY) soll der Maus folgen. Dazu wird bei jedem Framedurchlauf die Differenz zur Mausposition berechnet, mit einem kleinen Wert multipliziert und wieder zu dieser Position addiert.

4 Die Addition von zufälligen Werten zwischen -stepSize und stepSize zu den aktuellen Positionen der Agenten ergibt das Tänzeln.

5 Die Agenten-Positionen lassen sich bei Bedarf durch Hinzufügen des ellipse-Befehls zusätzlich visualisieren.

6 Beim Zeichnen der Form ist zu beachten, dass der erste und der letzte Punkt, die mit curveVertex gesetzt werden, als Kontrollpunkte dienen und nicht gezeichnet werden. Diese beiden Kontrollpunkte bewirken, dass die Kurve ohne Knick geschlossen wird.

7 Wird beispielsweise curveVertex durch vertex ersetzt, ergeben sich gerade Verbindungen, auch Experimente mit der Füllfarbe fill ergeben interessante Varianten.

→ P_2_2_3_02 In der zweiten Version des Programms kann ein Zeichenmodus ausgewählt werden, der zu Beginn eine gerade Linie erzeugt, die dann allmählich deformiert.

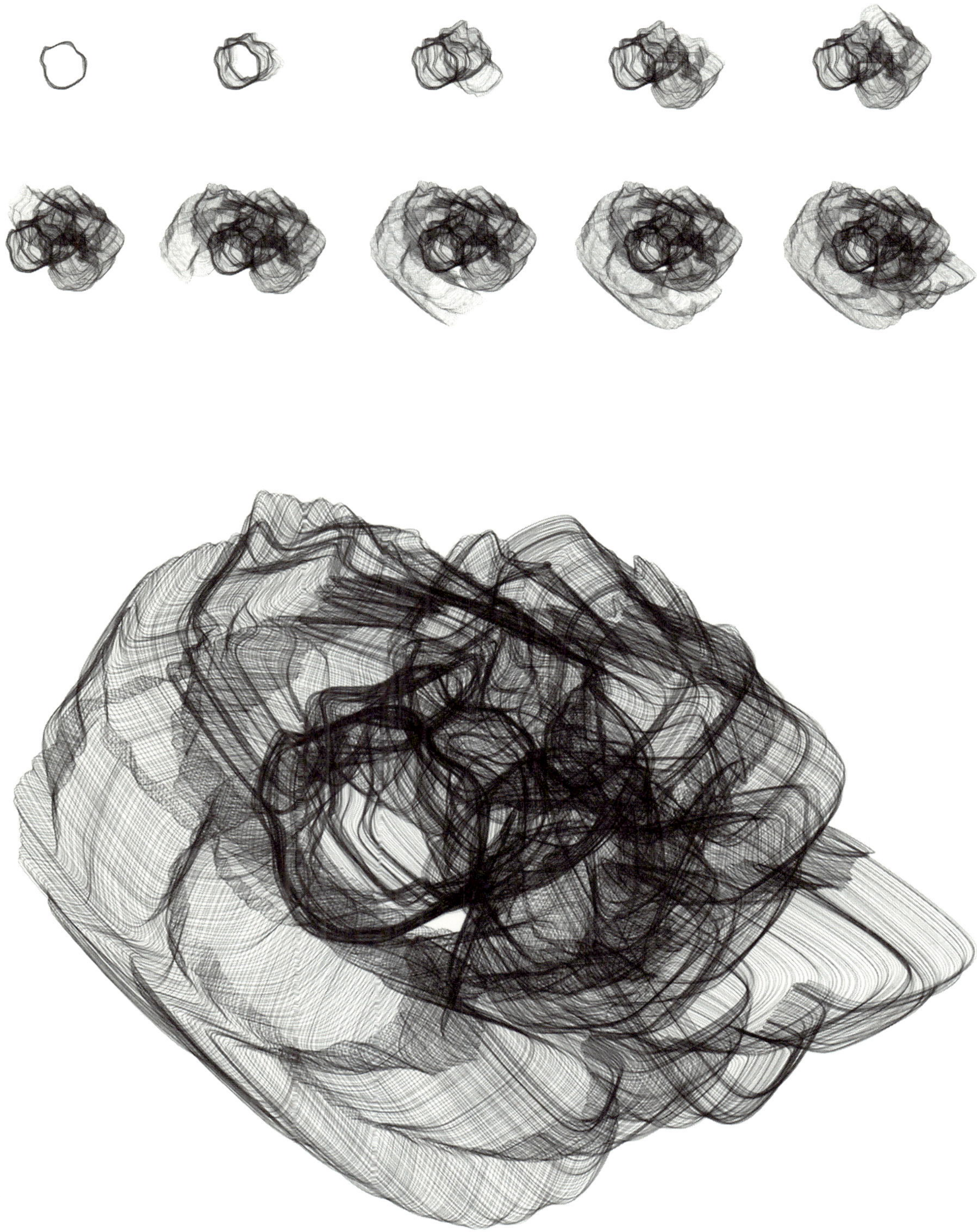

→ P_2_2_3_02 Zeichnen mit der sich verändernden Form. Beim Klick ist der Kreis noch kaum verformt. Wird die Maus bewegt, folgt die Form der Position des Mauszeigers und deformiert sich immer stärker.

P.2.2.4 Wachstumsstruktur aus Agenten

Aus der zaghaften Annäherung von verschiedenen Agenten wird durch einfache Regeln eine stabile Struktur. Komplexe Formen entstehen aus einfachen Wachstumsregeln wie dieser: Erzeuge einen neuen Kreis und positioniere diesen dann so nah wie möglich an seinen nächsten Nachbarn. Solche Algorithmen dienen auch als Gedankenmodell für die Beschreibung von Wachstumsprozessen in Mineralien und Pflanzen.

→ P_2_2_4_01

In jedem Frame wird ein neuer Kreis erzeugt, an einer zufälligen Position und mit zufälligem Radius (gestrichelte Kreise). Dann wird ermittelt, welcher der schon vorhandenen Kreise diesem neuen am nächsten liegt. Im letzten Schritt dockt sich der neue Kreis auf kürzestem Weg an seinen nächsten Nachbarn an.

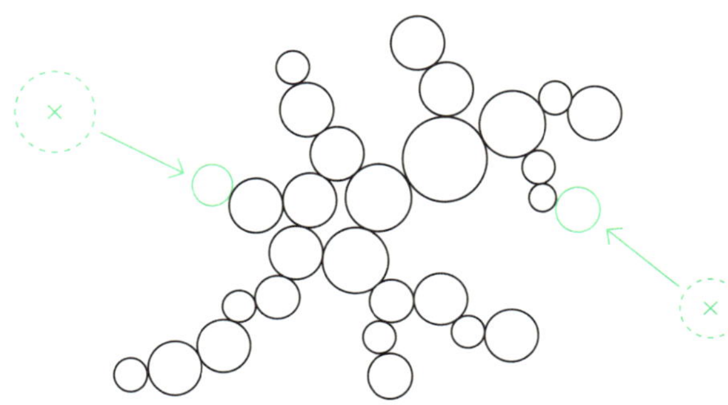

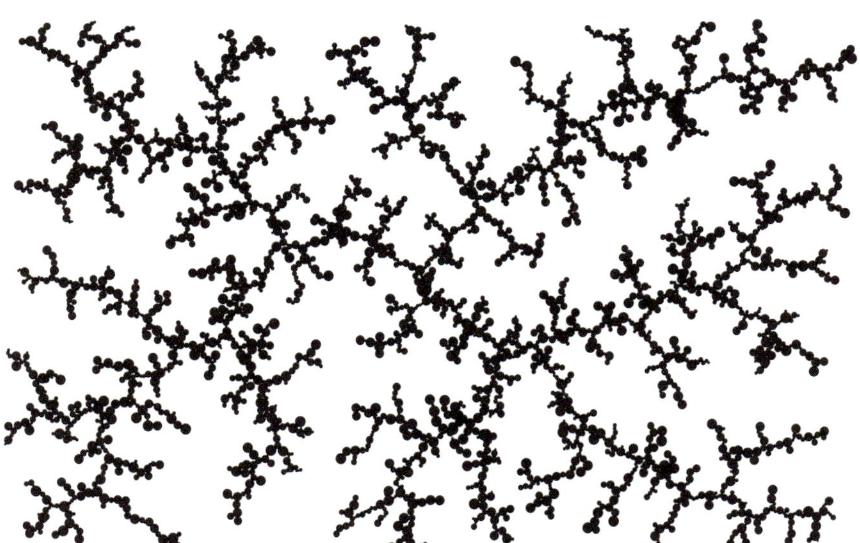

→ P_2_2_4_01 Die Fläche füllt sich nach und nach mit Kreisen und es entsteht eine organisch anmutende Struktur.

```
function draw() {
  background(255);

1  var newR = random(1, 7);
  var newX = random(newR, width - newR);
  var newY = random(newR, height - newR);

  var closestDist = Number.MAX_VALUE;
  var closestIndex = 0;
2  for (var i = 0; i < currentCount; i++) {
    var newDist = dist(newX, newY, x[i], y[i]);
    if (newDist < closestDist) {
      closestDist = newDist;
      closestIndex = i;
    }
  }

3  // fill(230);
  // ellipse(newX, newY, newR * 2, newR * 2);
  // line(newX, newY, x[closestIndex], y[closestIndex]);

4  var angle = atan2(newY - y[closestIndex],
                    newX - x[closestIndex]);

  x[currentCount] = x[closestIndex] + cos(angle) *
                    (r[closestIndex] + newR);
  y[currentCount] = y[closestIndex] + sin(angle) *
                    (r[closestIndex] + newR);
  r[currentCount] = newR;
  currentCount++;

  for (var i = 0; i < currentCount; i++) {
    fill(50);
5    ellipse(x[i], y[i], r[i] * 2, r[i] * 2);
  }

6  if (currentCount >= maxCount) noLoop();
}
```

Tasten: S: Bild speichern

1 Per Zufall werden der Radius `newR` und die Position (`newX`, `newY`) für den neuen Kreis festgelegt.

2 In der `for`-Schleife wird der nächste Nachbar gesucht. Nacheinander werden alle Kreise durchgegangen, die bereits gesetzt wurden, und die Distanz zum neu hinzugekommenen berechnet. Ist diese Distanz kleiner als alle bisherigen Entfernungen, wird eine Referenz zu diesem Kreis in der Variablen `closestIndex` gespeichert.

3 Mit diesen drei Codezeilen kann der eben beschriebene Prozess sichtbar gemacht werden, indem die Ausgangspositionen der neuen Kreise und eine Verbindungslinie zum nächstliegenden Kreis gezeichnet werden.

4 Durch Berechnung des Winkels `angle` zum nächsten Nachbarn kann der neue Kreis dann so positioniert werden, dass beide einander berühren.
→ Kap.P.1.1.2 Farbspektrum im Kreis

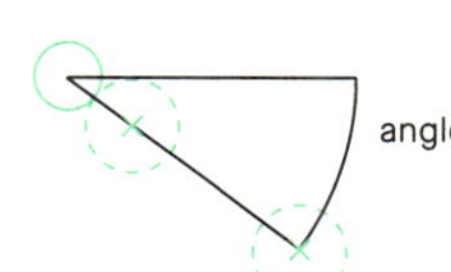

5 Die Kreise werden gezeichnet.

6 Erreicht `currentCount` (die aktuelle Anzahl der Kreise) eine definierte Obergrenze, wird das Programm mit der Funktion `noLoop()` gestoppt.

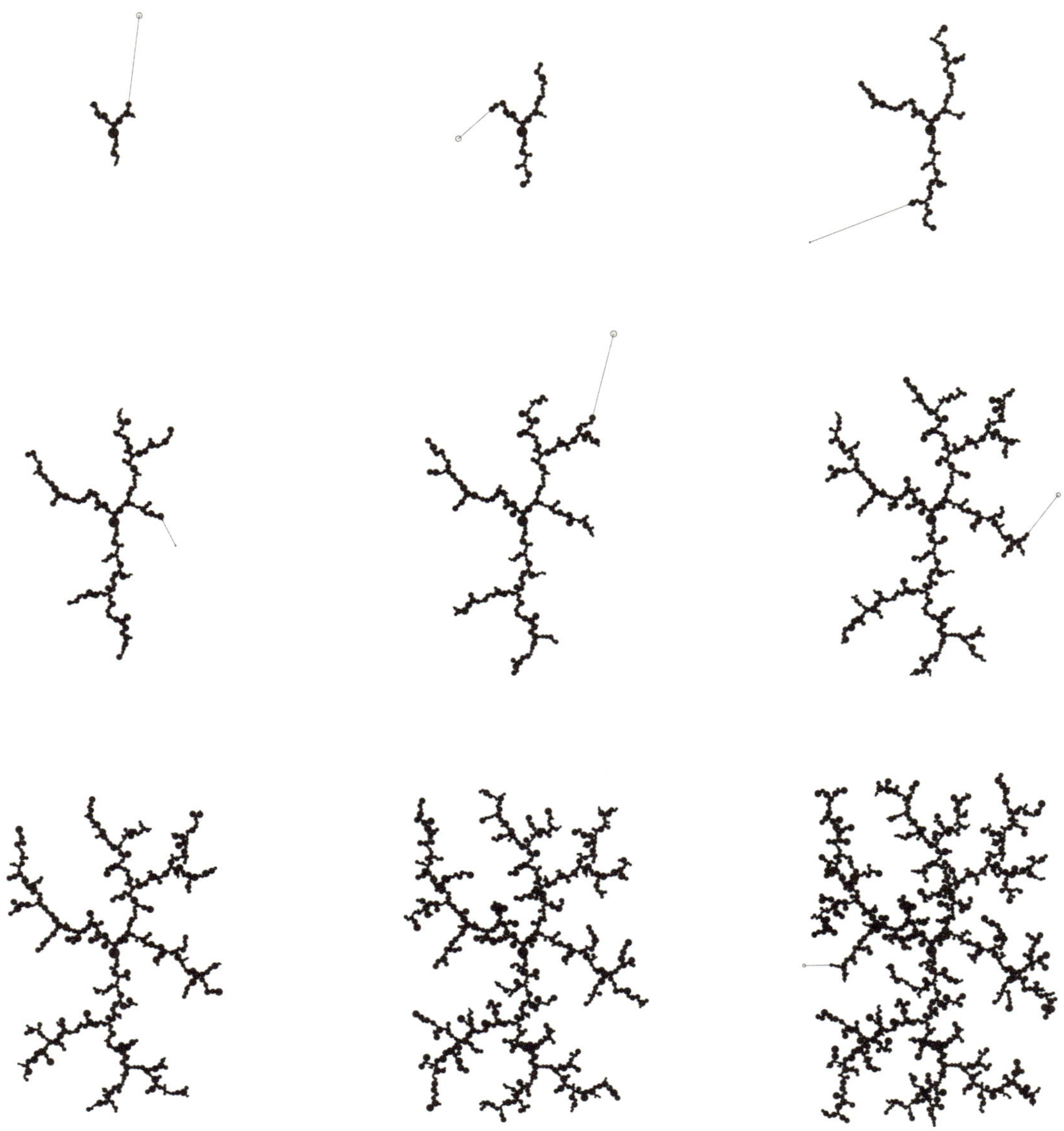

→ P_2_2_4_01 Diese Sequenz zeigt, wie die Struktur langsam immer weiter wächst.

→ P_2_2_4_02 Wird der Ausgangskreis besonders groß angelegt, dann wächst die Struktur von außen nach innen. Zusätzlich werden hier die ursprünglichen Positionen der Kreise und Verbindungslinien zur ihrer neuen Position eingezeichnet (Taste 1).

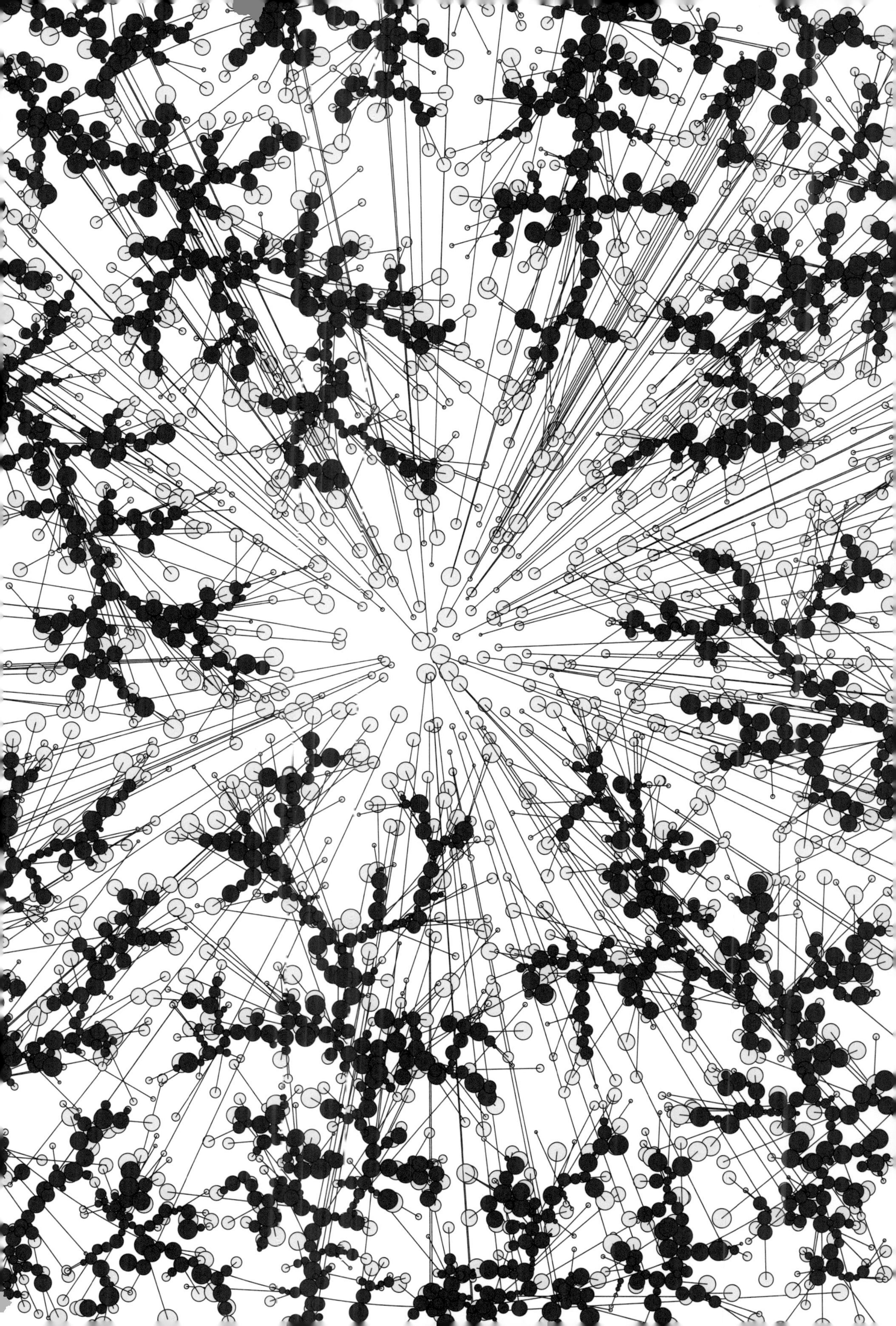

P.2.2.5 Verdichtungsstruktur aus Agenten

Erneut wirkt bei diesem Beispiel ein iterativer Prozess als Formgeber. Die Befehle an den Computer lauten wie folgt: Erzeuge einen neuen Kreis; wenn dieser mit keinem anderen auf der Zeichenfläche eine Schnittmenge hat, mache diesen so groß wie möglich; falls eine Schnittmenge existiert, beginne von vorne. Ziel dieses Algorithmus ist eine dichte Packung an Kreisen, die im Laufe der Zeit jeden noch so kleinen Zwischenraum schließt.

→ P_2_2_5_01

Auch hier wird in jedem Frame ein neuer Kreis mit zufälliger Position und Größe erzeugt (gestrichelte Kreise). Falls dieser sich mit einem der bereits vorhandenen Kreise überschneidet, beginnt der Algorithmus von vorn.

Andernfalls wird mit einem größtmöglichen Radius begonnen. Dieser wird solange verkleinert, bis sich der neue Kreis mit keinem anderen mehr überschneidet.

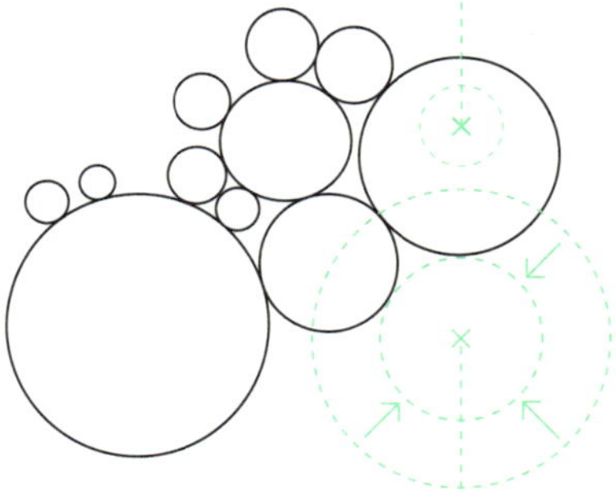

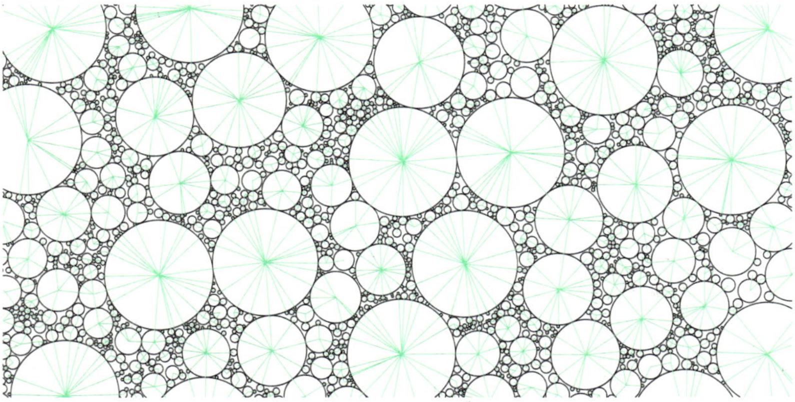

→ P_2_2_5_01 Der Algorithmus füllt die Fläche mit kleiner werdenden Kreisen. Die grünen Linien zeigen an, an welchen Kreis sich ein neuer angedockt hat.

```
function draw() {
  background(255);

1   var newX = random(maxRadius, width - maxRadius);
    var newY = random(maxRadius, height - maxRadius);
    if (mouseIsPressed && mouseButton == LEFT) {
2     newX = random(mouseX - mouseRect, mouseX + mouseRect);
      newY = random(mouseY - mouseRect, mouseY + mouseRect);
    }

    var intersection = false;
3   for (var newR = maxRadius; newR >= minRadius; newR--) {
      for (var i = 0; i < circles.length; i++) {
        var d = dist(newX, newY, circles[i].x, circles[i].y);
4       intersection = d < circles[i].r + newR;
        if (intersection) {
          break;
        }
      }
5     if (!intersection) {
        circles.push(new Circle(newX, newY, newR));
        break;
      }
    }

    for (var i = 0; i < circles.length; i++) {
6     if (showLine) {
        var closestCircle;
        for (var j = 0; j < circles.length; j++) {
          var d = dist(circles[i].x, circles[i].y,
                       circles[j].x, circles[j].y);
          if (d <= circles[i].r + circles[j].r + 1) {
            closestCircle = circles[j];
            break;
          }
        }
        if (closestCircle) {
          stroke(100, 230, 100);
          strokeWeight(0.75);
          line(circles[i].x, circles[i].y,
               closestCircle.x, closestCircle.y);
        }
      }

7     if (showCircle) circles[i].draw();
    }

    ...
}
```

Maus: Ziehen: Gezieltes Setzen von Kreisen
Tasten: 1: Kreise anzeigen ein/aus
2: Linien anzeigen ein/aus
Pfeil ↓/↑: Bereich zum Zeichnen verändern
S: Bild speichern

1 Erzeuge eine zufällige Position für einen neuen Kreis.

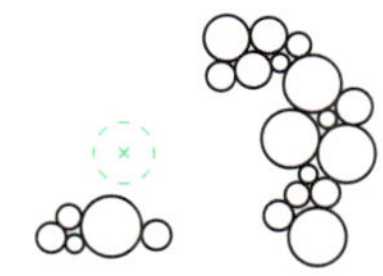

2 Bei gedrückter Maustaste wird der Bereich für die Zufallswerte eingeschränkt. Dadurch können neue Kreise gezielter platziert werden und es entsteht ein interaktives Zeichenwerkzeug.

3 Der Radius des neuen Kreises muss nun bestimmt werden. Dazu wird `newR` auf den größtmöglichen Radius `maxRadius` gesetzt und heruntergezählt.

4 Alle vorhandenen Kreise werden mit dem neu hinzugekommenen verglichen. Wenn es eine Überschneidung gibt, wenn also die Entfernung kleiner ist als die Summe der beiden Radien, wird die Variable `intersection` auf `true` gesetzt.

5 Falls keine Überschneidung mehr vorhanden ist, wird eine neue Instanz der Circles-Klasse erzeugt und gespeichert.

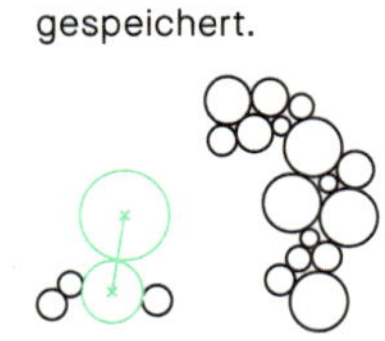

6 Wenn die Option `showLine` gewählt ist, wird jeder Kreis mit allen anderen verglichen, um einen berührenden Kreis `closestCircle` zu finden.

7 Wenn `showCircle true` ist, wird auch der Kreis gezeichnet.

→ P_2_2_5_02 Durch das Laden von SVG-Modulen lassen sich sehr variantenreiche Bilder erzeugen. Mit den Tasten 1–3 kann ausgewählt werden, was sichtbar sein soll: die SVGs, die Verbindungslinien oder die Kreise.

P.2.2.6 Agenten am Pendel

Diese Doppelagenten sind wechselhaft und aneinandergekettet. Ihre Pendelbewegung steht in Relation zu den anderen und sie hinterlassen komplexe Spuren, die an Zeichnungen eines Spirographen erinnern. Im Laufe der Zeit wird ihre geheime Mission sichtbar.

→ P_2_2_6_01

Die Agenten bilden eine Kette von Pendeln. Um die einzelnen Positionen der Agenten zu ermitteln, wird beim Zentrum begonnen. Der Drehwinkel und die Länge des Pendels bestimmen die Position des ersten Agenten. Diese ist zugleich das Drehzentrum für das nächste Pendel. Je weiter außen in der Kette, desto kürzer wird das Pendel und desto schneller dreht es. Jedes zweite dreht in die Gegenrichtung.

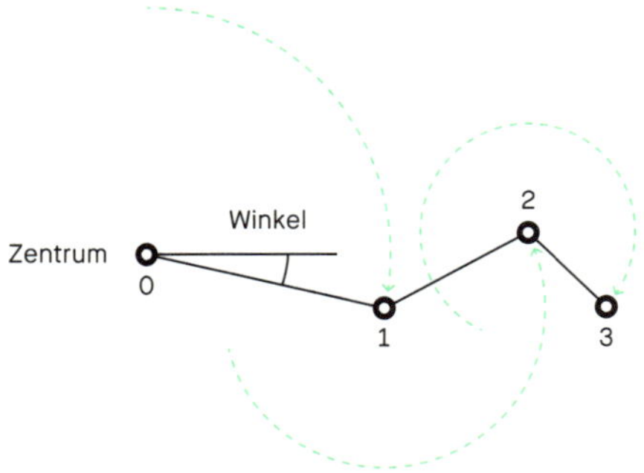

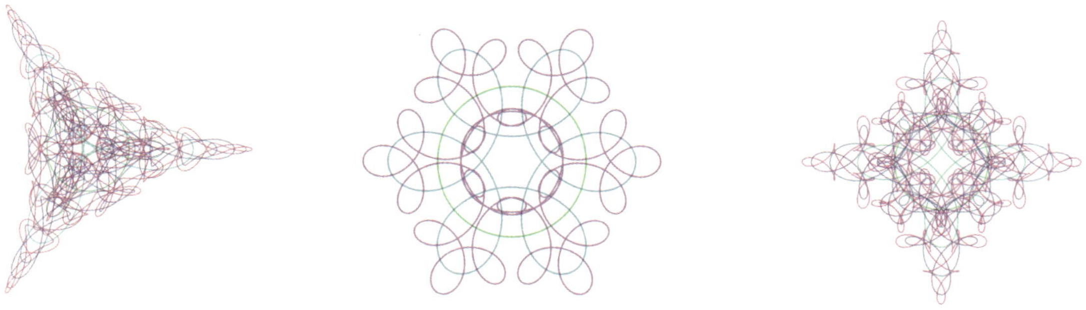

→ P_2_2_6_01 Bei unterschiedlichen Einstellungen für das Verhältnis der Drehgeschwindigkeiten entstehen Formen mit beispielsweise drei, sechs oder vier Symmetrieachsen.

```
function draw() {
  background(0, 0, 100);

  angle += speed;                                              // 1

  if (angle <= maxAngle + speed) {
    var pos = center.copy();                                   // 2

    for (var i = 0; i < joints; i++) {
      var a = angle * pow(speedRelation, i);                   // 3
      if (i % 2 == 1) a = -a;
      var nextPos = p5.Vector.fromAngle(radians(a));           // 4
      nextPos.setMag((joints - i) / joints * lineLength);
      nextPos.add(pos);

      if (showPendulum) {                                      // 5
        noStroke();
        fill(0, 10);
        ellipse(pos.x, pos.y, 4, 4);
        noFill();
        stroke(0, 10);
        line(pos.x, pos.y, nextPos.x, nextPos.y);
      }

      pendulumPath[i].push(nextPos);                           // 6
      pos = nextPos;
    }
  }

  if (showPendulumPath) {
    strokeWeight(1.6);
    for (var i = 0; i < pendulumPath.length; i++) {
      var path = pendulumPath[i];

      beginShape();
      var hue = map(i, 0, joints, 120, 360);                   // 7
      stroke(hue, 80, 60, 50);
      for (var j = 0; j < path.length; j++) {
        vertex(path[j].x, path[j].y);
      }
      endShape();
    }
  }
}
```

Tasten: 1: Pendel-Anzeige aus/an
2: Pfad-Anzeige aus/an
ENTF: Zeichenfläche leeren
-/+: Verhältnis der Geschwindigkeiten -/+
Pfeil ↓/↑: Linienlänge -/+
Pfeil ←/→: Rotationsgeschwindigkeit -/+
S: Bild speichern

1 Die Variable `angle` beinhaltet den Winkel für das erste Pendel. In jedem Frame wird sie ein wenig hochgezählt.

2 Die Variable `center` wird in `pos` kopiert. Sie enthält einen Wert vom Typ `p5.Vector`. Damit wird nur eine Variable benötigt, um die x- und y-Koordinate eines Punktes zu speichern. Außerdem stehen dadurch praktische Rechenfunktionen zu Verfügung.

3 Der Winkel `a` für ein Pendel wird aus dem Grundwinkel und einem Faktor berechnet, der umso größer ist, je weiter das Pendel vom Zentrum entfernt ist. Für den Wert 2 für `speedRelation` beträgt der Faktor für das Pendel mit Index 3 beispielsweise 8 (2 hoch 3). Für jeden zweiten Winkel wird die Drehrichtung umgekehrt.

4 Um zur Position des Pendel-Endes zu gelangen, wird mit der Funktion `fromAngle()` aus dem eben berechneten Winkel ein Einheitsvektor (ein Vektor mit Länge 1) erzeugt. Durch `setMag()` wird dieser verlängert und die aktuelle Position `pos` dazuaddiert.

5 Falls die Pendel dargestellt werden sollen, wird ein Kreis und eine Linie gezeichnet.

6 Die neu berechnete Position `nextPos` wird dem Pfad des Pendels hinzugefügt und dient für den nächsten Schleifendurchlauf als Startposition `pos`.

7 Die Pfade bekommen ihre individuelle Farbe. Abhängig von deren Index `i` wird ein Farbton zwischen 120° (grün) und 360° (rot) ermittelt.

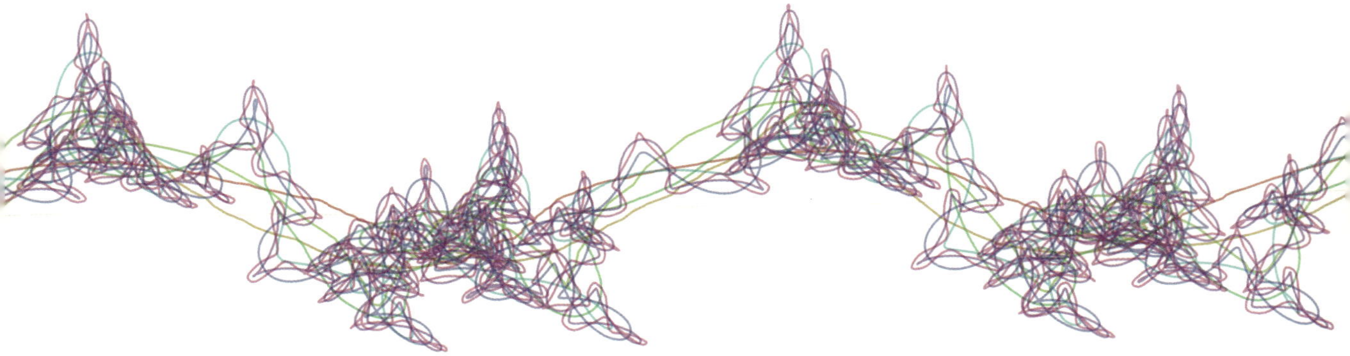

→ P_2_2_6_02 In den weiteren Varianten des Programms bewegen sich die Pendel entlang eines mit der Maus gezeichneten Pfads.

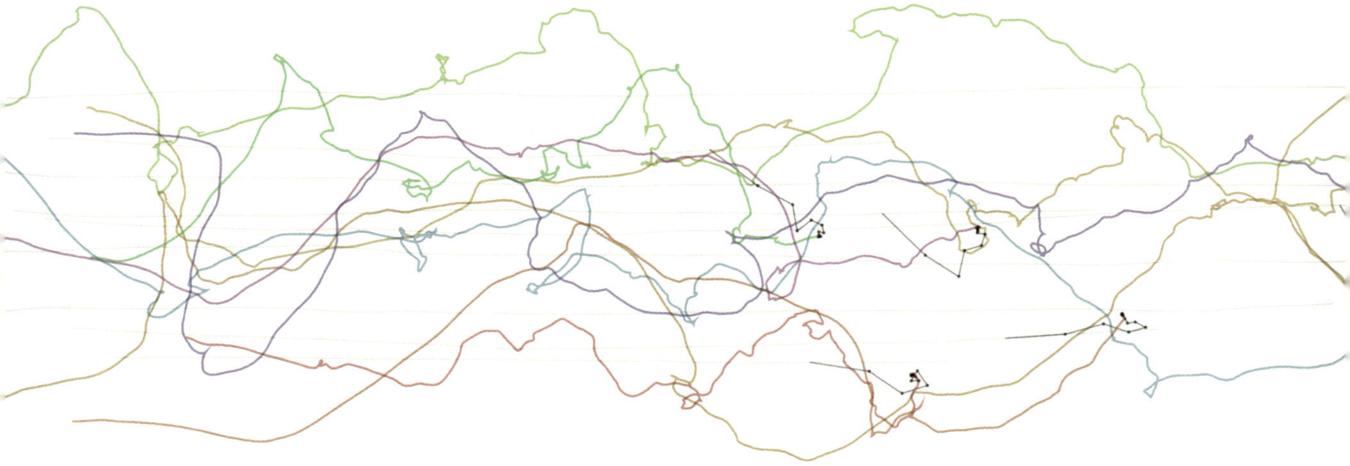

→ P_2_2_6_03 Solche Spuren entstehen, wenn die Pendel ihr Zentrum nicht mehr komplett umkreisen, sondern – ihrem Namen besser entsprechend – hin- und herpendeln.

→ P_2_2_6_04 Wenn die Pendel eine verzweigte Baumstruktur bilden, dann gibt es mehrere Enden, die Spuren hinterlassen.

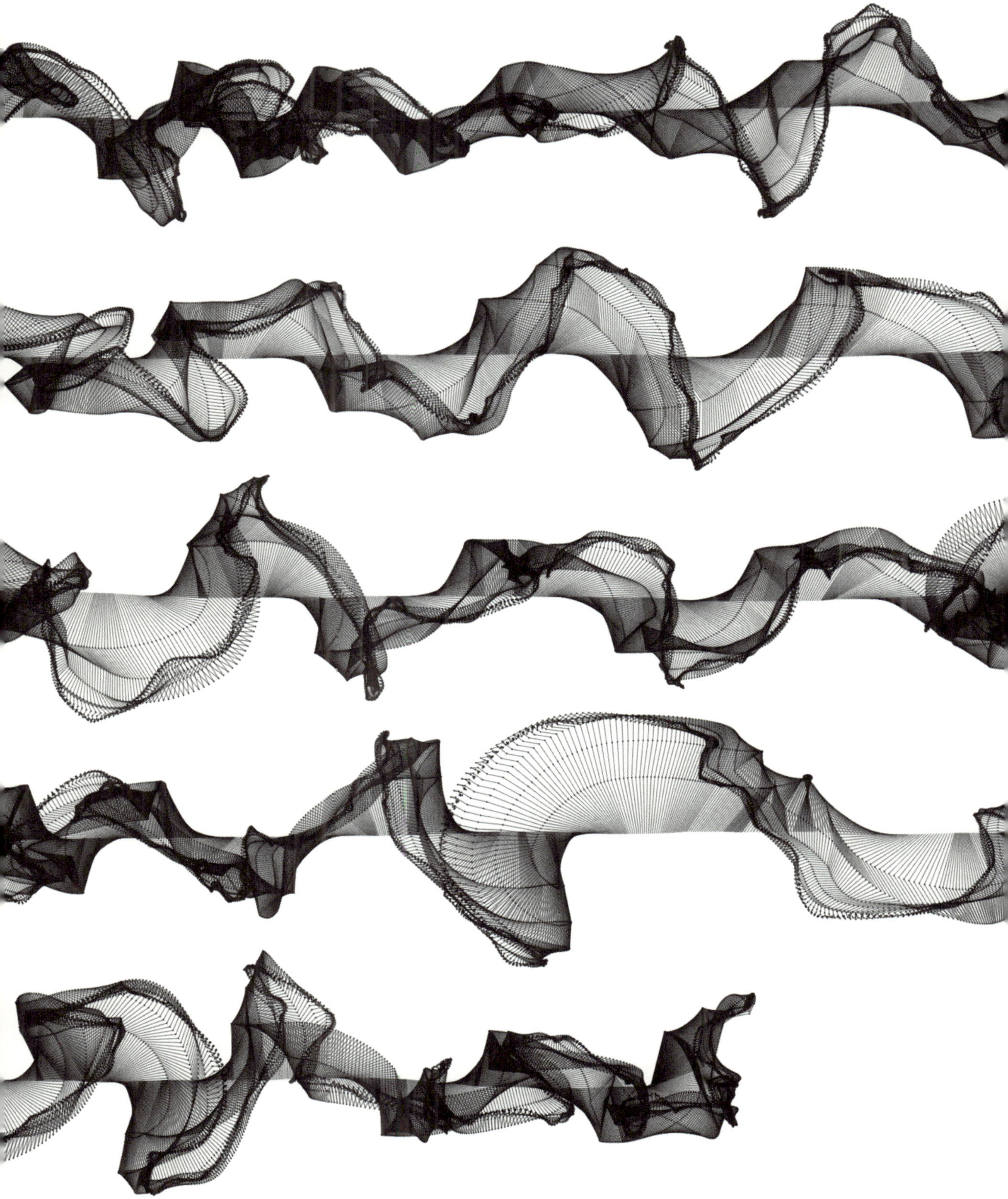

→ P_2_2_6_03 In diesem Zeichenmodus wird der Hintergrund nicht gelöscht. Die Animation der Pendel wird dadurch sichtbar.

→ P_2_2_6_04 Hier werden die Endpunkte der Baumstruktur zu einem transparenten Polygon verbunden.

P.2.3.1 Zeichnen mit animiertem Pinsel

In den vorherigen Kapiteln haben sich die Agenten autonom nach vorher definierten Regeln bewegt. Jetzt interagieren Sie mit dem Agenten und er wird zum experimentellen Zeichenwerkzeug mit eigenen Gesetzmäßigkeiten. Das Besondere an diesen lebendigen Pinseln ist die Möglichkeit, sich beim Zeichnen von ihren Verhaltensweisen inspirieren zu lassen. Diese Arbeitsweise bietet eine enorme Erweiterung der Ausdrucksmöglichkeiten und das Zeichnen selbst gleicht einem Paartanz.

→ P_2_3_1_01

Das erste Zeichenwerkzeug zeigt sehr schön, wie viel visuelles Potenzial auch in sehr einfachen Prinzipien stecken kann. Um die Mausposition rotiert eine Linie. Je nach Geschwindigkeit und Richtung der Mausbewegung verdichten sich die Linien auf unterschiedliche Weise. Die Linie dreht sich, solange die Maustaste gedrückt wird. Die Rotationsgeschwindigkeit kann mit den Pfeiltasten rechts/links eingestellt werden.

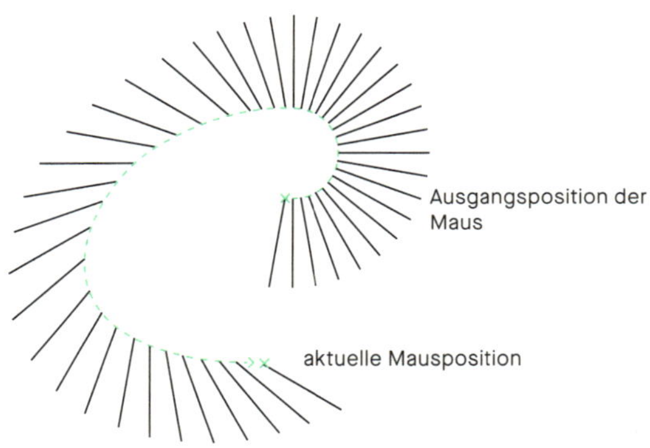

→ P_2_3_1_01 Die Maus wurde ausschließlich auf der horizontalen Linie in der Mitte hin- und herbewegt. Der animierte Pinsel erzeugt dabei unterschiedliche Verdichtungen.

```
    function draw() {
1     if (mouseIsPressed && mouseButton == LEFT) {
        push();
2       translate(mouseX, mouseY);
        rotate(radians(angle));
        stroke(c);
3       line(0, 0, lineLength, 0);
        pop();

4       angle += angleSpeed;
      }
    }


5   function mousePressed() {
      lineLength = random(70, 200);
    }
```

Maus: Ziehen: Zeichnen
Tasten: 1–4: Farbeinstellungen ändern
Leertaste: neue Zufallsfarbe
ENTF: Zeichenfläche leeren
D: Richtung umkehren und Winkel spiegeln
Pfeil ↓/↑: Linienlänge –/+
Pfeil ←/→: Rotationsgeschwindigkeit –/+
S: Bild speichern

1 Nur bei gedrückter linker Maustaste wird gezeichnet.

2 Die Linie soll um die Mausposition rotieren. Deshalb muss zuerst der Ursprung des Koordinatensystems mit `translate()` an die Mausposition verschoben werden. Danach wird das Koordinatensystem mit `rotate()` gedreht.

3 Die nun gezeichnete horizontale Linie wird so zum rotierenden Pinsel.

4 Der Drehwinkel wird um einen Wert für die Drehgeschwindigkeit erhöht.

5 Bei jedem Klick wird die Linienlänge variiert.

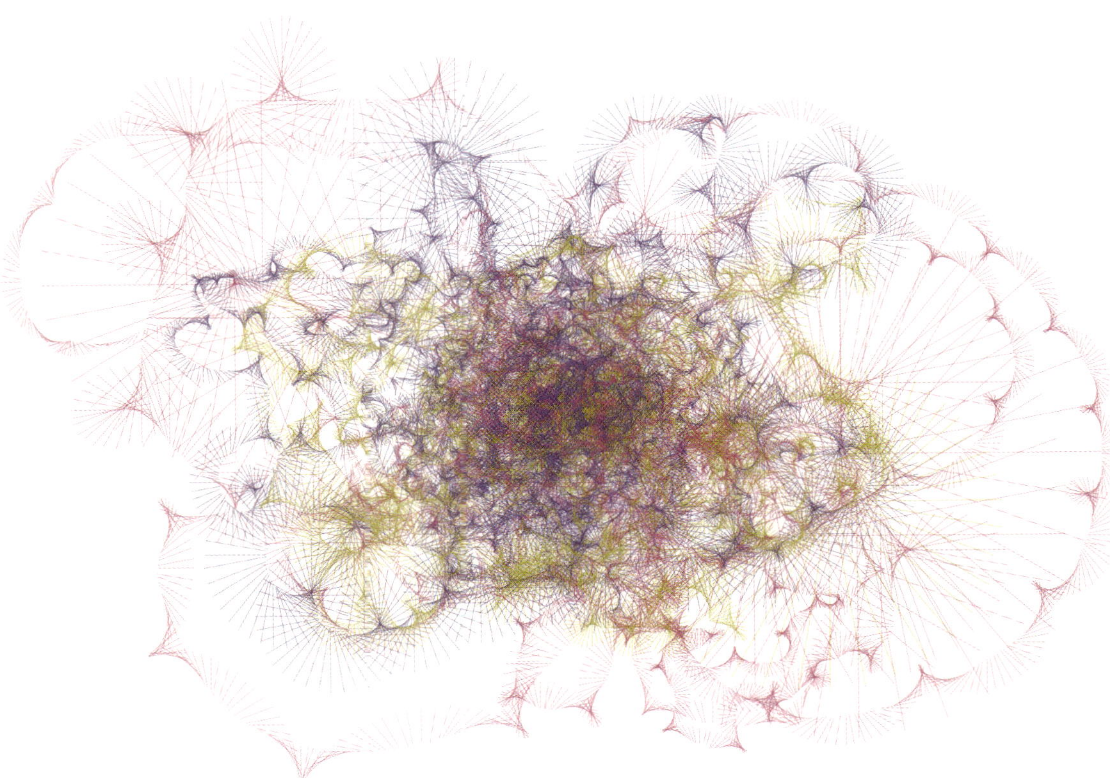

→ P_2_3_1_02 Zusätzlich zur Mausbewegung und den verschiedenen Farben wurde hier auch noch die Schrittweite der rotierenden Striche verändert.

→ P_2_3_1_02 Bei gedrückter Maustaste rotieren Striche in Zufallsfarben um die Mausposition. Auch ganz ohne Bewegung der Maus lassen sich durch die Tasten eine Fülle von Parametern wie Strichlänge, Farbe, Strichform oder Rotationsgeschwindigkeit beeinflussen und so variantenreiche Bilder erzeugen.

P.2.3.2 Relation und Abstand beim Zeichnen

Da die Relation der einzelnen Elemente zueinander entscheidend für das Gesamtbild ist, ist es wichtig, dass Sie die einzelnen Parameter wie Abstand und Winkel kontrollieren können. Dieses Programm vermittelt Ihnen das dafür nötige Verständnis.

→ P_2_3_2_01

Im vorigen Beispiel wird bei gedrückter Maustaste in jedem Frame ein neues Element auf die Zeichenfläche gezeichnet. Das wird nun eingeschränkt: Erst wenn zum vorher gezeichneten Element ein Mindestabstand gegeben ist, wird ein neues Element platziert. Dabei gibt es mehrere Möglichkeiten:

Variante 1: Das neue Element wird nicht direkt an die Mausposition gesetzt, sondern im genau angegebenen Mindestabstand zum letzten Element.

Variante 2: Das neue Element wird an der Mausposition platziert, der Mindestabstand fungiert also nur als Schwellenwert.

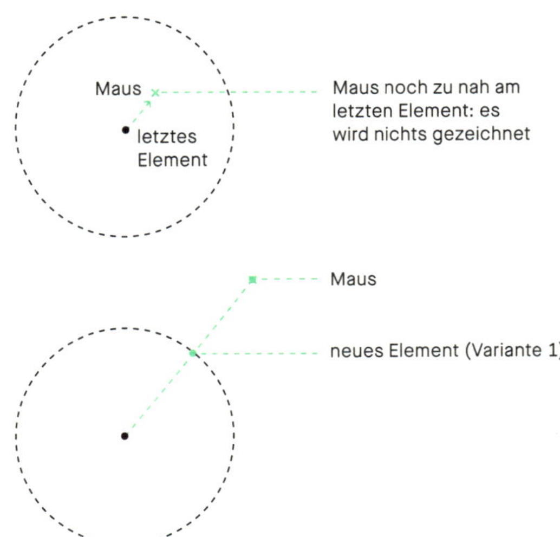

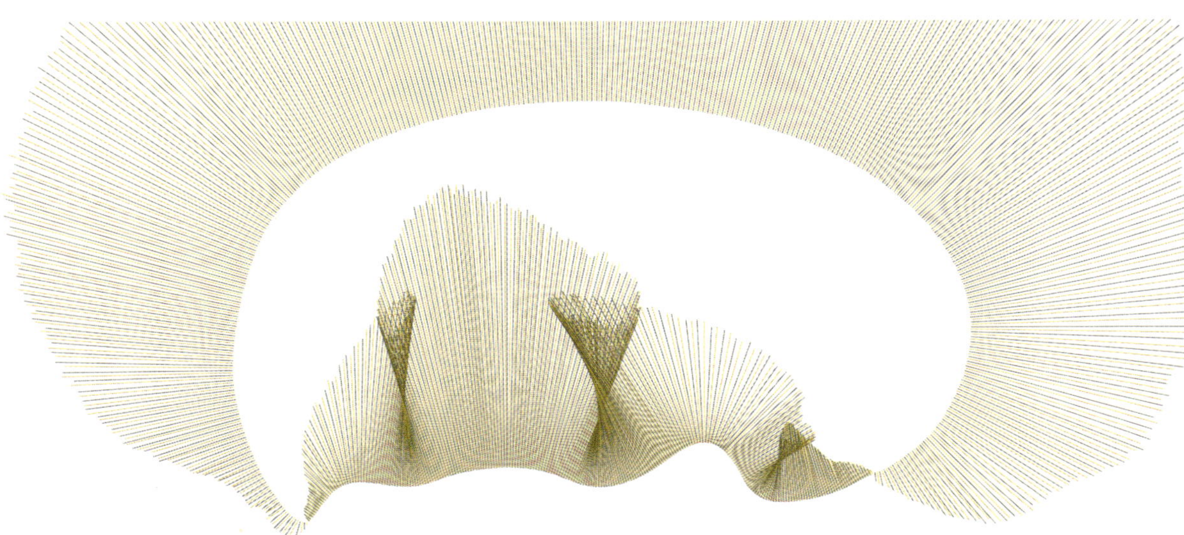

→ P_2_3_2_01 Je schneller die Maus beim Zeichnen bewegt wird, desto länger werden die Striche.

```
    function draw() {
1     if (mouseIsPressed && mouseButton == LEFT) {
        var d = dist(x, y, mouseX, mouseY);

2       if (d > stepSize) {
          var angle = atan2(mouseY - y, mouseX - x);

          push();
          translate(x, y);
          rotate(angle);
          stroke(col);
3         if (frameCount % 2 == 0) stroke(150);
4         line(0, 0, 0, lineLength * random(0.95, 1.0) * d/10);
          pop();

5         if (drawMode == 1) {
            x = x + cos(angle) * stepSize;
            y = y + sin(angle) * stepSize;
          }
          else {
            x  = mouseX;
            y  = mouseY;
          }
        }
      }
    }
```

Maus: Ziehen: Zeichnen
Tasten: 1–2: Zeichenmodus
ENTF: Zeichenfläche leeren
Pfeiltaste hoch/runter: Linienlänge –/+
S: Bild speichern

1 Bei gedrückter Maustaste, wenn also gezeichnet werden soll, wird die Distanz von der zuletzt gesetzten Zeichenposition (`x,y`) zur aktuellen Mausposition berechnet.

2 Ist die Distanz größer als `stepSize`, wird ein neuer Punkt gezeichnet. Dazu muss zunächst der Winkel zur letzten Zeichenposition berechnet werden. Das geschieht am einfachsten mit der Funktion `atan2()`. Diese verlangt zwei Parameter: den vertikalen Abstand der beiden Punkte `mouseY-y` und den horizontalen Abstand `mouseX-x`.

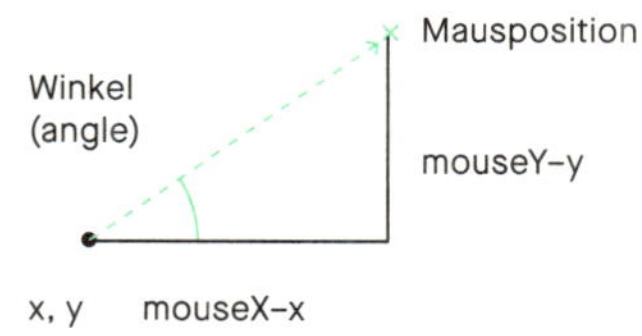

3 Die Linien werden abwechselnd in verschiedenen Farben gezeichnet: Der zufällig festgelegten Farbe `col` oder einem mittleren Grau.

4 Eine vertikale Linie wird gezeichnet. Dadurch, dass das Koordinatensystem vorher um angle gedreht wurde, steht sie nun senkrecht auf dem Zeichenpfad. Die Länge der Linie ergibt sich aus der Grundlänge `lineLength`, einem zufälligen Faktor, der die Länge leicht variiert, und dem Faktor `d/10`. Dieser bewirkt, dass die Linie umso länger gezeichnet wird, je weiter der alte und der neue Punkt voneinander entfernt sind und spiegelt damit die Mausgeschwindigkeit wider.

5 In Variante 1 (`drawMode==1` wird der neue Punkt im Abstand `stepSize` zur alten Position berechnet. Bei Variante 2 gibt die Maus die neue Position vor.

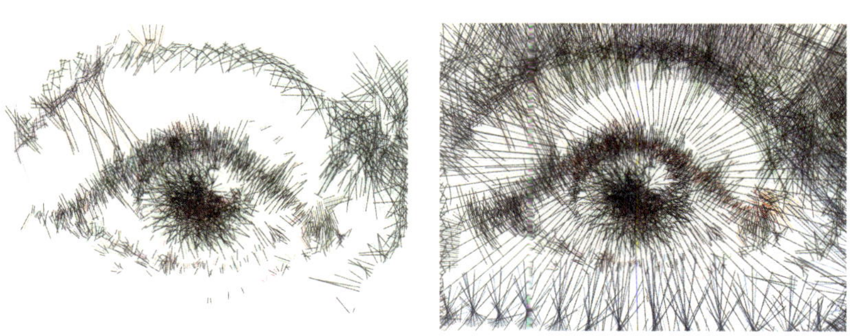

→ P_2_3_2_01 → Illustration: Victor Juarez Hernandez Durch vielfaches Überlagern der Striche kann auch fein schattiert gezeichnet werden

P.2.3.3 Zeichnen mit Typo

Wer wollte nicht mal während des Zeichnens seinen Pinsel wechseln? Bei dieser Anwendung wechseln ständig die Schriftzeichen, wobei deren Ort und Größe von der Position und Geschwindigkeit des Pinsels abhängig sind. Sie können zufällige Buchstabenreihen, aber auch ganze Romane malen.

→ P_2_3_3_01

Entlang der Zeichenlinie der Maus erscheint ein im Programm festgelegter Text, der abhängig von der Mausgeschwindigkeit größer oder kleiner dargestellt wird.

```
    function draw() {
      if (mouseIsPressed && mouseButton == LEFT) {
1       var d = dist(x, y, mouseX, mouseY);
        textSize(fontSizeMin + d / 2);
2       var newLetter = letters.charAt(counter);
        stepSize = textWidth(newLetter);

3       if (d > stepSize) {
          var angle = atan2(mouseY - y, mouseX - x);

          push();
          translate(x, y);
          rotate(angle + random(angleDistortion));
          text(newLetter, 0, 0);
          pop();

4         counter++;
          if (counter >= letters.length) counter = 0;

          x = x + cos(angle) * stepSize;
          y = y + sin(angle) * stepSize;
        }
      }
    }
```

Maus: Ziehen: Text zeichnen
Tasten: ENTF: Zeichenfläche leeren
Pfeil ↓/↑: Distorsionswinkel −/+
S: Bild speichern

1 Die Distanz zwischen Maus und aktueller Schreibposition `(x,y)` wird berechnet und die Schriftgröße für das nächste Zeichen abhängig davon eingestellt. Der Wert in `fontSizeMin` sorgt dafür, dass eine bestimmte Schriftgröße nicht unterschritten wird.

2 Um zu prüfen, ob ein neuer Buchstabe geschrieben werden darf, wird das nächste Zeichen aus der Zeichenkette `letters` geholt und die Variable `stepSize` auf dessen Breite eingestellt.

3 Falls der neue Buchstabe zwischen Maus und der aktuellen Schreibposition Platz hat, wird er gezeichnet.

4 Mit der Variable `counter` wird gezählt, wie viele Buchstaben bereits gezeichnet wurden. Dieser Wert wird dazu benutzt, die Buchstaben nacheinander aus dem festgelegten Text `letters` auszulesen. Wird `counter` größer als die Anzahl der Buchstaben im Ausgangstext, wird er auf 0 zurückgesetzt.

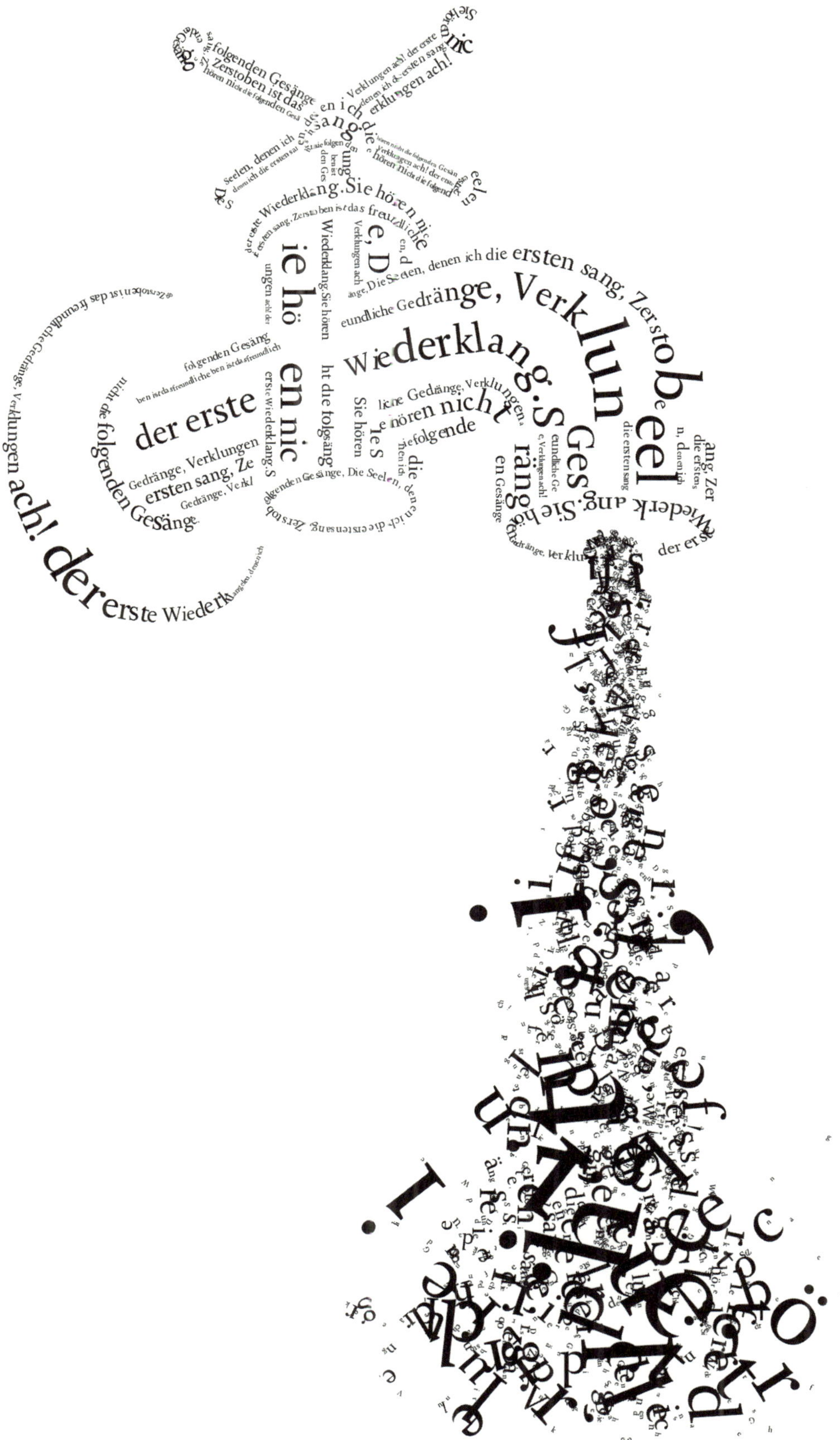

→ P_2_3_3_01_TABLET → Illustration: Pau Domingo In der Version für das Stifttablet moduliert der Druck auf den Stift die Größe des Textes. Ein Bild kann als Vorlage in den Hintergrund gelegt und beim Zeichnen ein- und ausgeblendet werden.

P.2.3.4 Zeichnen mit elastischem Pinsel

Ein virtuelles elastisches Gummiband wird zur dynamischen Pinselspitze. Zwischen Ihrer Pinselbewegung und einem trägen Agenten werden beliebige Grundelemente wie an einer Perlenkette aufgereiht. Die Spannung zwischen den beiden Polen bestimmt die Größe und Lage der Elemente beim Zeichnen.

→ P_2_3_4_01

Ein grafisches Element wird an einem Ende von der Maus gezogen. Das gegenüberliegende Ende wandert gedämpft in Richtung der Maus. Je nach Zeichengeschwindigkeit und eingestellter Trägheit werden die Ausgangselemente bis zum Bersten gedehnt oder fast unverändert dargestellt. Die Breite des Elements bleibt dabei immer gleich.

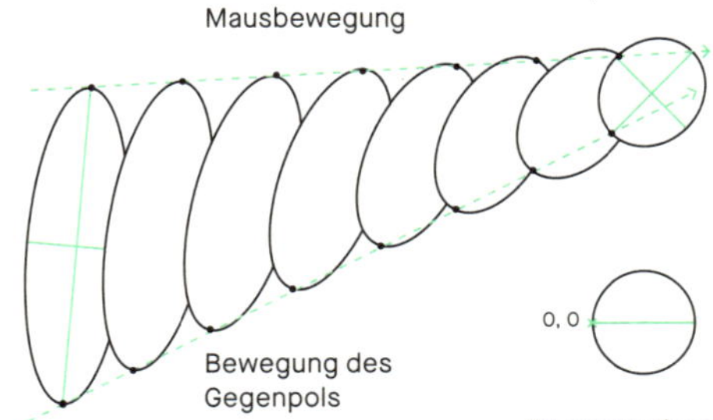


```
function draw() {
  if (mouseIsPressed && mouseButton == LEFT) {
    var d = dist(x, y, mouseX, mouseY);                    // 1

    if (d > stepSize) {
      var angle = atan2(mouseY - y, mouseX - x);

      push();
      translate(mouseX, mouseY);                           // 2
      rotate(angle + PI);
      image(lineModule, 0, 0, d, moduleSize);
      pop();

      x = x + cos(angle) * stepSize;                       // 3
      y = y + sin(angle) * stepSize;
    }
  }
}
```

Maus: Ziehen: Text zeichnen
Tasten: 1–9: Modul wechseln
ENTF: Zeichenfläche leeren
Pfeil ↓/↑: Modulgröße –/+
Pfeil ←/→: Schrittweite –/+
S: Bild speichern

1 In diesem Programm werden die Variablen x und y für die Position des Gegenpols verwendet. Die Distanz zwischen dieser und der Mausposition bestimmt, wie weit das Zeichenelement aufgespannt wird.

2 Das Koordinatensystem wird mit `translate()` an die Mausposition verschoben, so gedreht, dass es Richtung Gegenpol zeigt, und dann wird das Element gezeichnet. Der zusätzliche Winkel, hier `PI`, kann je nach SVG-Modul variieren. Dessen Länge wird dabei auf d (die Distanz zur Maus) gesetzt, die Breite auf den festen Wert `moduleSize`.

3 Die Position des Gegenpols wird bei jedem Schritt um den Wert `stepSize` versetzt. Da diese Bewegung meist sehr viel langsamer ist als die Maus, ergibt sich der Gummiband-Effekt.

→ P_2_3_4_01 → Illustrationen: Pau Domingo Ein stark gedämpfter Gegenspieler zu einer schnell bewegten Maus.

→ P_2_3_4_01 → Illustration: Pau Domingo Schnelle, gleichmäßige Bewegungen mit der Maus lassen fließende Formen entstehen.

→ P_2_3_4_01 → Illustration: Pau Domingo Unterschiedliche Bewegungsgeschwindigkeiten der Maus erzeugen auch unterschiedliche Strukturen.

P.2.3.5 Zeichnen mit dem Stifttablet

Ein Stifttablet stellt im Vergleich zu einer konventionellen Maus einige Parameter mehr zur Verfügung, wie Druck und Lage. Die Stiftbewegung während des Zeichenprozesses kann besser erfasst und interpretiert werden, wodurch die Bewegung Ihrer Hand viel differenzierter wiedergegeben wird. Mit dem Stifttablet sind Sie noch näher am generativen Geschehen.

→ P_2_3_5_01_TABLET

Auf ein Grundelement (hier in Form einer Feder) werden die zusätzlichen Parameter, die ein Stifttablet bietet, übertragen. Der Azimuth-Winkel bestimmt die Rotation des Elements, der Druck die Farbigkeit und der Neigungswinkel die Größe. Das Auslesen der Parameter geschieht mit der Tablet-Klasse der bucheigenen generativedesign-Library. Die Form wird nicht aus einer SVG-Datei geladen, sondern als Kurve gezeichnet. Das erlaubt eine flexiblere Manipulation der einzelnen Kurvenpunkte.

Stifttablet von der Seite

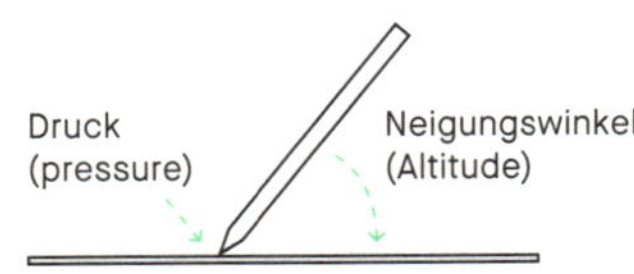

Stifttablet von oben

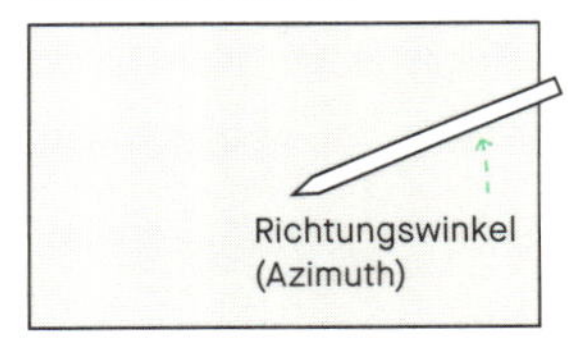

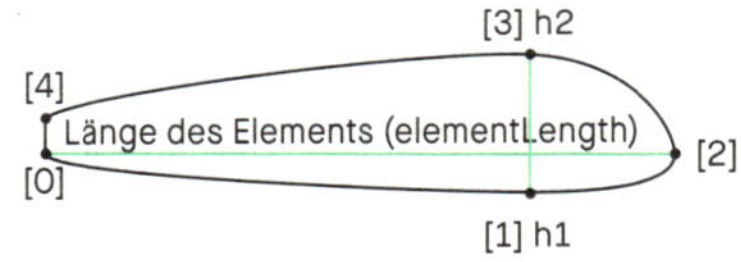

→ P_2_3_5_01_TABLET → Illustration: Jana-Lina Berkenbusch Die neuen Elemente überlagern immer die alten, deshalb muss beim Illustrieren immer vom Hintergrund in den Vordergrund gearbeitet werden.

```
function draw() {
  var tabletValues = tablet.values();

  var pressure = gamma(tabletValues.pressure, 2.5);
  var angle = tabletValues.azimuth;
  var penLength = cos(tabletValues.altitude);

  if (pressure > 0 && penLength > 0) {
    push();
    translate(mouseX, mouseY);
    rotate(angle);

    var elementLength = penLength * 250;
    var h1 = random(10) * (1.2 + penLength);
    var h2 = (-10 + random(10)) * (1.2 + penLength);

    ...

    pointsX = [];
    pointsY = [];

    pointsX[0] = 0;
    pointsY[0] = 0;
    pointsX[1] = elementLength * 0.77;
    pointsY[1] = h1;
    pointsX[2] = elementLength;
    pointsY[2] = 0;
    pointsX[3] = elementLength * 0.77;
    pointsY[3] = h2;
    pointsX[4] = 0;
    pointsY[4] = -5;

    beginShape();
    curveVertex(pointsX[3], pointsY[3]);
    for (var i = 0; i < pointsX.length; i++) {
      curveVertex(pointsX[i], pointsY[i]);
    }
    curveVertex(pointsX[1], pointsY[1]);
    endShape(CLOSE);
    pop();
  }
}
```

(Markers in the margin beside the code: 1 at `var pressure`, 2 at `if (pressure > 0 …`, 3 at `var elementLength`, 4 at `pointsX = [];`, 5 at `beginShape();`)

Maus: Ziehen: Zeichnen
Tablet: Druck: Sättigung
Richtungswinkel: Rotation
Neigungswinkel: Länge der Elemente
Tasten: 1 – 3: Zeichenmodus
6 – 0: Farben
ENTF: Zeichenfläche leeren
S: Bild speichern

1 Das Tablet liefert viele Werte zum Zustand des Stifts. Diese drei Eigenschaften fragen Druck- und Winkelinformationen vom Stifttablet ab.

2 Die Elemente sollen nur eingezeichnet werden, wenn der Stift auf dem Tablet nicht absolut senkrecht steht und der Druck größer als 0 ist.

3 Deklaration der Variablen, die für die Beschreibung der Form nötig sind. Mit Hilfe der `random()`-Funktion werden die Formen bei Berechnung ihrer Länge und Breite leicht variiert.

4 Für die Konturpunkte der Form werden zwei Arrays `pointsX` und `pointsY` angelegt und anschließend mit Werten gefüllt.

5 Die Form wird gezeichnet.

! Vergleichen Sie zum Zeichnen der geschlossenen Kurvenform das Kapitel:
→ Kap.P.2.2.3 Formen aus Agenten

→ P_2_3_5_01_TABLET → Illustration: Pau Domingo Die Grundformen, die sich in rascher Geschwindigkeit übereinanderlegen, animieren dazu, organisch anmutende Formen zu zeichnen.

→ P_2_3_5_01_TABLET → Illustrationen: Pau Domingo, Franz Stämmele und Jana-Lina Berkenbusch
Von Vögeln über Gebirgsketten bis hin zu abstrakten, organischen Gebilden inspiriert dieses Stifttablet-Tool zu ganz eigenen Illustrationen.

P.2.3.6 Zeichnen mit komplexen Modulen

Gemeinsam sind sie stark. Wie gewöhnliche Module zu Superzeichen werden. Durch Kombinatorik und Verwendung von komplexen Modulen als Pinsel wird jedes Modul abhängig von seinen vier Nachbarn bestimmt und daraus Superzeichen generiert. Je nach Modulrepertoire und -konstellation lassen sich unterschiedlich anmutende Zeichengruppen erzeugen.

→ P_2_3_6_01

Mit der Maus wird in ein Raster gezeichnet und dabei unterschiedliche SVG-Module in die Felder gesetzt. Das ist, was zu sehen ist; im Hintergrund geschieht Folgendes: Für jedes Feld existiert nur die Information, ob es gefüllt oder leer ist. Erst beim Darstellen des Rasters wird für jedes Feld geprüft, welche der benachbarten Felder gefüllt sind, und abhängig davon ein bestimmtes Modul gewählt.

Die 16 möglichen Zustände der vier Nachbarn lassen sich leicht in einem vierstelligen Binärcode zusammenfassen. Dies hat den Vorteil, dass ohne aufwändige Kombinatorik, nur durch Umrechnung von Binärcode in eine dezimale Zahl, das richtige SVG-Modul bestimmt werden kann.

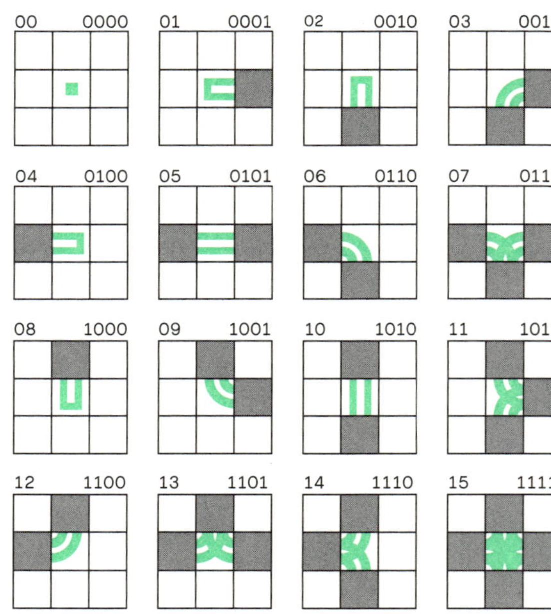

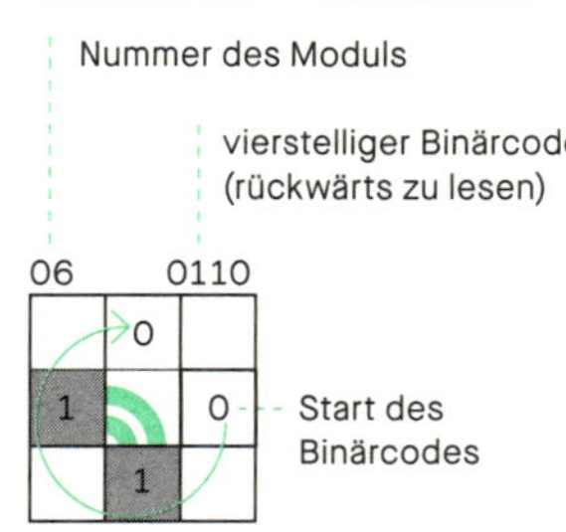

```
    function draw() {
      background(255);

[1]   if (mouseIsPressed) {
        if (mouseButton == LEFT) setTile();
        if (mouseButton == RIGHT) unsetTile();
      }
[2]
      if (doDrawGrid) drawGrid();
      drawModules();
    }


    function setTile() {
[3]   var gridX = floor(mouseX / tileSize) + 1;
      gridX = constrain(gridX, 1, gridResolutionX - 2);
      var gridY = floor(mouseY / tileSize) + 1;
      gridY = constrain(gridY, 1, gridResolutionY - 2);
[4]   tiles[gridX][gridY] = 1;
    }


    function drawModules() {
      for (var gridX=0; gridX<gridResolutionX-1; gridX++) {
        for (var gridY=0; gridY<gridResolutionY-1; gridY++) {
[5]       if (tiles[gridX][gridY] == 1) {
            var NORTH = str(tiles[gridX][gridY - 1]);
            var WEST = str(tiles[gridX - 1][gridY]);
            var SOUTH = str(tiles[gridX][gridY + 1]);
            var EAST = str(tiles[gridX + 1][gridY]);

[6]         var binaryResult = NORTH + WEST + SOUTH + EAST;
[7]         var decimalResult = parseInt(binaryResult, 2);

            var posX = tileSize * gridX - tileSize / 2;
            var posY = tileSize * gridY - tileSize / 2;

[8]         image(modules[decimalResult], posX, posY,
                  tileSize, tileSize);
            ...
          }
        }
      }
    }
```

Maus: Ziehen: Module zeichnen
Ziehen rechte Maustaste: Module löschen

Tasten: ENTF: Zeichenfläche leeren
G: Raster anzeigen ein/aus
D: Modulwerte anzeigen ein/aus
S: Bild speichern

[1] Mit den beiden Funktionen `setTile()` und `unsetTile()` wird der Zustand eines Feldes im Raster auf 1 oder 0 gesetzt.

[2] Mit der Funktion `drawModules()` werden alle SVG-Module dargestellt, optional kann mit `drawGrid()` das zugrundeliegende Raster gezeichnet werden.

[3] Die Mausposition wird auf das entsprechende Feld im Raster `gridX`, `gridY` umgerechnet.

[4] Der Zustand aller Felder im Raster ist in dem zweidimensionalen Array `tiles` gespeichert. Das geklickte Feld wird auf den Wert 1 gesetzt.

[5] Alle Kacheln werden durchlaufen. Nur Felder deren Zustand `1` ist, die also gefüllt sind, werden berücksichtigt.

[6] Die Zustände der vier Nachbarn werden abgefragt, in Strings konvertiert und aneinandergehängt.
In `binaryResult` steht somit eine Folge von vier Nullen oder Einsen.

[7] Umrechnung der codierten Zustände von der Binärdarstellung in eine Dezimalzahl mit der Funktion `parseInt()`.

[8] Das entsprechende SVG-Modul wird mit `decimalResult` ausgewählt und auf die Zeichenfläche gesetzt.

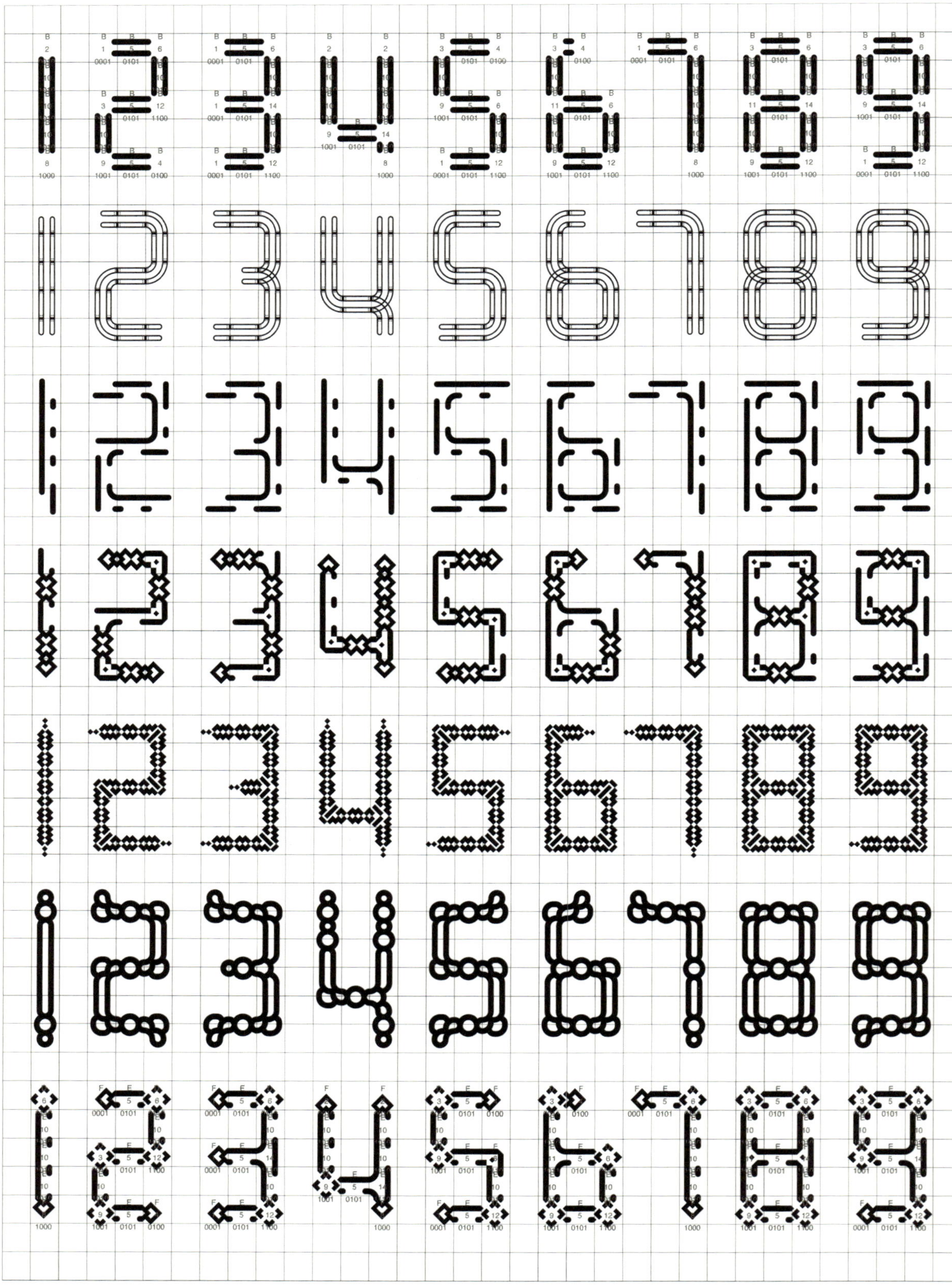

→ P_2_3_6_02 Aus den Tiles kann man sehr leicht komplette Schriften bauen, wobei die Möglichkeiten unendlich sind, da man immer wieder neue Tilesets in einem Vektorprogramm erstellen kann.

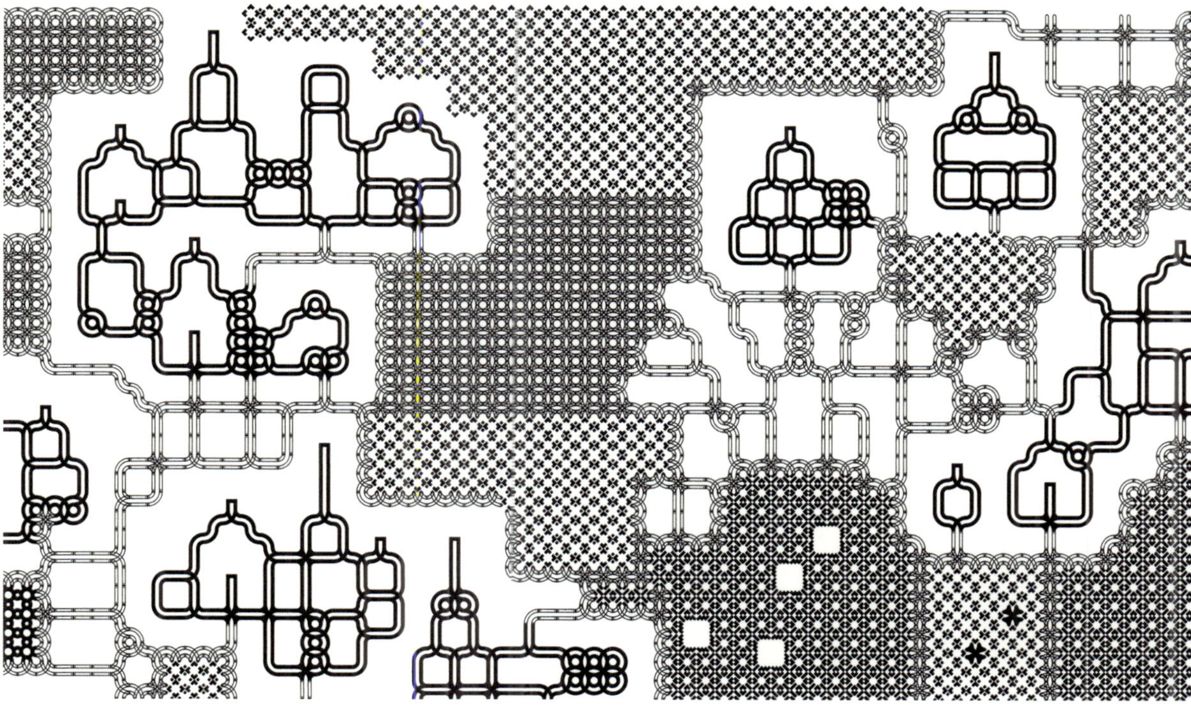

→ P_2_3_6_02 → Illustration: Pau Domingo Durch das Ausfüllen vieler aneinandergrenzender Rasterfelder entstehen Muster.

→ P_2_3_6_02 → Illustration: Cedric Kiefer Das Tiletool verführt dazu, damit Schriften zu zeichnen. Hier werden die Tiles als ornamentale Struktur verwendet.

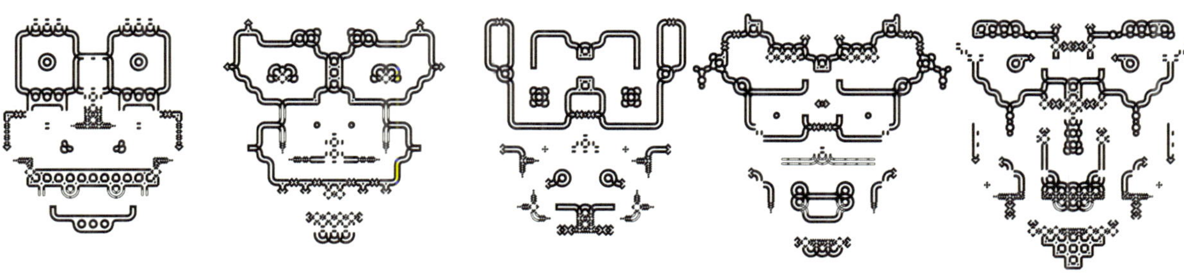

→ P_2_3_6_02 → Illustration: Cedric Kiefer Symmetrische maskenartige Formen.

P.2.3.7 Zeichnen mit multiplen Pinseln

Durch die Anordnung der verschiedenen Pinsel, die alle gleichzeitig auf die Mausposition reagieren, hat man den Eindruck, in einem Spiegelkabinett zu zeichnen. Das horizontale und vertikale Spiegeln jeder Pinselbewegung führt zu kaleidoskopartigen Ergebnissen.

→ P_2_3_7_01

Ein Malprogramm zu erstellen, ist ganz einfach: In jedem Frame wird eine Linie zwischen aktueller Mausposition und der im Frame davor gezeichnet. Diese kleine Linie kann leicht auch mehrfach gezeichnet werden. Entweder als exakte Kopien horizontal und vertikal versetzt. Oder als Spiegelungen: horizontal, vertikal oder diagonal. Oder sogar beides kombiniert.

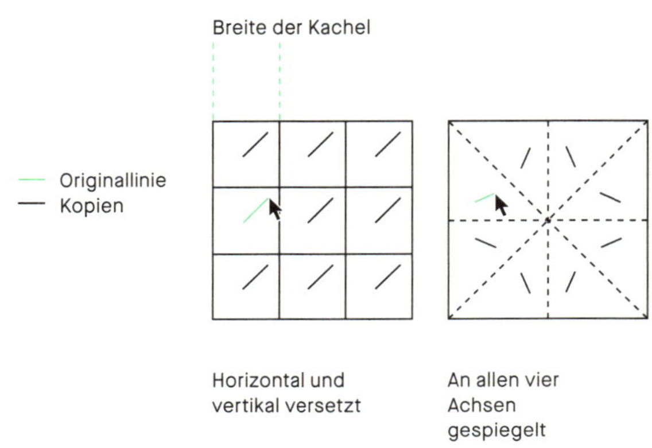

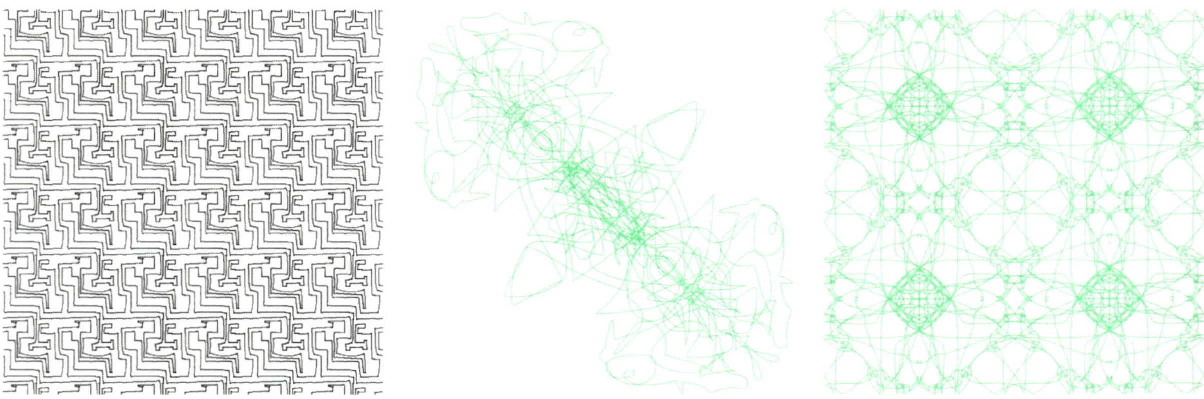

→ P_2_3_7_01 Drei unterschiedliche Möglichkeiten, mit Spiegelachsen und Wiederholungen umzugehen.

```
    function setup() {
1     canvasElement = createCanvas(800, 800);
      ...
2     img = createGraphics(width, height);
      ...
    }


    function draw() {
      background(255);
3     image(img, 0, 0);
      ...
      if (mouseIsPressed && mouseButton == LEFT) {
4       var w = width / penCount;
        var h = height / penCount;
5       var x = mouseX % w;
        var y = mouseY % h;
6       var px = x - (mouseX - pmouseX);
        var py = y - (mouseY - pmouseY);

        for (var i = 0; i < penCount; i++) {
          for (var j = 0; j < penCount; j++) {
7           var ox = i * w;
            var oy = j * h;

8           img.line(x+ox, y+oy, px+ox, py+oy);
9           if (mh || md2 && md1 && mv)
                img.line(w-x+ox, y+oy, w-px+ox, py+oy);
            if (mv || md2 && md1 && mh)
                img.line(x+ox, h-y+oy, px+ox, h-py+oy);
            if (mv && mh || md2 && md1)
                img.line(w-x+ox, h-y+oy, w-px+ox, h-py+oy);

10          if (md1 || md2 && mv && mh)
                img.line(y+ox, x+oy, py+ox, px+oy);
            if (md1 && mh || md2 && mv)
                img.line(y+ox, w-x+oy, py+ox, w-px+oy);
            if (md1 && mv || md2 && mh)
                img.line(h-y+ox, x+oy, h-py+ox, px+oy);
            if (md1 && mv && mh || md2)
                img.line(h-y+ox, w-x+oy, h-py+ox, w-px+oy);
          }
        }
        ...
      }
    }
```

Maus: Ziehen: Zeichnen
Tasten: 1–4: Verschiedene Spiegelungen ein/aus
5–0: Farben
Pfeil ↓/↑: Linienstärke –/+
Pfeil ←/→: Anzahl der Pinsel –/+
ENTF: Zeichenfläche leeren
D: Spiegelachsen anzeigen ein/aus
G: GIF-Aufnahme starten/stoppen
S: Bild speichern

1 Bei diesem Sketch sollte nur auf einer quadratischen Zeichenfläche gearbeitet werden. Andernfalls machen die diagonalen Spiegelungen Probleme.

2 Mit `createGraphics()` wird ein Bild erzeugt, in das später gezeichnet wird. Das ermöglicht, die Spiegelachsen anzuzeigen und auch wieder auszublenden.

3 In jedem Frame wird zunächst das gezeichnete Bild in die Zeichenfläche kopiert.

4 Die Variable `penCount` bestimmt, wieviele virtuelle Pinsel in x- und y-Richtung erzeugt werden. Ein Wert von 3 erzeugt demnach 9 Pinsel. `w` und `h` sind Breite und Höhe einer Kachel, in der sich ein Pinsel bewegt.

5 Die Koordinate `x`, `y` ist die Position des Pinsels in der linken oberen Kachel.

6 Die Variablen `pmouseX` und `pmouseY` werden vom p5.js geliefert und enthalten immer die Mausposition im vorherigen Frame.

7 Die Werte `ox` und `oy` repräsentieren den x- und y-Versatz für einen Pinsel.

8 In jedem Fall wird eine Linie zwischen aktueller und vorheriger Mausposition gezeichnet.

9 Falls `mh` den Wert true enthält (es soll horizontal gespiegelt werden), wird die x-Position von der Kachelbreite abgezogen. Eine horizontale Spiegelung liegt übrigens auch vor, wenn vertikal und um beide diagonalen Achsen gespiegelt wird.

10 Die Spiegelung um eine Diagonale lässt sich am leichtesten erzeugen, indem `x` und `y` vertauscht werden.

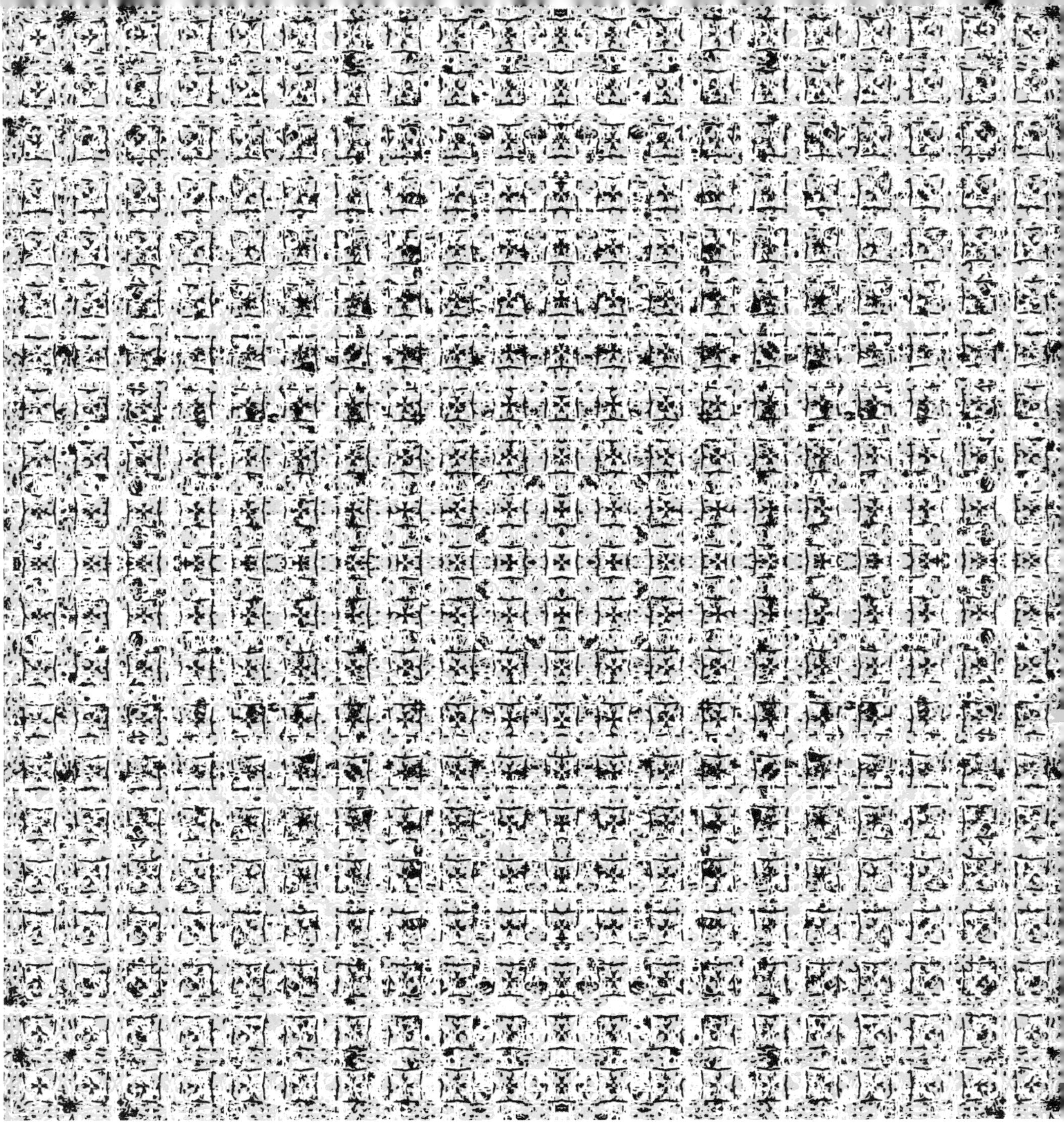

→ P_2_3_7_02_TABLET Die Kachelanzahl wurde für dieses Bild ständig verändert und die Grafik vielfach mit Schwarz, Grün und Weiß übermalt.

→ P_2_3_7_02_TABLET In der Version für das Stifttablet reagiert die Strichstärke auf den Druck.

P.3

Typo

Im Kapitel Form wurde gezeigt, wie durch die Prinzipien Wiederholung (Raster), Iteration (Agenten) und Interaktion (Zeichnen) Form generiert werden kann. Dieses Kapitel widmet sich einer speziellen, aber für die Gestaltung außerordentlich wichtigen Art von Form: der Typografie. Auf den unterschiedlichsten Detailstufen, von der visuellen Analyse eines Textes bis hin zur Konturlinie eines Buchstabens, wird in den folgenden Beispielen Typografie unter generativen Gesichtspunkten betrachtet.

P.3.0 Hallo Typo

Von Buchstaben zu Raumstaben. Durch das vektorbasierte Generieren einer Schrift haben Sie auf viele Parameter direkten Einfluss und können in Zeit und Raum mit den Buchstaben gestalten. Neben dem Erscheinen des Zeichens und interaktiver Veränderung der Größe und Position werden auch die Spuren sichtbar.

→ P_3_0_01

Durch die horizontale Mausbewegung wird die Größe des Buchstabens gesteuert, die vertikale Mausbewegung bewegt den Buchstaben nach oben und unten. Bei gedrückter Maustaste hinterlässt der Buchstabe eine Spur.

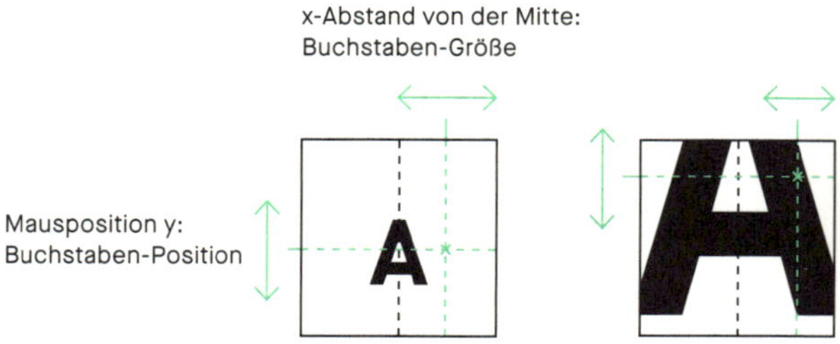

→ P_3_0_01 Der Buchstabe hinterlässt die Spuren seiner Veränderung. Er wird unkenntlich und erzeugt neue Formen.

1

```
var font = "sans-serif";
var letter = "A";


function setup() {
  createCanvas(windowWidth, windowHeight);
  background(255);
  fill(0);
```

2

```
  textFont(font);
  textAlign(CENTER, CENTER);
}


function mouseMoved() {
  clear();
```

3

```
  textSize((mouseX - width / 2) * 5 + 1);
  text(letter, width / 2, mouseY);
}
```

4

```
function mouseDragged() {
  textSize((mouseX - width / 2) * 5 + 1);
  text(letter, width / 2, mouseY);
}
```

Maus: Position x: Größe
Position y: Position
Ziehen: Zeichnen
Tasten: A – Z: Wahl des Buchstabens
CTRL: Bild speichern

1 Der Name der zu verwendenden Schriftart wird in der Variablen `font` gespeichert.

2 Die Funktion `textFont()` stellt diese als aktuelle Schriftart ein. Mit `textAlign()` kann die horizontale und vertikale Ausrichtung vorgegeben werden.

3 Beim Bewegen der Maus wird die Buchstabengröße abhängig von den Werten der horizontalen Mausposition verändert. Mit dem Befehl `text()` wird das Zeichen `letter` positioniert und dargestellt: horizontal in der Mitte der Zeichenfläche `width/2`, vertikal an der Mausposition `mouseY`.

4 Das Gleiche geschieht, wenn die Maus mit gedrückter Maustaste bewegt wird, außer dass der Hintergrund nicht neu eingefärbt wird und der Buchstabe dadurch eine Spur hinterlässt.

P.3.1.1 Zeitbasiertes Schreiben von Text

Das unbekümmerte Schreiben mit automatischem Umbruch ist nichts Neues. Aber sollte die vertikale Mausposition für den Zeilenabstand verantwortlich sein, und die verstrichene Zeit zwischen der Eingabe jedes Buchstabens seine Größe bestimmen, dann wird der Rhythmus des Schreibens zum Spiel mit dem Text.

→ P_3_1_1_01

Beim Tippen schiebt sich der virtuelle »Schreiberkopf« von links nach rechts über die Zeichenfläche. Erreicht er rechts den Rand der Begrenzungsfläche, beginnt er erneut von vorne und springt eine Zeile weiter. Der Zeilenabstand wird dabei von der vertikalen Mausposition bestimmt. Zwischen den einzelnen Tastenanschlägen wird die Zeit gemessen. Je größer dieser Zeitabstand ist, desto größer wird der eingegebene Buchstabe dargestellt.

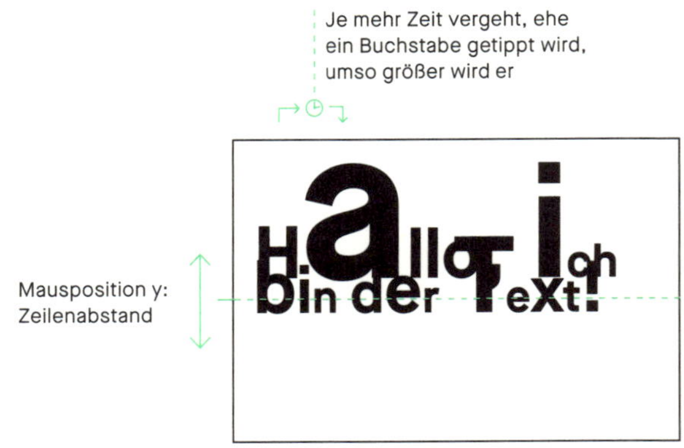

→P_3_1_1_01 Die vertikale Mausposition bestimmt den Zeilenabstand. Es entstehen unterschiedlich lesbare typografische Strukturen.

```
    function draw() {
      ...
      spacing = map(mouseY, 0, height, 0, 120);
      translate(0, 200 + spacing);

      var x = 0;
      var y = 0;
      var fontSize = 20;

1     for (var i = 0; i < textTyped.length; i++) {
2       fontSize = fontSizes[i];
        textFont(font, fontSize);
3       var letter = textTyped.charAt(i);
        var letterWidth = textWidth(letter) + tracking;

4       if (x + letterWidth > width) {
          x = 0;
          y += spacing;
        }

5       text(letter, x, y);
        x += letterWidth;
      }

6     var timeDelta = millis() - pMillis;
      newFontSize = map(timeDelta, 0, maxTimeDelta,
                        minFontSize, maxFontSize);
      newFontSize = min(newFontSize, maxFontSize);

      fill(200, 30, 40);
      if (int(frameCount / 10) % 2 == 0) fill(255);
7     rect(x, y, newFontSize / 2, newFontSize / 20);
    }


    function keyTyped(){
      if(keyCode >= 32){
8       textTyped += key;
        fontSizes.push(newFontSize);
      }
    }


    function keyPressed() {
      ...
9     pMillis = millis();
    }
```

Maus: Position x: Größe
Position y: Position
Ziehen: Zeichnen
Tasten: A–Z: Wahl des Buchstabens
CTRL: Bild speichern

1 Die Variable `textTyped` enthält den eingegebenen Text. Dieser wird nun Buchstabe für Buchstabe durchlaufen.

2 Die Schriftgröße wird dem Array `fontSizes[]` am Index `i` entnommen, die Schrift auf diese Größe eingestellt.

3 Nun wird aus der Zeichenkette `textTyped` der Buchstabe am Index `i` herausgesucht und in `letter` abgelegt. Die Breite dieses Buchstabens `textWidth(letter)` wird zusätzlich um den Wert `tracking` vergrößert.

4 Wenn die aktuelle Position inklusive der Zeichenbreite die Breite der Zeichenfläche überschreiten würde, findet ein Zeilenumbruch statt. Dazu wird `x` wieder auf `0` gesetzt und die vertikale Position `y` um den Zeilenabstand vergrößert.

5 Der Buchstabe wird an die Position `x`, `y` gezeichnet.

6 Nachdem alle Buchstaben gezeichnet sind, wird noch ein blinkender Cursor dargestellt. Da dieser mit der Zeit wachsen soll, muss zunächst die Zeit `timeDelta` ermittelt werden, die seit dem letzten Tippvorgang verstrichen ist. Die Funktion `millis()` liefert dazu die aktuelle Zeit in Millisekunden. Von dieser wird der Wert `pMillis`, der beim vorherigen Tastenanschlag gespeichert wurde, abgezogen. Dieser Zeitabstand kann nun in den Wertebereich von `minFontSize` bis `maxFontSize` übertragen werden.

7 Dieser Wert wird nun verwendet, um ein Rechteck an die aktuelle Schreibposition zu zeichnen.

8 Beim Drücken einer Taste wird der eingetippte Buchstabe der Zeichenkette `textTyped` angehängt und das Array `fontSizes[]` um einen neuen Wert erweitert, indem die neue Buchstabengröße `newFontSize` abgelegt wird.

9 Um in der draw()-Methode die Zeit des letzten Tastendrucks verfügbar zu haben, wird hier die aktuelle Zeit in `pMillis` gespeichert.

P.3.1.2 Text als Bauplan

Jetzt bestimmt nicht mehr die Zeit die Größe der Buchstaben, sondern bestimmte Buchstaben ändern beispielsweise die Schreibrichtung. In diesem Programm wird jedes Zeichen mit einer visuellen Regel übersetzt. Der Ursprungstext wird damit zum Bauplan der Komposition.

→ P_3_1_2_01

Der Benutzer kann mit der Tastatur Text frei eingeben. Jedes Zeichen wird durch eine im Programm festgelegte Regel übersetzt, die bestimmt, was gezeichnet wird und wie Position, Größe oder Lage etc. verändert werden sollen.

Mit der Backspace- oder Delete-Taste kann jede Eingabe rückgängig gemacht werden.

In diesem Beispiel werden manche Zeichen durch geladene SVG-Module ersetzt.

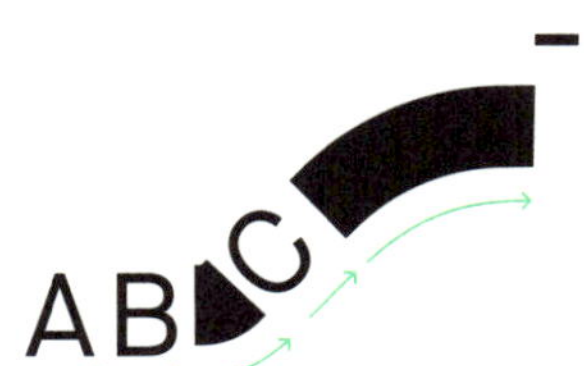

Taste	Übersetzung
A	→ A schreiben → Schreibposition versetzen
B	→ B schreiben → Schreibposition versetzen
Leerzeichen	→ Grafik zeichnen → – 45° drehen → Schreibposition versetzen
C	→ C schreiben → Schreibposition versetzen
Komma	→ Grafik zeichnen → 45° drehen → Schreibposition versetzen

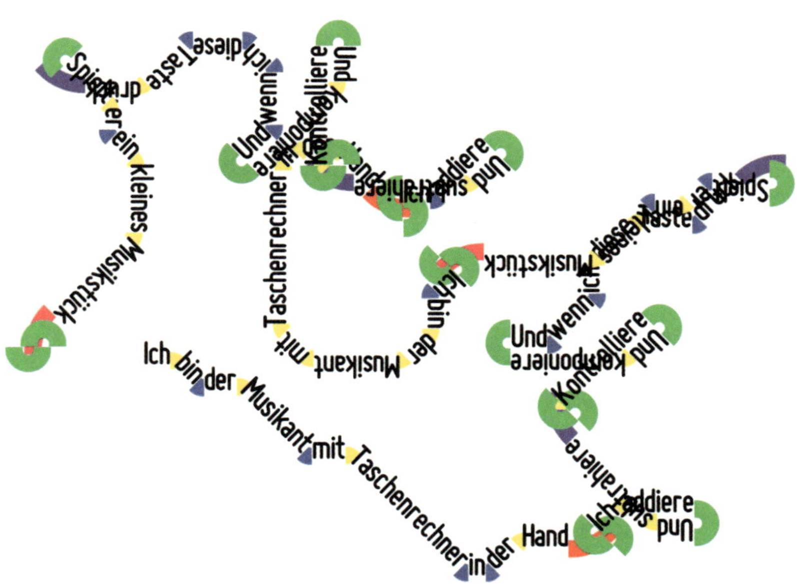

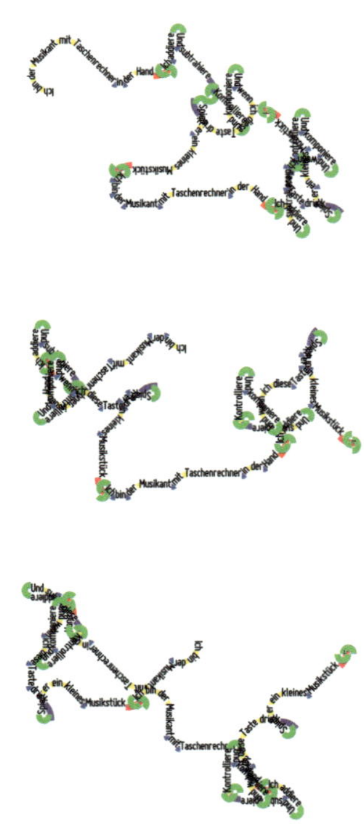

→ P_3_1_2_01 Ein Text (hier aus einem Song von Kraftwerk) wird vom Programm als Bauplan interpretiert. Mit der ALT-Taste können verschiedene RandomSeeds erzeugt werden, die den Textwurm immer wieder anders aussehen lassen, da es zwei zufällige Richtungsmöglichkeiten für das Leerzeichen gibt.

```
    function draw() {
      ...
1     translate(centerX, centerY);
      scale(zoom);

2     for (var i = 0; i < textTyped.length; i++) {
        var letter = textTyped.charAt(i);
3       var letterWidth = textWidth(letter);

4       switch (letter) {
5         case ' ':
            var dir = floor(random(0, 2));
            if (dir == 0) {
              image(shapeSpace, 1, -15);
              translate(4, 1);
              rotate(QUARTER_PI);
            }
            if (dir == 1) {
              image(shapeSpace2, 1, -15);
              translate(14, -5);
              rotate(-QUARTER_PI);
            }
            break;

6         case ',':
            image(shapeComma, 1, -15);
            translate(35, 15);
            rotate(QUARTER_PI);
            break;
          ...
7         default:
            fill(0);
            text(letter, 0, 0);
            translate(letterWidth, 0);
        }
      }

      // blinking cursor after text
      fill(0);
8     if (int(frameCount / 6) % 2 == 0) rect(0, 0, 15, 2);
    }
```

Maus: Ziehen: Zeichenfläche verschieben
Tasten: Tastatur: Texteingabe
Satzzeichen: Kurven
Leertaste: Kurve mit zufälliger Richtung
ENTF: Buchstaben löschen
Pfeil ↓/↑: Zeichenfläche zoomen
ALT: neues zufälliges Layout
CTRL: Bild speichern

1 Vor dem Darstellen des Textes wird der Ursprung des Koordinatensystems an den Punkt (`centerX, centerY`) verschoben. Diese flexible Definition ermöglicht, dass der Punkt per Mausinteraktion bewegt werden kann.

2 Alle getippten Buchstaben werden der Reihe nach durchlaufen.

3 Für jeden Buchstaben `letter` wird dessen Buchstabenbreite ermittelt, damit später die Schreibposition um die richtige Länge versetzt werden kann.

4 Das Herz des Programms ist das Regelwerk, das angibt, wie sich die einzelnen Zeichen auf Darstellung und Schreibverhalten auswirken. Dazu wird das aktuelle Zeichen `letter` mit dem `switch()`-Befehl unterschieden.

5 Ein Leerzeichen wird folgendermaßen übersetzt: abhängig vom Zufallswert `dir` wird eines der beiden geladenen SVG-Module `shapeSpace` oder `shapeSpace2` gezeichnet, mit `translate()` die Schreibposition versetzt und mit `rotate()` die Schreibrichtung um 45° nach links oder nach rechts gedreht.

6 Für andere Sonderzeichen (hier als weiteres Beispiel das Komma) wurden ebenfalls SVGs in Variablen geladen. Wenn eines dieser Zeichen auftritt, wird das entsprechende Modul gezeichnet, sowie Schreibposition und Schreibrichtung geändert.

7 Bei allen anderen Zeichen wird der Buchstabe gezeichnet und die Schreibposition um die Buchstabenbreite `letterWidth` verschoben.

8 Darstellung des blinkenden Cursors: diese Konstruktion nutzt die p5.js-Variable `frameCount`, die in jedem Frame automatisch hochgezählt wird, und den Modulo-Operator `%`, um abwechselnd die Werte 0 und 1 zu erzeugen. Dies wird dazu genutzt, um den Cursor ein- und auszublenden.

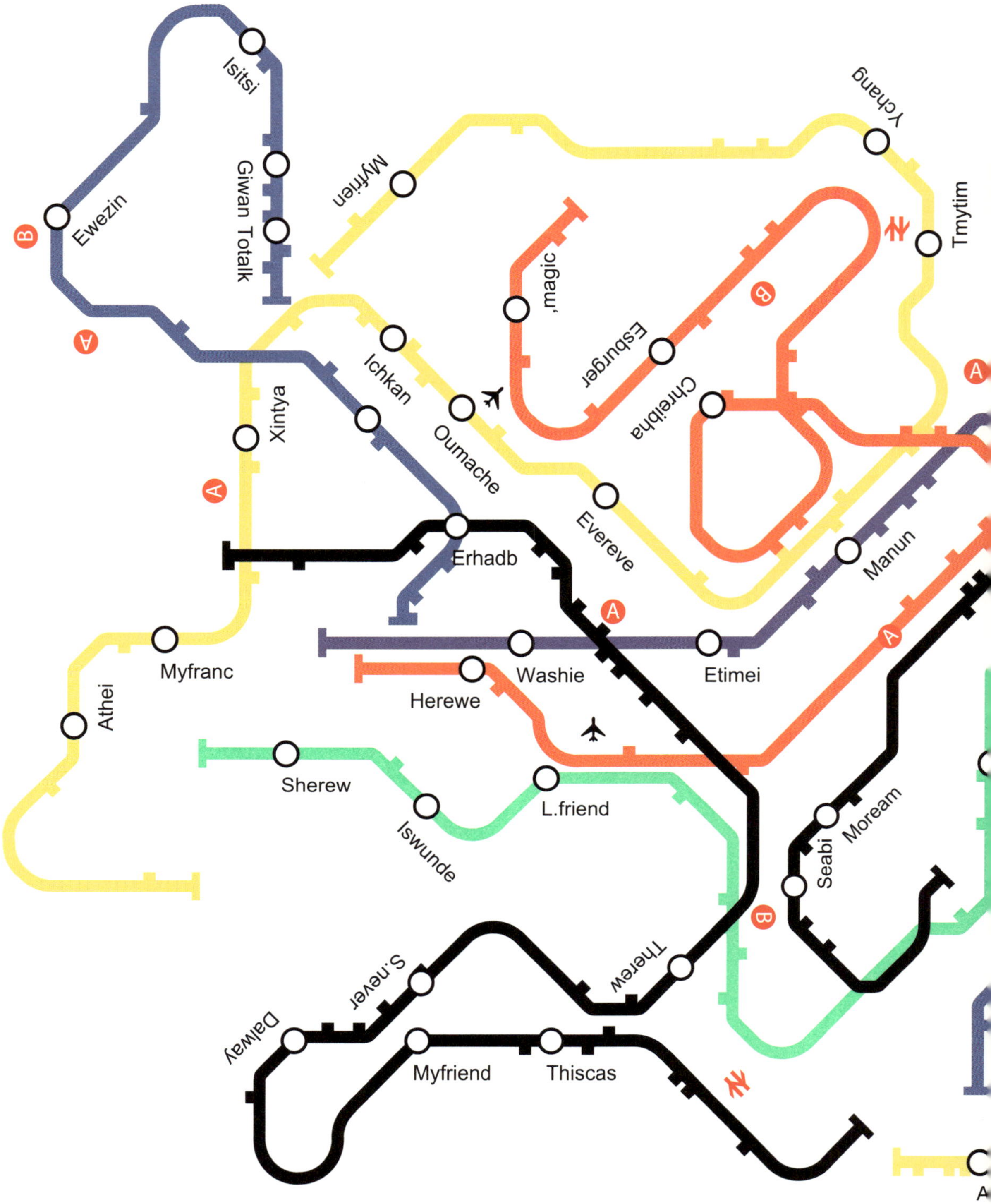

→ P_3_1_2_02 → Illustration: Cedric Kiefer
Getippte Buchstaben werden durch verschiedene Elemente ersetzt, wie zum Beispiel ENTER = »neue Linie beginnen«. Der Text wird so komplett zum Bild.

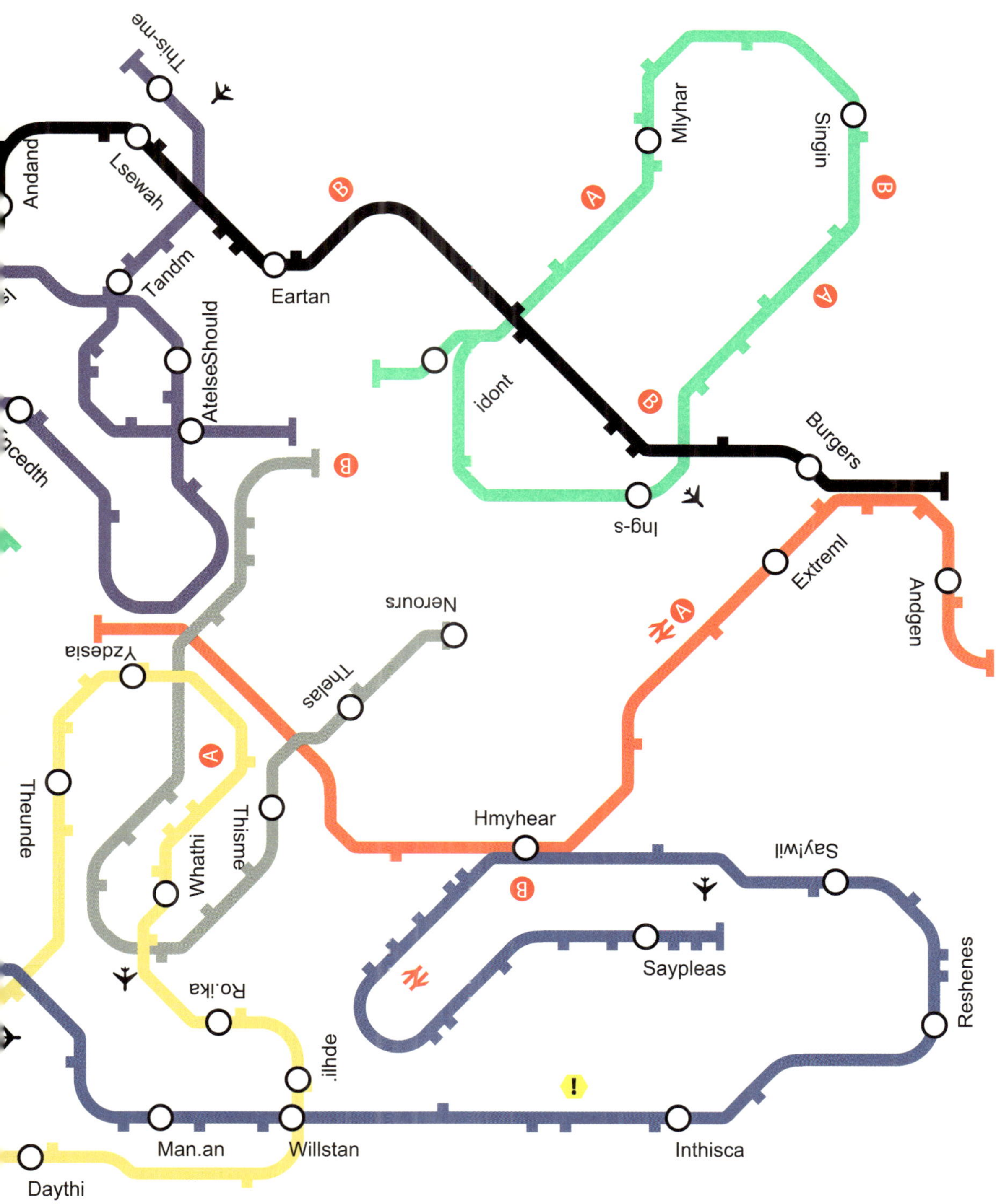

alle Tasten ohne Sonderbelegung

Leertaste

Komma, Frage- und Ausrufezeichen

Punkt

Buchstabe »a« und »u«

Buchstabe »o« (Stationsname: die sieben zuletzt getippten Buchstaben)

Bindestrich

Doppelpunkt

Buchstabe »x«

Buchstabe »z«

Pluszeichen

P.3.1.3 Textbild

Welche Buchstaben kommen hier wie oft vor? Die Eigenschaften eines analysierten Textes lösen Bilder aus. Die Anzahl der im Text vorkommenden Buchstaben wird für jedes Zeichen separat ermittelt und bestimmt dessen Darstellung. Die Farbe der Buchstaben entspricht zum Beispiel der Häufigkeit des Auftretens. Und am Ende brauchen wir die Buchstaben gar nicht mehr.

→ P_3_1_3_01

Ein Text wird Zeichen für Zeichen durchlaufen und je nach Buchstabe ein entsprechender Zähler erhöht. Am Ende dieses Vorgangs steht eine Liste von Zählern, in der die Häufigkeit der einzelnen Zeichen abzulesen ist. Diese Werte lassen sich nun bei der Darstellung des Textes als Parameter verwenden.

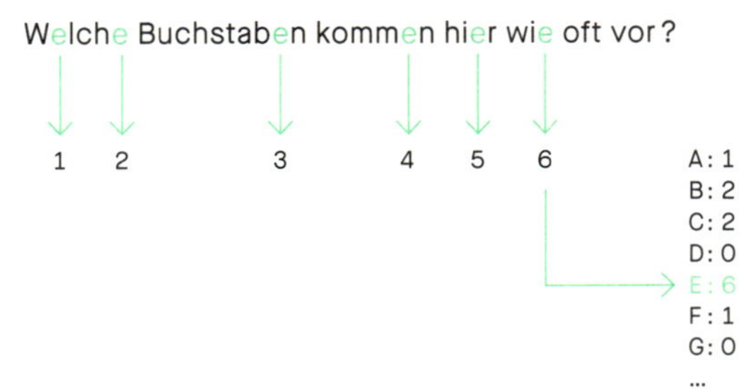


```
    ...
1   var alphabet = "ABCDEFGHIJKLMNORSTUVWYZÄÖÜß,.;!? ";
    var counters = [];
    ...

    function preload() {
2     joinedText = loadStrings("data/faust_kurz.txt");
    }

    function setup() {
      createCanvas(620, windowHeight);
      ...
3     joinedText = joinedText.join(" ");
      for (var i = 0; i < alphabet.length; i++) {
        counters[i] = 0;
      }
4     countCharacters();
    }
```

1 Die Zeichenkette `alphabet` bestimmt, welche Buchstaben gezählt werden sollen. Das Array `counters` stellt für jedes dieser Zeichen einen Zähler zur Verfügung.

2 Der zu analysierende Text wird mit der Funktion `loadStrings()` geladen.

3 Die einzelnen Zeilen des Textes befinden sich zunächst in einem Array von Strings. Da es hier aber praktischer ist, mit einem fortlaufenden Text zu arbeiten, werden die Zeilen mit `join()` zusammengefügt.

4 Die Funktion `countCharacters()` ermittelt die Häufigkeiten.

```
   function countCharacters() {
     for (var i = 0; i < joinedText.length; i++) {
5      var c = joinedText.charAt(i);
       var upperCaseChar = c.toUpperCase();
6      var index = alphabet.indexOf(upperCaseChar);
       if (index >= 0) counters[index]++;
     }
   }


   function draw() {
     ...
7    posX = 20;
     posY = 40;

     for (var i = 0; i < joinedText.length; i++) {
       var upperCaseChar=joinedText.charAt(i).toUpperCase();
8      var index = alphabet.indexOf(upperCaseChar);
       if (index < 0) continue;

9      if (drawAlpha) {
         fill(87, 35, 129, counters[index] * 3);
       } else {
         fill(87, 35, 129);
       }

10     var sortY = index * 20 + 40;
       var m = map(mouseX, 50, width - 50, 0, 1);
11     m = constrain(m, 0, 1);
       var interY = lerp(posY, sortY, m);

       text(joinedText.charAt(i), posX, interY);

12     posX += textWidth(joinedText.charAt(i));
       if (posX >= width - 200 && upperCaseChar == " ") {
         posY += 30;
         posX = 20;
       }
     }
   }
```

Maus: Position x: Überblenden von normalem und sortiertem Text
Tasten: 1: Alphamodus umschalten
S: Bild speichern

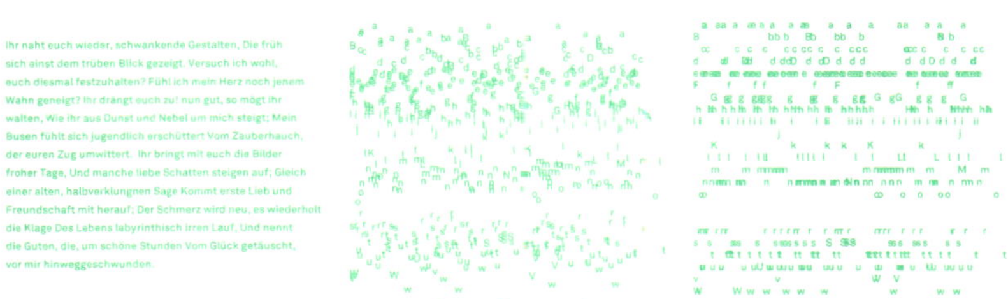

→ P_3_1_3_01 Die horizontale Mausposition steuert, ob sich die Buchstaben an der normalen Textposition befinden oder sortiert dargestellt werden.

5 Der Text wird durchlaufen, mit `charAt()` ein Zeichen aus dem Text geholt und mit der Funktion `toUpperCase()` in einen Großbuchstaben umgewandelt.

6 Nun kann mit der Funktion `indexOf()` herausgefunden werden, an welcher Stelle der Buchstabe innerhalb der Zeichenkette `alphabet` vorkommt. Falls das Zeichen gefunden wurde, wird `index` benutzt, um den entsprechenden Zähler zu erhöhen.

7 Die Variablen `posX` und `posY` werden mit der Schreibposition initialisiert, an der gestartet wird.

8 Zum Zeichnen wird jedes Mal der Text durchlaufen und genauso wie in der Funktion `countCharacters()` (nur etwas komprimierter geschrieben) der Index des aktuellen Zeichens für das Zähler-Array ermittelt. Falls der Buchstabe nicht gefunden wurde `index < 0`, wird der Zeichenvorgang mit `continue` abgebrochen.

9 Wenn der Zeichenmodus `drawAlpha` eingestellt ist, dann wird die Transparenz der Füllfarbe abhängig von der Häufigkeit des Buchstabens `counters[index]` eingestellt.

10 Für die Sortierfunktion der Buchstaben wird die Variable `sortY` eingeführt. Diese stellt die y-Koordinate der Zeile dar, in die der Buchstabe wandern soll. Für A ist das 40, für B der Wert 60, usw.

11 Die Mausposition wird dann in eine Zahl `m` zwischen `0` und `1` umgerechnet, die als Interpolationsvariable dienen soll. Mit der Funktion `lerp()` wird dann zwischen `posY` und `sortY` interpoliert und der berechnete Wert `interY` bei der Positionierung des Buchstabens verwendet.

12 Nun muss nur noch die Schreibposition aktualisiert werden: `posX` wird um die Zeichenbreite erhöht; wenn dieser Wert dem rechten Rand nahe kommt und das aktuelle Zeichen ein Leerzeichen ist, dann findet der Zeilenumbruch statt. Der Wert `posY` wird um den Zeilenabstand erhöht und `posX` wieder nach links gesetzt.

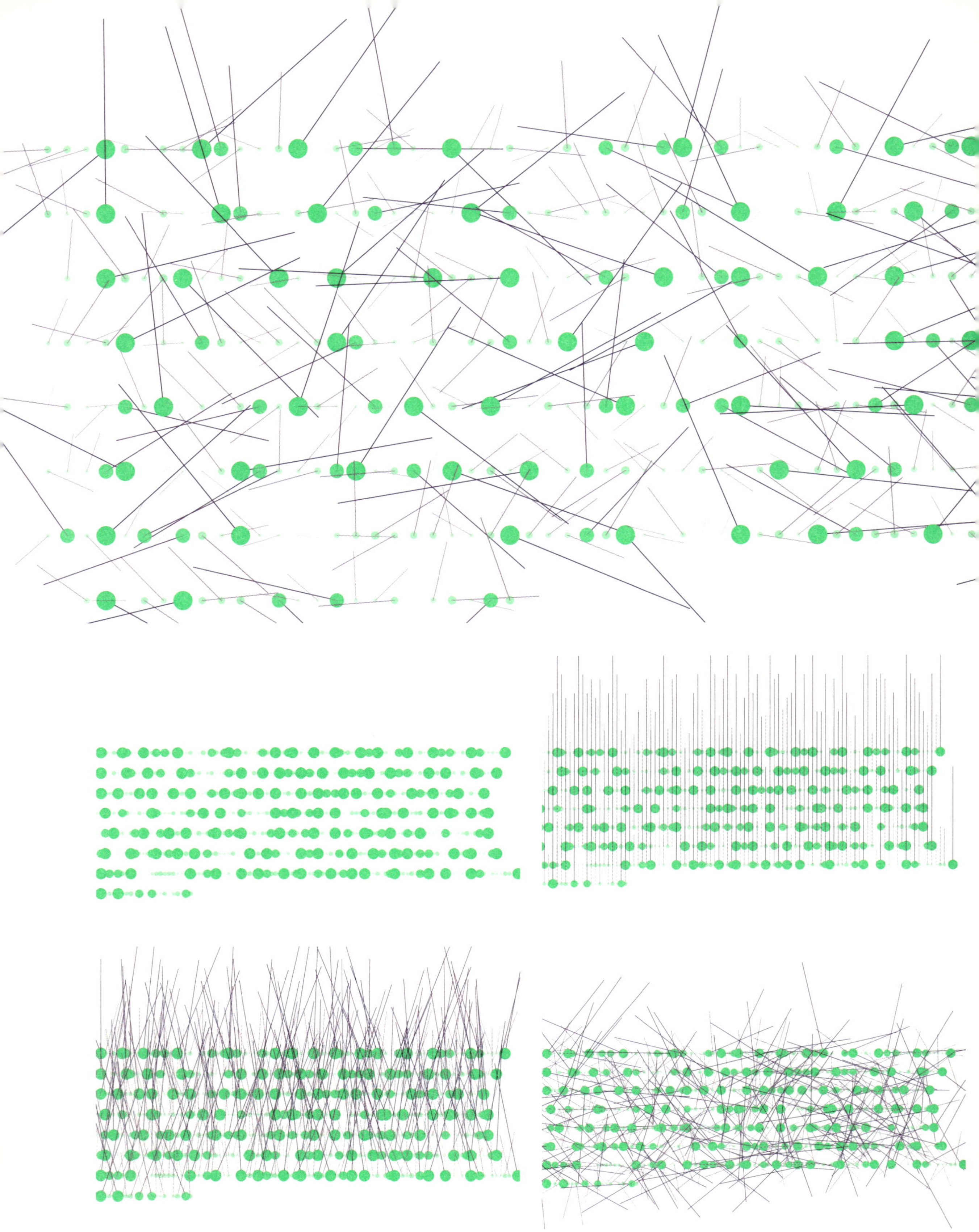

→ P_3_1_3_03 Die Häufigkeit der Buchstaben eines Textes werden hier mehrfach und in unterschiedlichen Kombinationen kodiert: durch Größe und Transparenz der grünen Kreise, durch die Länge der violetten Linien und durch die Deckkraft der Buchstaben selbst.

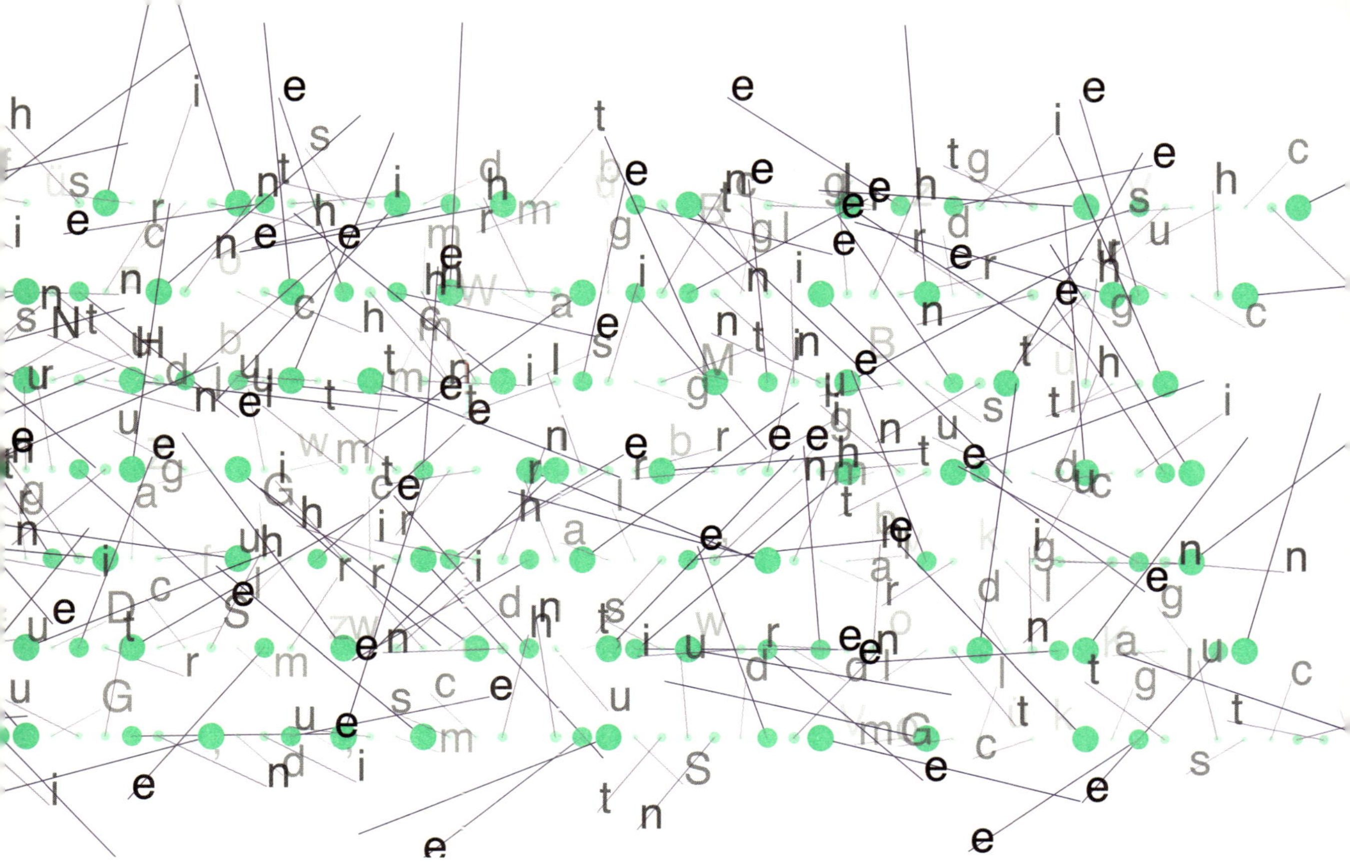

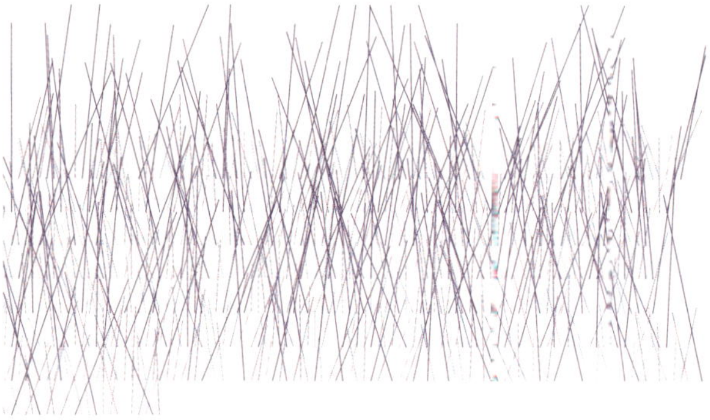

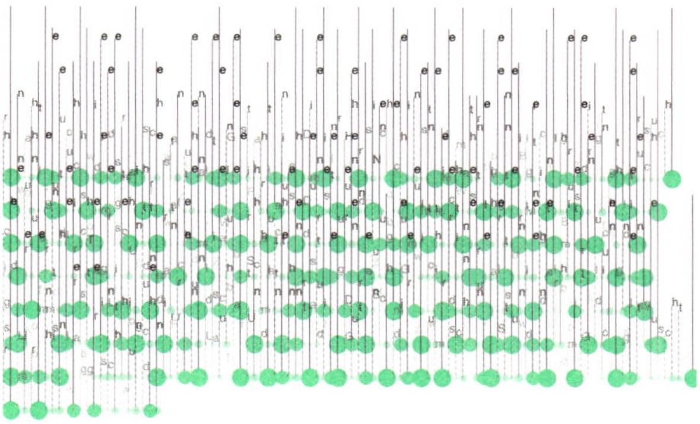

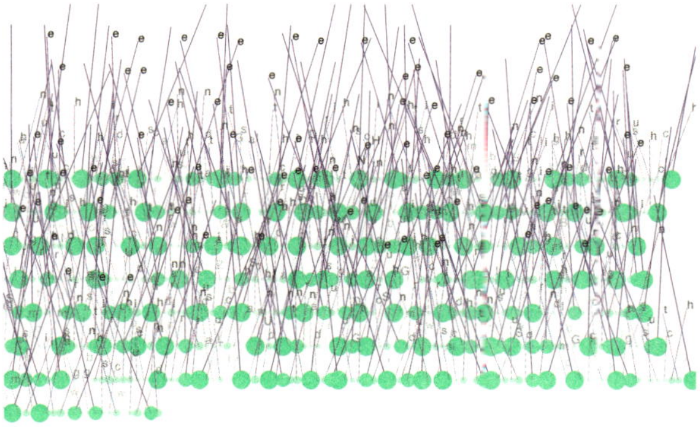

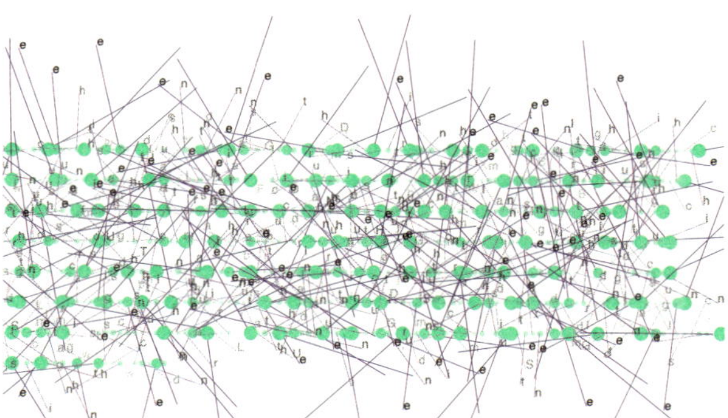

Ihr naht euch wieder, schwankende Gestalten, Die früh sich einst dem trüben Blick gezeigt. Versuch ich wohl, euch diesmal festzuhalten? Fühl ich mein Herz noch jenem Wahn geneigt? Ihr drängt euch zu! nun gut, so mögt ihr walten, Wie ihr aus Dunst und Nebel um mich steigt; Mein Busen fühlt sich jugendlich erschüttert Vom Zauberhauch, der euren Zug umwittert. Ihr bringt mit euch die Bilder froher Tage, Und manche liebe Schatten steigen auf; Gleich einer alten, halbverklungnen Sage Kommt erste Lieb und Freundschaft mit herauf; Der Schmerz wird neu, es wiederholt die Klage Des Lebens labyrinthisch irren Lauf, Und nennt die Guten, die, um schöne Stunden Vom Glück getäuscht, vor mir hinweggeschwunden.

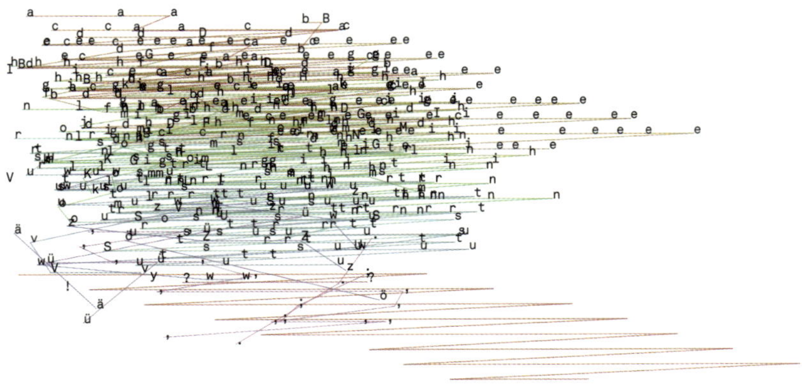

22 A aaaaaaaaaaaaaaaaaaaaaa
12 B bBbBbbBbbbbb
26 C cccccccccccccccccccccccccc
25 D ddDdddDddddddddDdddDddddd
85 E eeeeeeeeeeeeeeeeeeeeeeeeeeeeeeeeeeeeeeeeeeeeeeeeeeeeeeeeeeeeeeeeeeeeeeeeeeeeeeeeeeeee
10 F fFFFFFFfff
23 G GgggggggggggggGgggGGggg
44 H hhhhhhhhhhhhhHhhhhhhhhhhhhhhhhhhhhhhhhhhhh
43 I IiiiiiiiiiiiIiiiiiiiiiIiiiiiiiiiiiiiiiiii
2 J jj
6 K kkkKKk
23 L lllllllllllllllLllLlL
19 M mmmmmmmMmmmmmmmmmmm
50 N nnnnnnnnnnnnnnnnnnNnnnnnnnnnnnnnnnnnnnnnnnnnnnnnnn
9 O ooooooooo
0 P
0 Q
35 R rrrrrrrrrrrrrrrrrrrrrrrrrrrrrrrrrrr
28 S sssssssssssssssSsSssSssssssSss
41 T tttttttttttttttttttttttttttTttttttttttttttt
34 U uuuuuuuuuuuuuuuuuuuuuUuuuuuuuuUuuuuu
5 V VVvVv
11 W wwwWwWwwwwww
0 X
1 Y y
7 Z zzzzZZz
2 Ä ää
2 Ö öö
6 Ü üüüüüü
0 ß
13 , ,,,,,,,,,,,,,
3 . ...
3 ; ;;;
0 :
1 ! !
2 ? ??
112

→ P_3_1_3_04 Gleiche Buchstaben werden durch farbige Linien verbunden (die Linienfarben gehen in alphabetischer Reihenfolge einmal durch den Farbkreis). Durch die Mausbewegung nach rechts werden die Buchstaben nach ihrer Häufigkeit sortiert.

Jede Buchstabenart kann einzeln an- und abgeschaltet werden, so kann zum Beispiel die Häufigkeit der Vokale gesondert betrachtet werden. Die grauen Linien (siehe Abbildung rechts), die durch die Taste 1 ein- und ausgeschaltet werden können, verbinden jeden Buchstaben mit dem direkt nachfolgenden Buchstaben. Während die grauen Linien im normalen Text so kaum zu sehen sind, bilden sie im nach Buchstaben sortierten Zustand eine auffällige Netzstruktur.

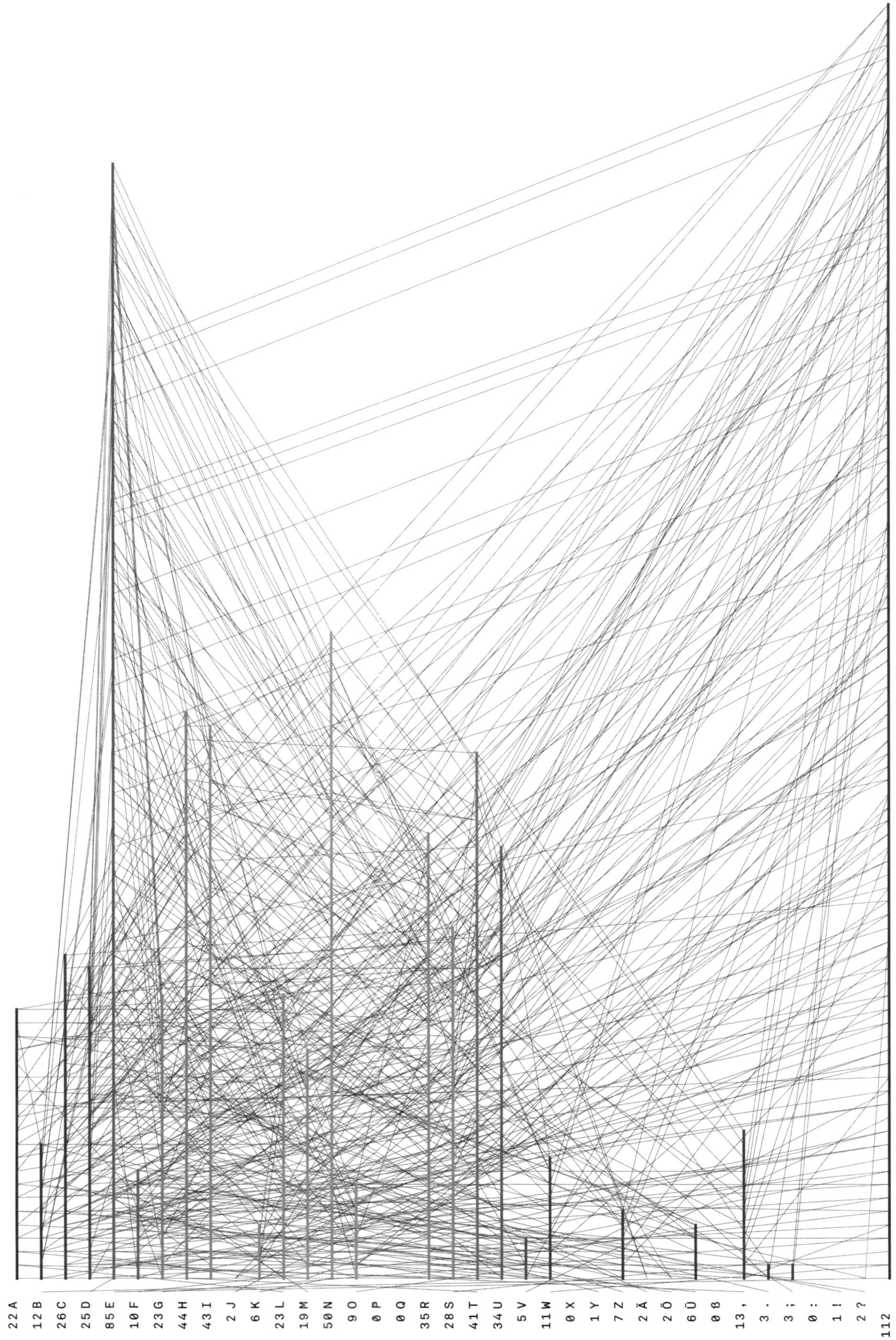
22 A
12 B
26 C
25 D
85 E
10 F
23 G
44 H
43 I
2 J
6 K
23 L
19 M
50 N
9 O
0 P
0 Q
35 R
28 S
41 T
34 U
5 V
11 W
0 X
1 Y
7 Z
2 Ä
2 Ö
6 Ü
0 ß
13 ,
3 .
3 ;
0 :
1 !
2 ?
112

P.3.1.4 Textdiagramm

Welches sind Jane Austens Lieblingswörter? Die Möglichkeit, große Mengen von Text maschinell einzulesen und zu verarbeiten, bietet viel Raum für eigene Experimente. So können ganz einfach alle Wörter in »Pride and Prejudice« gezählt werden und deren Häufigkeit über die Größe von Flächen visualisiert werden. Wortdiagramme als statistische Literaturkritik.

→ P_3_1_4_01

Ziel einer sogenannten Treemap ist es, ein Rechteck in kleinere Rechtecke aufzuteilen, und zwar entsprechend der Häufigkeit der einzelnen Wörter in einem Text. Der komplette Text aus Jane Austens »Pride and Prejudice« wird dafür aus einer Textdatei gelesen, in einzelne Wörter aufgesplittet und einer Treemap-Klasse zur Visualisierung übergeben. Durch Tastendruck können einzelne Parameter für den Treemap-Algorithmus eingestellt werden.

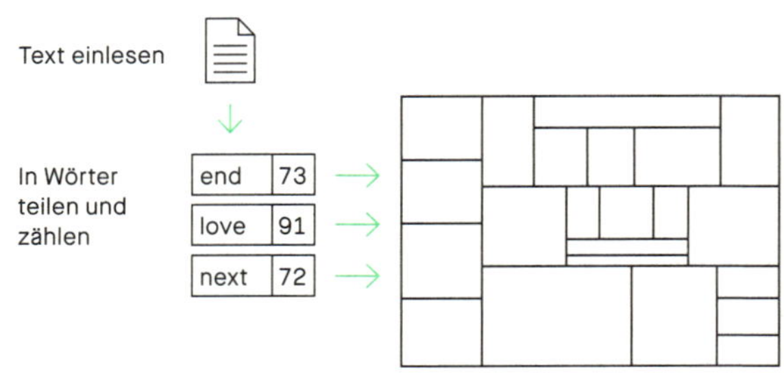

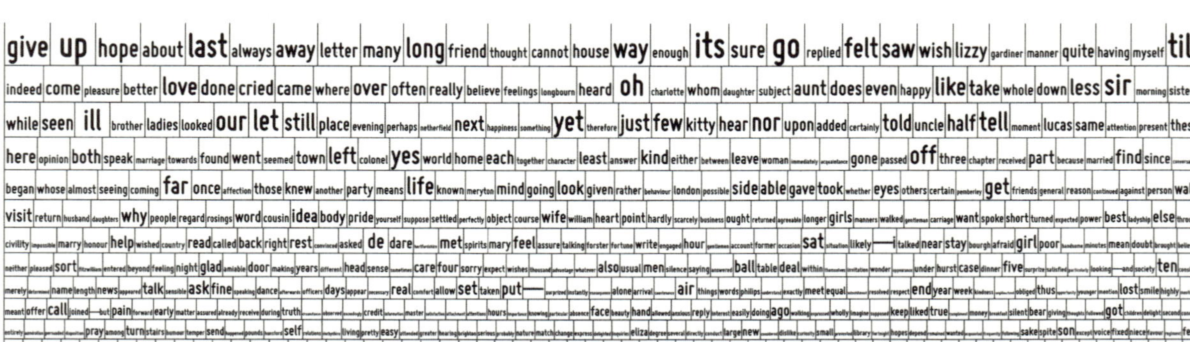

→ P_3_1_4_01 Ausschnitt aus einer Treemap, bei der nach Häufigkeit sortiert wird und nur horizontale Streifen erlaubt sind.

```
1   var mapData = {};
    ...
2   var doSort = true;
    var rowDirection = "both";


    function setup() {
      ...
      joinedText = joinedText.join(" ");
3     var words = joinedText.match(/\w+/g);

4     treemap = new gd.Treemap(1, 1, width - 3, height - 3,
                               {sort:doSort, direction:rowDirection});

      for (var i = 0; i < words.length; i++) {
5       var w = words[i].toLowerCase();
        treemap.addData(w);
      }

      treemap.calculate();
    }


    function draw() {
      background(255);
      textAlign(CENTER, BASELINE);

6     for (var i = 0; i < treemap.items.length; i++) {
        var item = treemap.items[i];

        fill(255);
        stroke(0);
        strokeWeight(1);
7       rect(item.x, item.y, item.w, item.h);

        var word = item.data;
        textFont(font, 100);
8       var textW = textWidth(word);
        var fontSize = 100 * (item.w * 0.9) / textW;
9       fontSize = min(fontSize, (item.h * 0.9));
        textFont(font, fontSize);

        fill(0);
        noStroke();
10      text(word, item.x + item.w/2, item.y + item.h*0.8);
      }
      ...
    }
```

Tasten: R: Zufall an/aus
H: Horizontale Anordnung
V: Vertikale Anordnung
B: Anordnung in beide Richtungen
S: Bild speichern

1 Der Datencontainer `mapData` wird später mit den Wörtern des geladenen Textes und deren Anzahl befüllt.

2 Die Variablen `doSort` und `rowDirection` steuern die verschiedenen Layouts der Treemap.

3 Der komplette Text wird mit `match()` in einzelne Wörter aufgesplittet. Der Parameter für diese Funktion ist eine Regular Expression. Mit deren Hilfe können sehr komplexe Textsuchen durchgeführt werden. Die hier verwendete ist vergleichsweise einfach: ein oder mehrere aufeinanderfolgende (+)Wortzeichen (`\w`) sollen gesucht werden. Das `g` am Ende bedeutet »global«, d.h. mit der Suche soll nicht nach dem ersten Vorkommen aufgehört werden.

4 Die `Treemap` wird erzeugt. Die ersten vier Parameter legen Position (x, y), Breite und Höhe fest. Zusätzlich wird ein Objekt für die Darstellungsoptionen übergeben.

5 Das Array mit den Wörtern wird durchlaufen. Jedes Wort wird zuerst in Kleinbuchstaben umgewandelt, damit unterschiedliche Schreibweisen (z. B. am Satzanfang) als das gleiche Wort erkannt werden. Mit `addData()` wird ein Wort zur Treemap hinzugefügt und mit `calculate()` die Berechnung gestartet.

6 Die Treemap-Klasse hat nun für alle Wörter ein Treemap-Element berechnet und im Array `items` bereitgestellt.

7 Position, Breite und Höhe der Elemente stehen in den Variabeln `x`, `y`, `w` und `h` automatisch zur Verfügung und können benutzt werden, um den Rahmen des Elements zu zeichnen.

8 Danach wird die Schriftgröße auf 100 eingestellt, um die Breite des Worts zu ermitteln. Dann kann mit einem Dreisatz die Schriftgröße so berechnet werden, dass das Wort in die Breite des Rechtecks `item.w` passt.

9 Das Wort darf aber auch nicht höher als das Rechteck sein.

10 Das Wort wird in das Rechteck geschrieben.

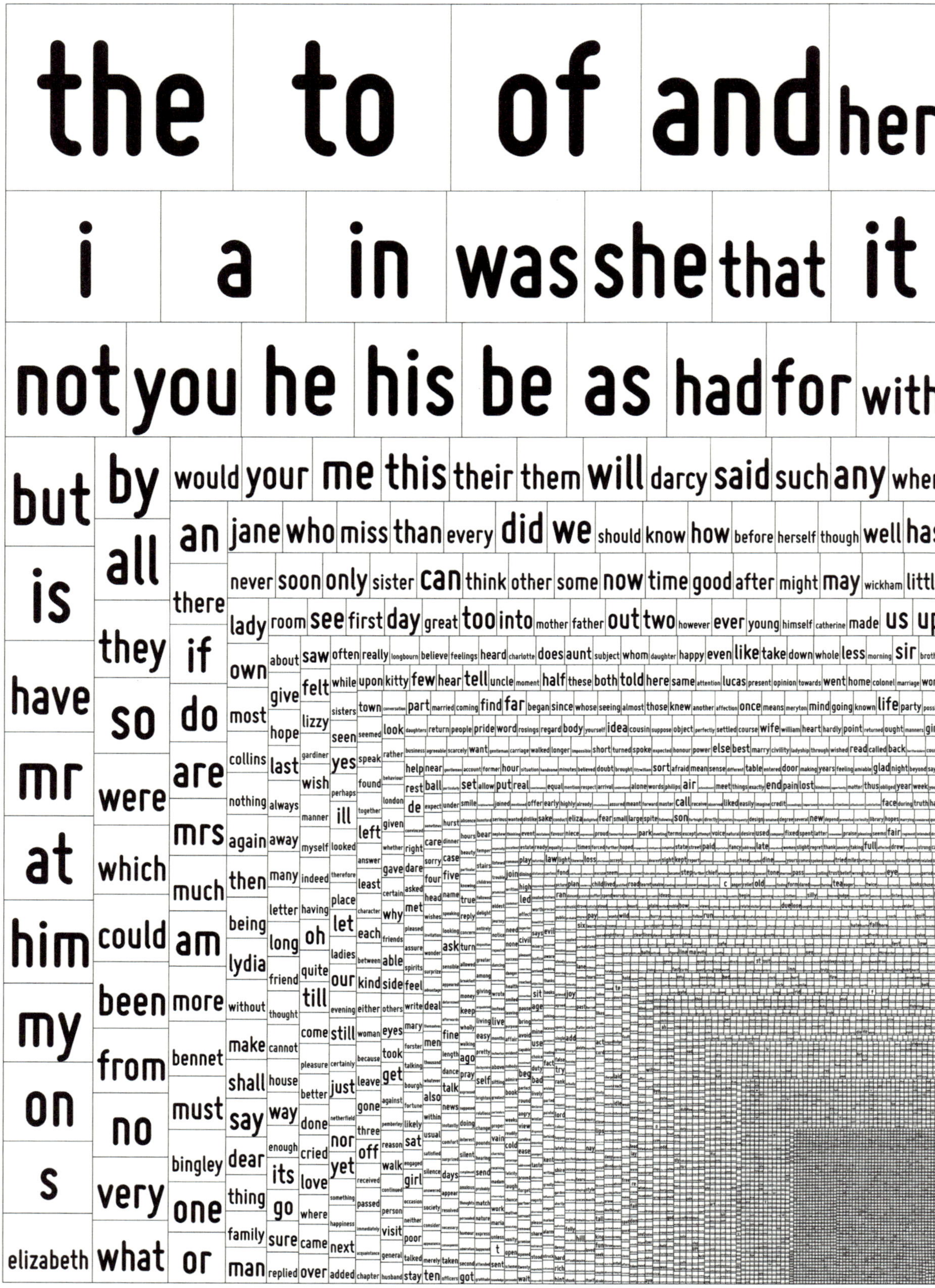

→ P_3_1_4_01 Die Häufigkeit aller Wörter aus Jane Austens »Pride and Prejudice« als Treemap. Bei dieser Anordnung versucht der Algorithmus, die Rechtecke möglichst quadratisch zu halten.

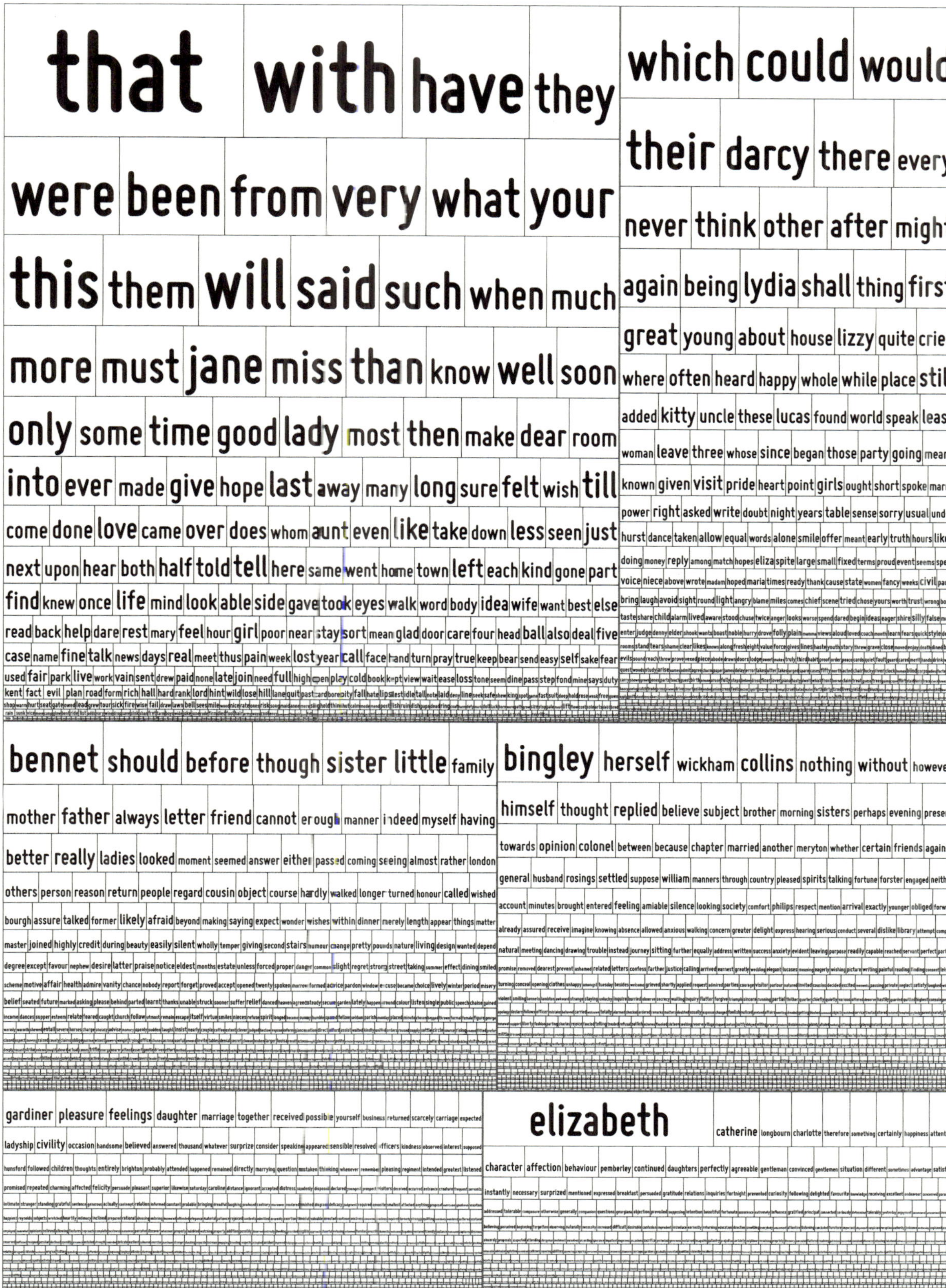

→ P_3_1_4_02 In der zweiten Version des Programms werden alle Wörter mit der gleichen Anzahl von Buchstaben gruppiert. Mit den Nummerntasten (1 – 9) können Sie einzelne Gruppen ein- und ausblenden.

P.3.2.1 Auflösen der Schriftkontur

Ein Text besteht aus Schriftzeichen. Das Schriftzeichen wiederum wird durch seine Konturlinie geformt. In den folgenden Kapiteln wird diese Konturlinie in eine Menge von Punkten aufgelöst und bildet die Grundlage für generative Schriftmanipulation. Hier werden die einzelnen Punkte ganz einfach durch andere Elemente ersetzt und damit die Schrift verkleidet.

→ P_3_2_1_01

Ausgangspunkt ist ein Text und eine Schriftdatei. Die opentype.js-Library von Frederik De Bleser errechnet daraus eine Menge von Punkten auf der Schriftkontur. Diese Information kann dann genutzt werden, um neue Visualitäten für die Zeichen zu erzeugen.

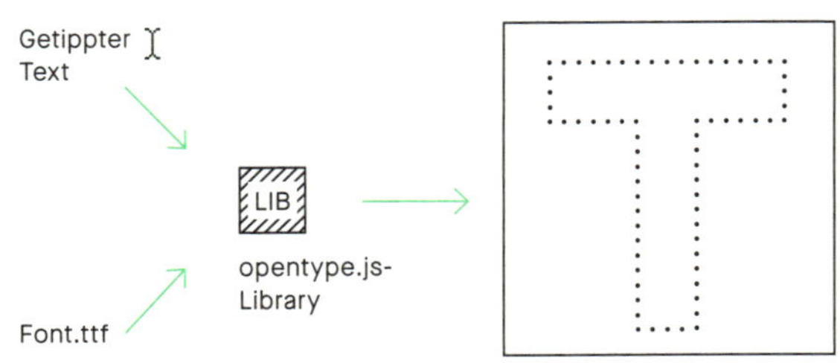

Punkte auf der Schriftkontur

→ P_3_2_1_02 In dieser Variante des Programms wurden SVGs geladen und auf der Schriftkontur platziert. Mit der Maus kann Rotationswinkel und Skalierung gesteuert werden.

```
[1] function setup() {
      ...
      opentype.load('data/FreeSans.otf', function(err, f) {
        font = f;
        loop();
      });
    }


    function draw() {
      ...
      if (textTyped.length > 0) {
[2]     var fontPath = font.getPath(textTyped, 0, 0, 200);
[3]     var path = new g.Path(fontPath.commands);
[4]     path = g.resampleByLength(path, 11);

        stroke(181, 157, 0);
        strokeWeight(1.0);
        var l = 5;
[5]     for (var i = 0; i < path.commands.length; i++) {
          var pnt = path.commands[i];
          line(pnt.x - l, pnt.y - l, pnt.x + l, pnt.y + l);
        }

        fill(0);
        noStroke();
        var diameter = 7;
        for (var i = 0; i < path.commands.length; i++) {
          var pnt = path.commands[i];
[6]       if (i % 2 == 0) {
            ellipse(pnt.x, pnt.y, diameter, diameter);
          }
        }
      }
      ...
    }
```

Tasten: Tastatur: Texteingabe
ENTF: Buchstaben löschen
CTRL: Bild speichern

1 Mithilfe der opentype.js-Library wird die Schriftdatei geladen und in der Variablen `font` gespeichert.

2 Für das Extrahieren der Punkte sind hier drei Schritte notwendig. Die Funktion `getPath()` der opentype-Library wandelt die Schriftzeichen in einen Pfad um.

3 Dieser wird in ein `g.Path`-Objekt (g.js ist eine weitere Library) umgewandelt.

4 Der Befehl `resampleByLength()` teilt diesen Pfad in gleich lange Abschnitte (hier 11 Pixel).

5 Die Punkte werden durchlaufen. Zuerst werden kurze, schräge Linien an deren Position gezeichnet.

6 Danach schwarze Kreise, wobei in diesem Durchgang nur jede zweite Position verwendet wird.

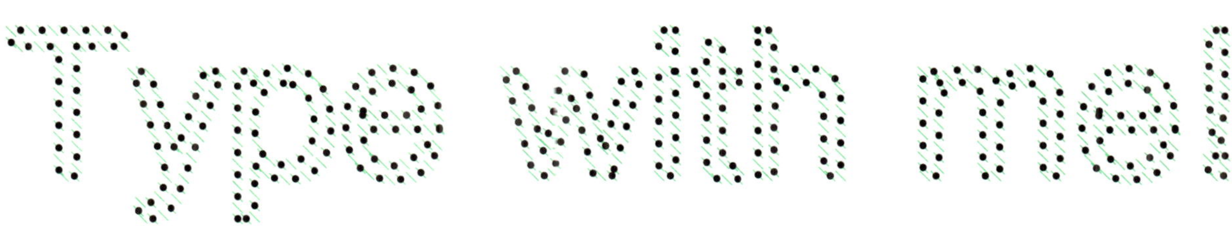

→ P_3_2_1_01 Auf einer Schriftkontur werden grafische Elemente platziert.

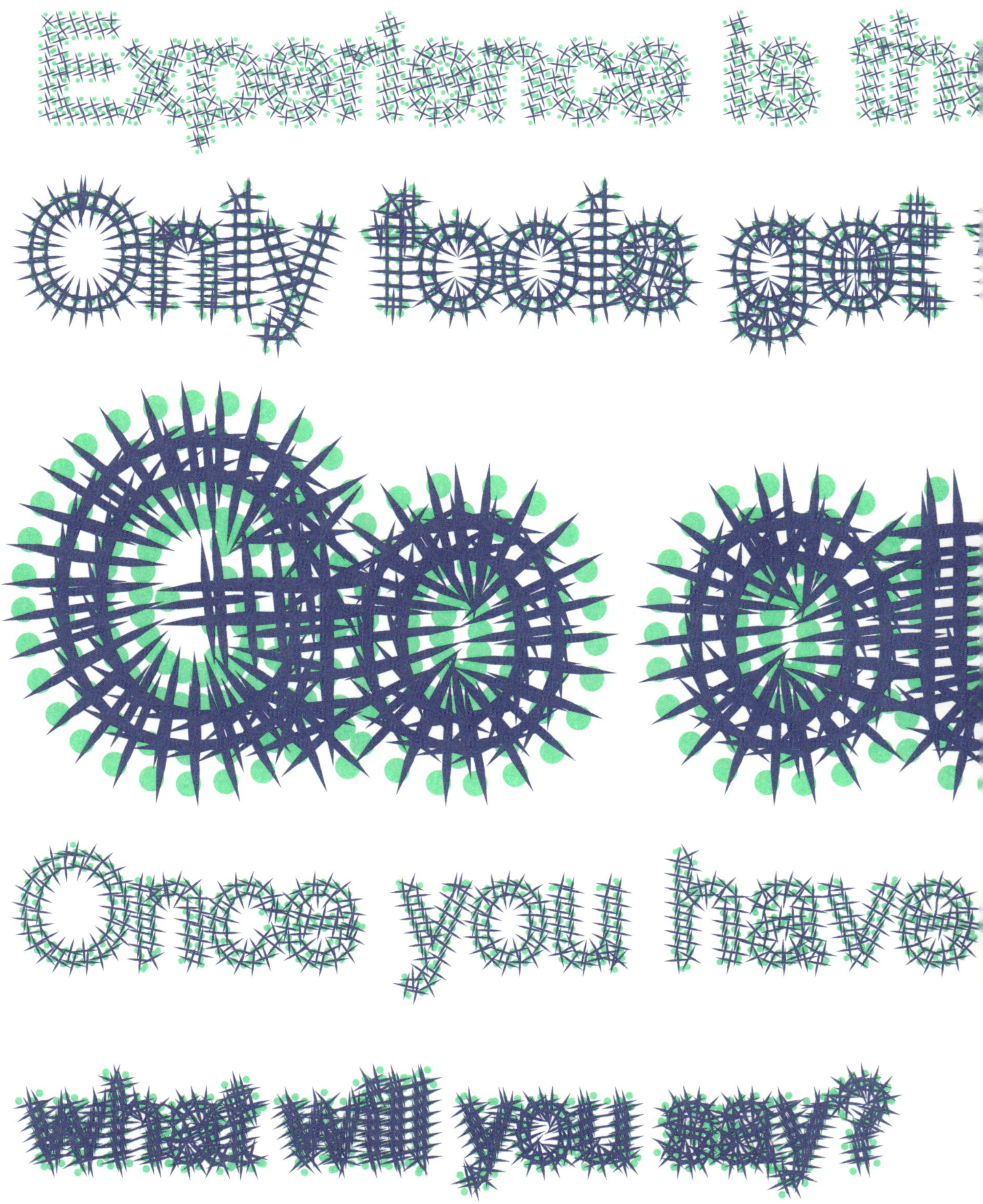

→ P_3_2_1_02 Über die Skalierung und Rotation der Elemente auf der Schriftkontur kann der Charakter der entstehenden Buchstabenformen stufenlos reguliert werden.

way to learn.
by tools.
to speak
Jonathan Harris

P.3.2.2 Variieren der Schriftkontur

Wird die Konturlinie der Schrift nicht aus einfachen Geraden oder Kurven gebildet, sondern aus steuerbaren Grundelementen aufgebaut, lösen wir uns zunehmend von der zugrundeliegenden Schrift. Alle vorhandenen Basispunkte werden durch speziell geformte Bézierkurven miteinander verbunden. Und das ist nur eine von unzähligen Möglichkeiten, wie Sie schnell Dutzende von neuen Fonts generieren können.

→ P_3_2_2_01

Die Punkte auf der Text-Outline werden mit Bézierkurven verbunden. Die Ausprägung der Kurven kann interaktiv mit der Maus gesteuert werden.

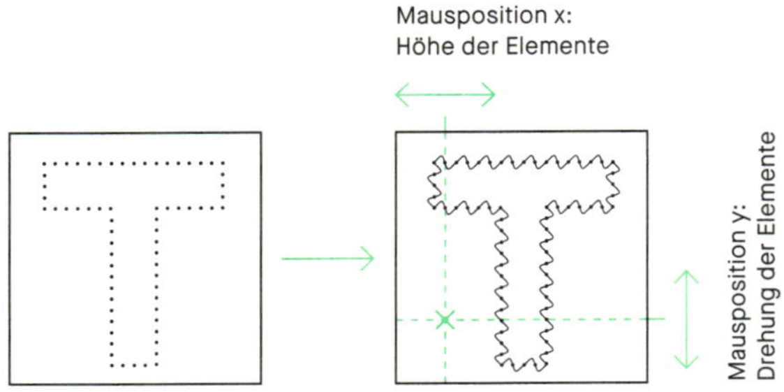

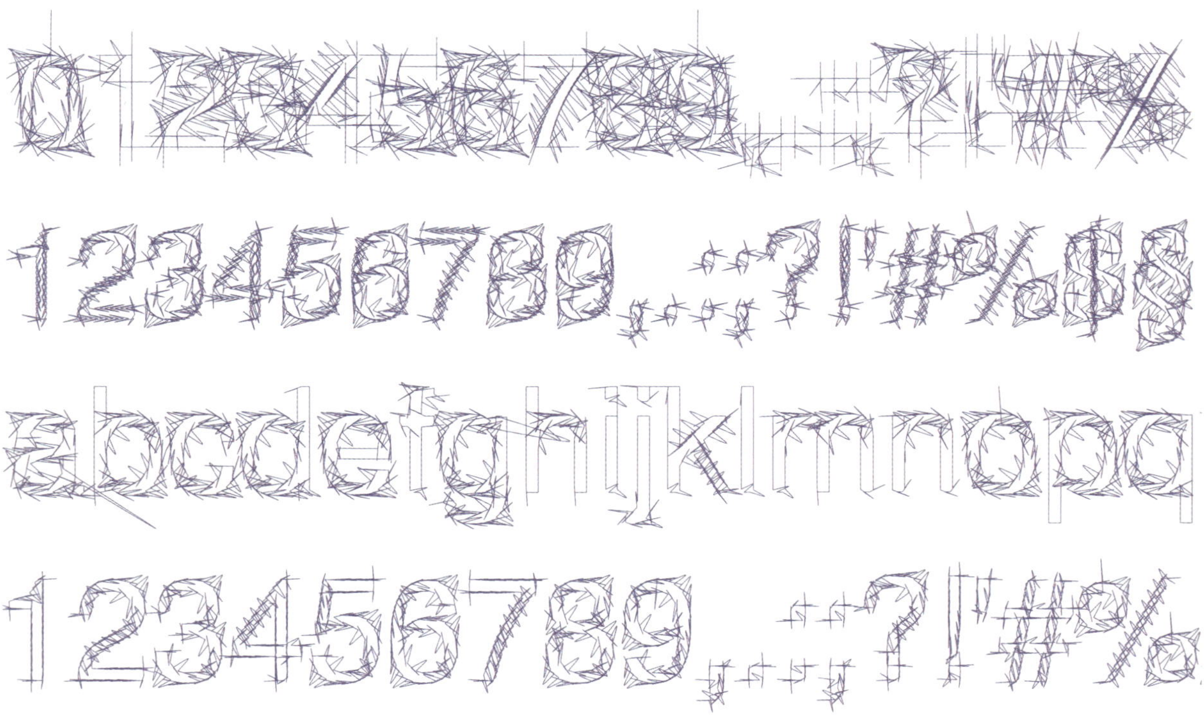

→ P_3_2_2_01 Unterschiedliche Einstellungen für Höhe und Drehung der Bézierkurven.

```
function draw() {
  ...
  if (textTyped.length() > 0) {
    ...
1   var addToAngle = map(mouseX, 0, width, -PI, +PI);
    var curveHeight = map(mouseY, 0, height, 0.1, 2);

2   for (var i = 0; i < path.commands.length-1; i++) {
      var pnt0 = path.commands[i];
      var pnt1 = path.commands[i+1];
      var d = dist(pnt0.x, pnt0.y, pnt1.x, pnt1.y);

3     if (d > 20) continue;

4     var stepper = map(i%2, 0, 1, -1, 1);
      var angle = atan2(pnt1.y-pnt0.y, pnt1.x-pnt0.x);
      angle = angle + addToAngle;

      var cx = pnt0.x+cos(angle*stepper)*d*4*curveHeight;
      var cy = pnt0.y+sin(angle*stepper)*d*3*curveHeight;

5     bezier(pnt0.x,pnt0.y, cx,cy, cx,cy, pnt1.x,pnt1.y);
    }
  }
}
```

Maus: Position x: Kurven-Rotation
Position y: Kurven-Höhe
Tasten: ENTF: Buchstaben löschen
Tastatur: Texteingabe
ENTF: Buchstaben löschen
ALT: Füllstil wechseln
CTRL: Bild speichern

1 Die Variablen `addToAngle` und `curveHeight` ergeben sich aus den x- und y-Koordinaten der Mausposition und steuern Rotation und Höhe der Bézierkurven.

2 Die Punkte werden vom ersten bis zum vorletzten durchlaufen. Jedes Mal wird die Distanz vom aktuellen Punkt zum nächsten berechnet.

3 Falls die Distanz größer als 20 ist, wird dieser Schleifendurchlauf abgebrochen und damit keine Linie gezeichnet. Da die Library die Punkte für den gesamten Text als eine Kette von Punkten liefert, wird so dafür gesorgt, dass die einzelnen Buchstaben nicht verbunden werden.

4 Damit die Bézierkurve auf- und abschwingen kann, werden für die Variable `stepper` abwechselnd die Werte `-1` und `1` produziert und beim Berechnen der Kontrollpunkte für die Bézierkurve `cx`, `cy` verwendet.

5 Beim Zeichnen der Bézierkurve müssen vier Punkte angegeben werden: Anfangs- und Endpunkt und zwei Kontrollpunkte. Der eben berechnete Kontrollpunkt wird hier doppelt verwendet.

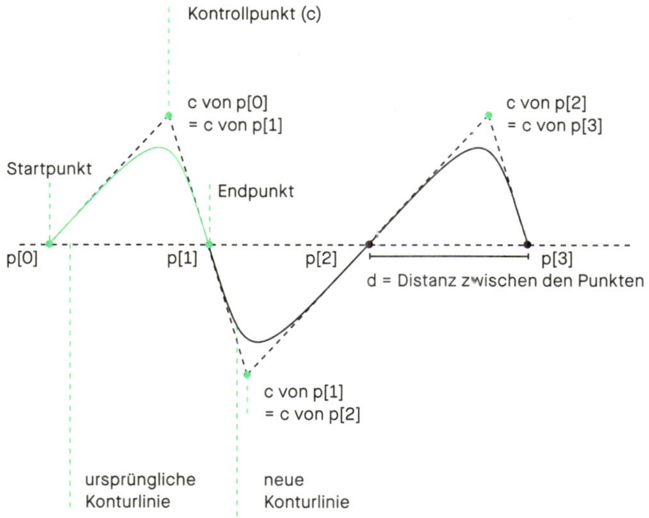

Es entsteht eine neue Konturlinie, die um die ursprüngliche Konturlinie herum auf- und abschwingt. Sie besteht aus einzelnen Bézierkurven, die definiert werden aus Anfangs- und Endpunkt und zwei Kontrollpunkten, die allerdings die gleichen Werte besitzen: c von p[0] = c von p[1]

→ P_3_2_2_01 Die Mausposition bestimmt die Ausprägung der Bézierkurven. Mit der ALT-Taste kann auf gefüllte Kurven umgeschaltet werden.

re creating

shit, man,

sky ain't

Charles Mingus

P.3.2.3 Schriftkontur aus Agenten

Wie lange erkennt man einen Buchstaben? Die Konturlinie eines Buchstabens dient hier als Ausgangsform. Jeder einzelne Verknüpfungspunkt bewegt sich in der Art eines dummen Agenten. Im Laufe der Zeit wird der Buchstabe unlesbar und zu etwas Neuem.

→ P_3_2_3_01

Wieder werden Punkte aus einer Schriftkontur generiert. Jeder Punkt verselbstständigt sich als dummer Agent, bleibt aber mit seinen beiden Nachbarn verbunden.

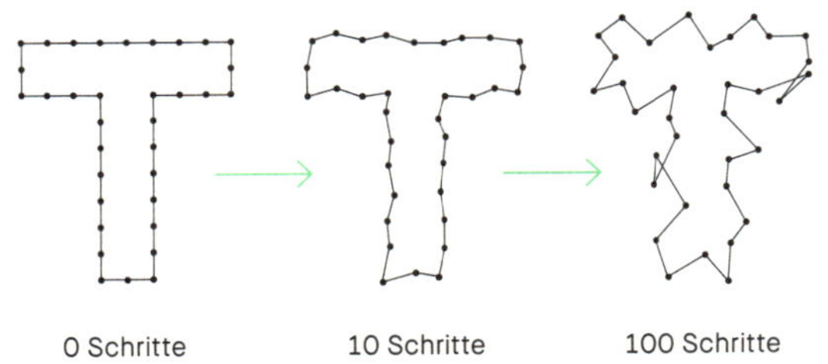

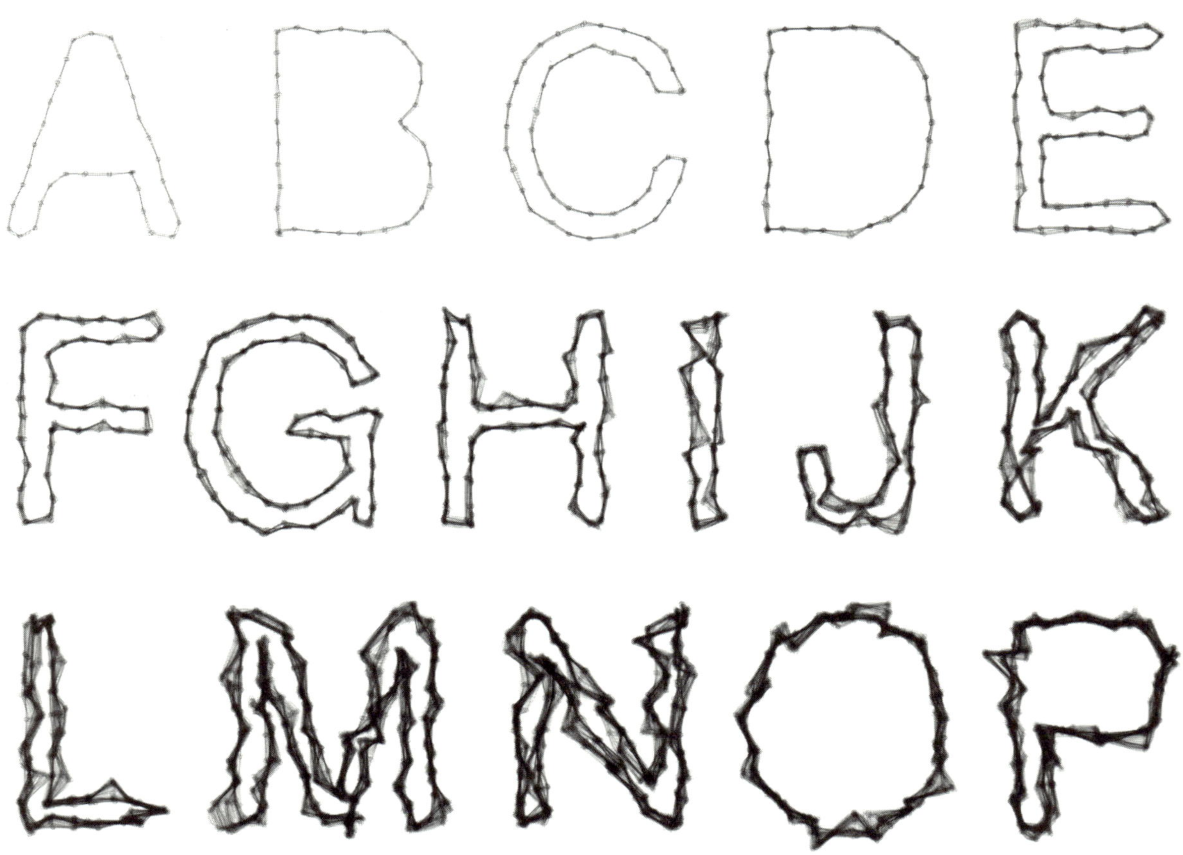

→ P_3_2_3_01 Je länger keine neue Taste gedrückt wird, desto mehr Zeit bleibt einem Buchstaben, sich zu deformieren.

```
function draw() {
  ...
  translate(letterX, letterY);

  danceFactor = 1;
  if (mouseIsPressed && mouseButton == LEFT)
          danceFactor = map(mouseX, 0, width, 0, 3);

  if (pnts.length > 0) {
    for (var i = 0; i < pnts.length; i++) {
      pnts[i].x += random(-stepSize, stepSize)
                 * danceFactor;
      pnts[i].y += random(-stepSize, stepSize)
                 * danceFactor;
    }

    strokeWeight(0.1);
    stroke(0);
    beginShape();
    for (var i = 0; i < pnts.length; i++) {
      vertex(pnts[i].x, pnts[i].y);
      ellipse(pnts[i].x, pnts[i].y, 7, 7);
    }
    vertex(pnts[0].x, pnts[0].y);
    endShape();
  }

  pop();
}
```

1 Der Ursprung des Koordinatensystems wird vor dem Zeichnen eines Buchstabens an die aktuelle Schreibposition gesetzt.

2 Solange die Maustaste gedrückt ist, wird die Variable danceFactor auf einen umso höheren Wert eingestellt, je größer die x-Koordinate der Maus ist.

3 In jedem Iterationsschritt werden zur Position eines Punktes zufällige Werte addiert. Der Wert danceFactor erhöht dabei die Geschwindigkeit der Bewegung.

4 Die Punkte werden durch Linien verbunden.

5 Zum Schluss wird eine Linie zum ersten Punkt gezeichnet, um die Kontur zu schließen.

Maus: Linksklick + Position x: Verformungsgeschwindigkeit
Tasten: Tastatur: Texteingabe
SHIFT: Bewegung stoppen/starten
ENTF: Zeichenfläche leeren
CTRL: Bild speichern

P.3.2.4 Parallel laufende Schriftkonturen

Durch den Moiré-Effekt der sich überlagernden Rasterstrukturen wirken optische Illusionen auf die Schriftkontur ein und verändern den Eindruck des Schriftvolumens. Bis hin zu Skulpturen, die sich von der Schrift loslösen und ein Eigenleben führen.

→ P_3_2_4_01

Ausgangspunkt ist die Schriftkontur eines Buchstabens. Für jedes der vielen kurzen Teilstücke wird die gleiche Rechenprozedur durchlaufen: das Teilstück wird um 90° gedreht und auf die richtige Länge gebracht. Das Ergebnis ist ein Pfad, der parallel zum Originalpfad verläuft. Die Rasterstruktur entsteht, wenn dies mehrfach mit immer größer werdenden Abständen wiederholt wird.

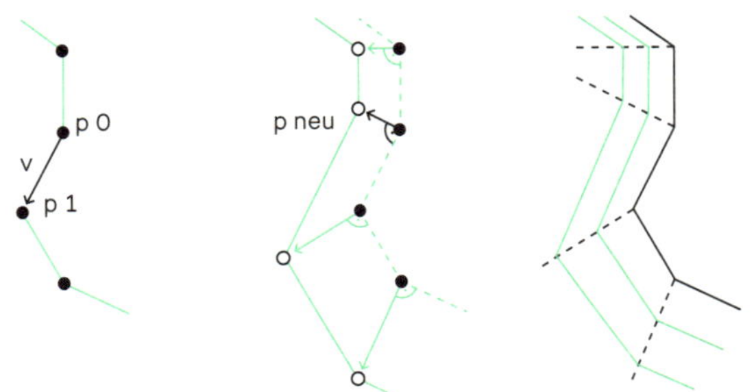

Der Originalpfad in Teilstücke zerlegt.

Teilstück mit veränderter Länge um 90° gedreht.

Viele parallele Pfade.

→ P_3_2_4_01 Drei Mal der Kleinbuchstabe »a«, allerdings wurde die Schriftkontur immer stärker vereinfacht.

```
1    function createLetters() {
       letters = [];
2      var chars = textTyped.split('');

       var x = 0;
       for (var i = 0; i < chars.length; i++) {
         if (i > 0) {
3          var charsBefore = textTyped.substring(0, i);
           x = font.textBounds(charsBefore, 0, 0, fontSize).w;
         }
4        var newLetter = new Letter(chars[i], x, 0);
         letters.push(newLetter);
       }
     }


     function Letter(char, x, y) {
       this.char = char;
       this.x = x;
       this.y = y;

5      Letter.prototype.draw = function() {
6        var path = font.textToPoints(
                          this.char, this.x, this.y, fontSize,
                          {sampleFactor: pathSampleFactor});
         stroke(shapeColor);

7        for (var d = 0; d < ribbonWidth; d += density) {
           beginShape();

           for (var i = 0; i < path.length; i++) {
             var pos = path[i];
8            var nextPos = path[i + 1];

9            if (nextPos) {
               var p0 = createVector(pos.x, pos.y);
               var p1 = createVector(nextPos.x, nextPos.y);
10             var v = p5.Vector.sub(p1, p0);
11             v.normalize();
               v.rotate(HALF_PI);
               v.mult(d);
12             var pneu = p5.Vector.add(p0, v);
               curveVertex(pneu.x, pneu.y);

             }
           }

           endShape(CLOSE);
         }
       }
     }
```

Maus:	Position x: Vereinfachung der Schriftkontur
	Position y: Breite des Bandes
Tasten:	Pfeil ←/→: Liniendichte ändern
	Pfeil ↓/↑: Schriftgröße ändern

1 Bei Programmstart und immer wenn sich der eingegebene Text ändert, wird die Funktion `createLetters()` aufgerufen.

2 Dort wird aus dem eingegebenen Text mit `split()` ein Array von Einzelbuchstaben `chars` erzeugt.

3 Um die `x`-Position eines Buchstabens zu ermitteln, wird mit `substring()` die Teilzeichenkette bis zum aktuellen Zeichen herausgenommen und mit der Funktion `textBounds()` deren Breite `w` berechnet.

4 Für jeden Buchstaben wird eine neue Instanz der `Letter`-Klasse erzeugt und an das Array `letters` angefügt.

5 Die Letter-Klasse besitzt eine `draw()`-Funktion, die vom Hauptprogramm in jedem Frame aufgerufen wird. Dort wird die Schriftkontur immer weiter nach innen versetzt und gezeichnet.

6 Die Funktion `textToPoints()` macht aus dem Buchstaben `char` ein Array von Punkten.

7 Diese Schleife zeichnet die einzelnen Pfade. In jedem Schleifendurchlauf enthält die Variable `d` den Abstand des zu zeichnenden Pfades zum Originalpfad.

8 Aus dem Array `path` werden zwei aufeinander folgende Positionen geholt.

9 Wenn `nextPos` nicht leer ist (also das Ende des Pfades noch nicht erreicht ist), werden die beiden Positionen mit `createVector()` in Werte von Typ `p5.Vector` umgewandelt.

10 Mit `sub()` wird die Differenz der beiden Punkte berechnet und in `v` gespeichert.

11 Der Vector `v` wird mit `normalize()` auf die Länge 1 gebracht, mit `rotate()` um 90° gedreht und dann mit `d` multipliziert.

12 Die Position auf dem versetzten Pfad ergibt sich, indem `v` zu `p0` addiert wird.

→ P_3_2_4_01 Vier Schriftzeichen: Prozent, Plus, Stern und Paragraf. Die Kontur wurde jeweils stark vereinfacht. Dadurch ergeben sich ornamental anmutende Figuren.

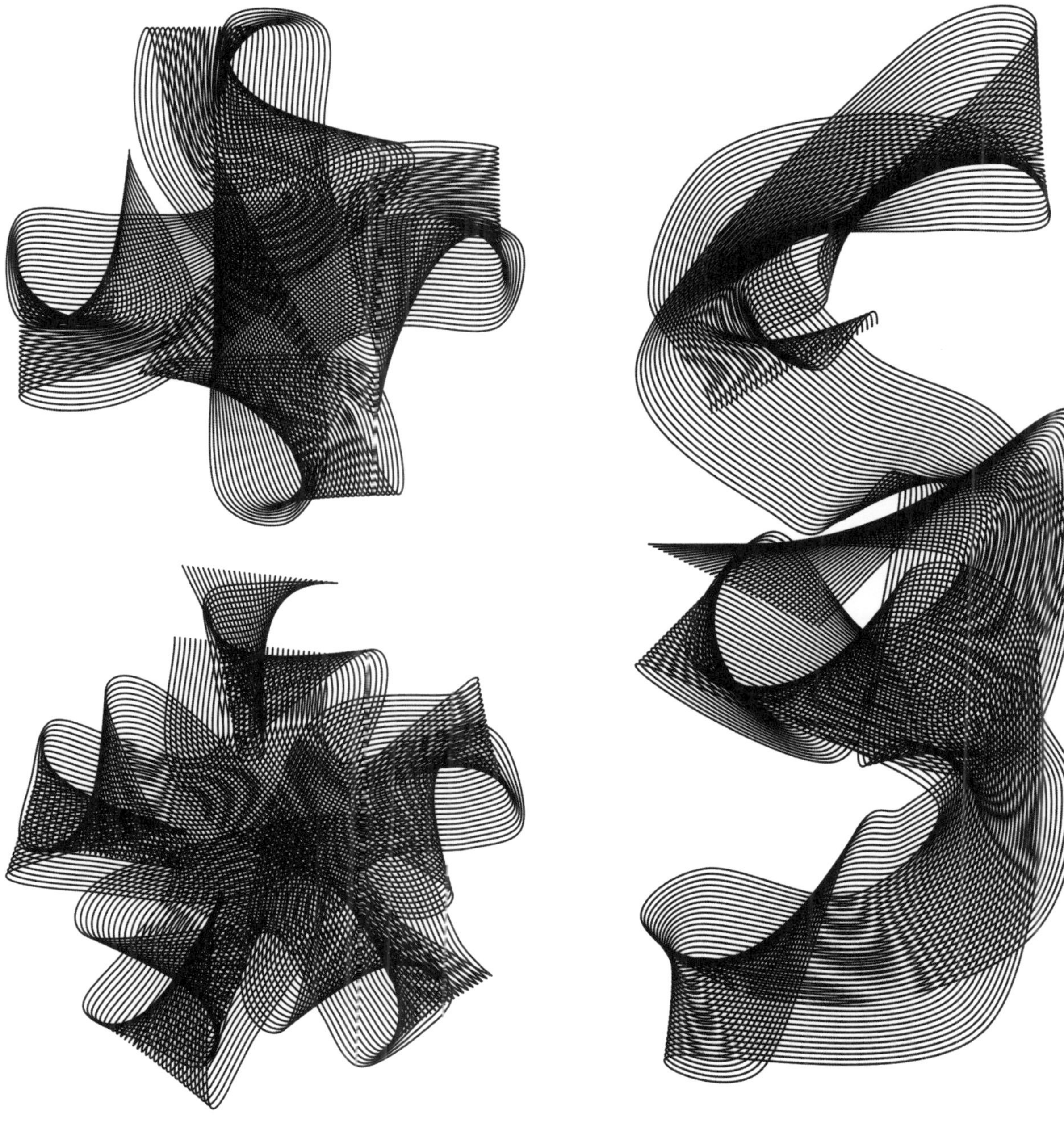

P.3.2.5 Bewegte Schrift

Hier darf die Schriftkontur machen was sie will. Ungeachtet jeder Lesbarkeit transformiert sie zu Mustern und lässt keine formale Spielerei aus. In ständiger Bewegung bleiben diese Metamorphosen lebendig und regen zum Nachdenken an. Wann wird Schrift zur Form?

→ P_3_2_5_01

Normalerweise ist es gut, wenn jede neu erzeugte Zufallszahl auch wirklich zufällig ist. Bei Animationen eingesetzt, führt aber genau das in der Regel zum Flackern des Bildes. Der Einsatz von Perlin-Noise verhindert dies. Diese Berechnungsweise von Zufallszahlen erzeugt nämlich Werte, bei denen der Unterschied von einem zum nächsten niemals sehr groß ist.

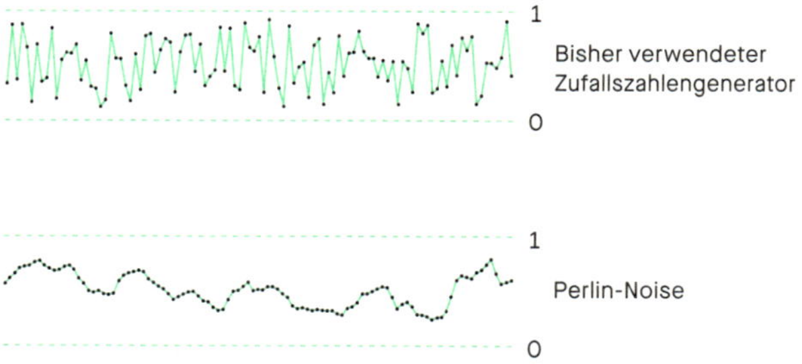

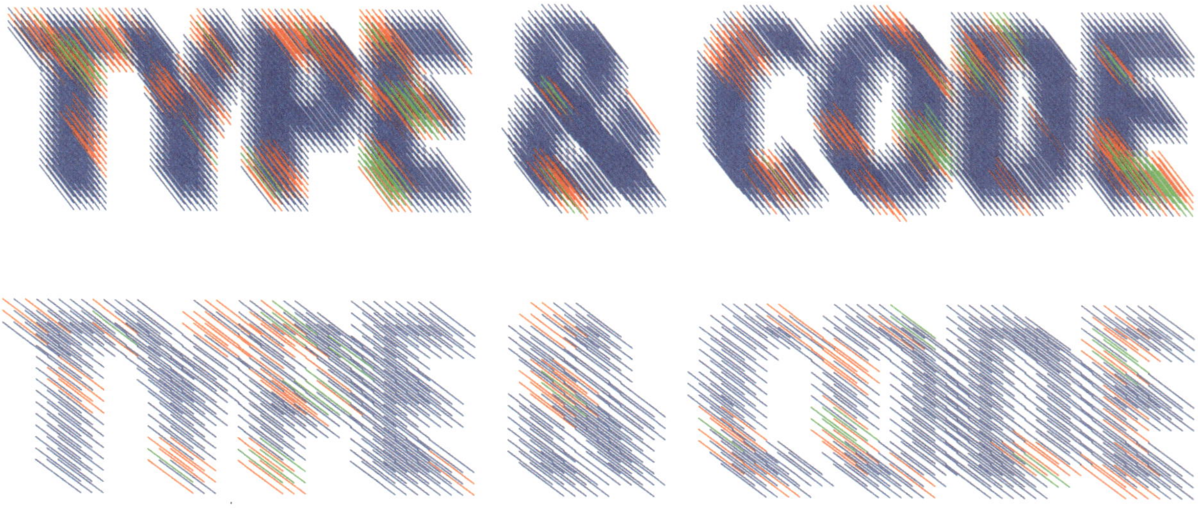

→ P_3_2_5_01 Rotierende Linien, mal dichter gedrängt, mal mit größerem Abstand.

```
1 function setupText() {
    textImg = createGraphics(width, height);
    textImg.pixelDensity(1);
    textImg.background(255);
    textImg.textFont(font);
    textImg.textSize(fontSize)
2   textImg.text(textTyped, 100, fontSize + 50);
3   textImg.loadPixels();
  }


  function draw() {
    background(255);

    nOff++;

    for (var x = 0; x < textImg.width; x+=pointDensity) {
      for (var y = 0; y < textImg.height; y+=pointDensity)
  {
4       var index = (x + y * textImg.width) * 4;
5       var r = textImg.pixels[index];

        if (r < 128) {

          if(drawMode == 1){
            strokeWeight(1);

            var noiseFac = map(mouseX, 0,width, 0,1);
            var lengthFac = map(mouseY, 0,height, 0.01,1);

6           var num = noise((x+nOff) * noiseFac,
                              y * noiseFac);
7           if (num < 0.6) {
              stroke(colors[0]);
            } else if (num < 0.7) {
              stroke(colors[1]);
            } else {
              stroke(colors[2]);
            }

            push();
            translate(x, y);
            rotate(radians(frameCount));
8           line(0, 0, fontSize * lengthFactor, 0);
            pop();
          }
          ...
        }
      }
    }
  }
```

Maus: Position x/y: verschiedene Parameter (abhängig vom Zeichenmodus)

Tasten: Tastatur: Texteingabe
Pfeil ←/→: Zeichenmodus wechseln
Pfeil ↓/↑: Punktdichte ändern
ENTF: Zeichenfläche leeren
CTRL: Bild speichern

1 Bei jeder Änderung des Textes wird die Funktion `setupText()` aufgerufen. In dieser wird mit `createGraphics()` eine sogenannte Offscreen-Grafik erzeugt. Das ist ein Bild, das allerdings nicht zu sehen ist, sondern nur im Speicher existiert.

2 Der eingegebene Text `textTyped` wird in dieses Bild in der vorher eingestellten Schriftart und -größe geschrieben.

3 Der Aufruf von `loadPixels()` ist notwendig, um später die einzelnen Pixelwerte auslesen zu können.

4 Die Farbwerte des Bildes sind als ein langes Band von Werten gespeichert. Um an den Farbwert eines Pixels zu kommen, muss deshalb aus `x` und `y` ein Index berechnet werden. Der Faktor `4` ist notwendig, weil ein Pixel aus vier separat gespeicherten Werten besteht (je einer für Rot, Grün, Blau und die Transparenz).

5 Das Bild mit dem Text besteht nur aus schwarzen, weißen und ein paar grauen Pixeln. Es reicht deshalb, wenn geprüft wird, ob der Rot-Wert `r` unter einer bestimmten Grenze liegt: dann handelt es sich um einen dunklen Pixel.

6 Für die Einfärbung der Linien wird ein Zufallswert benötigt. Damit das Bild nicht flimmert, ist hier `noise()` der Funktion `random()` vorzuziehen. Diese produziert Zufallszahlen, die einer Gebirgslandschaft ähnlich sind. Der Funktion `noise()` werden hier zwei Parameter übergeben, der erste abhängig von `x`, der zweite von `y`. Die Variable `nOff` wird stetig hochgezählt und sorgt so für eine Animation der Zufallszahlen.

7 Abhängig von `num` wird nun eine der drei vordefinierten Farben gewählt.

8 Eine horizontale Linie wird in ein zuvor verschobenes und gedrehtes Koordinatensystem gezeichnet.

→ P_3_2_5_01 bis → P_3_2_5_03 Verschiedene Zustände und Parametereinstellungen aus allen drei Versionen des Programms. Die Buchstabenformen werden auf unterschiedliche Weise generiert. Mal aus den Pixeln (Version 01), komplett programmiert (Version 02) oder aus den Schriftkonturen (Version 03).

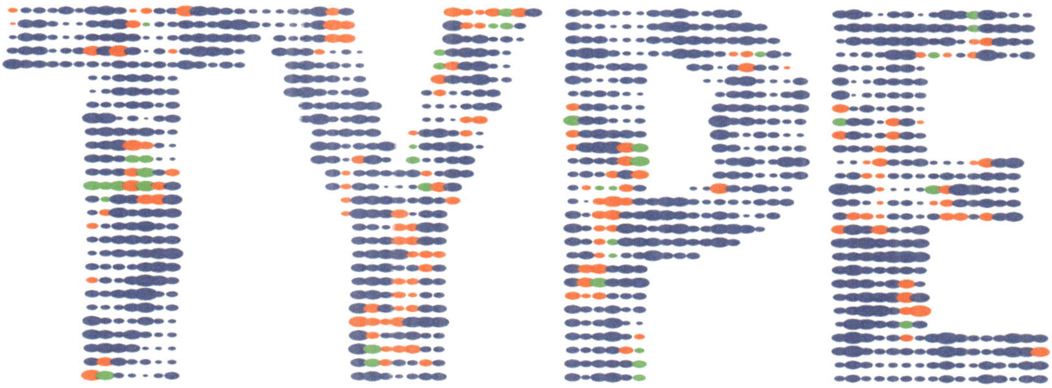
TYPE

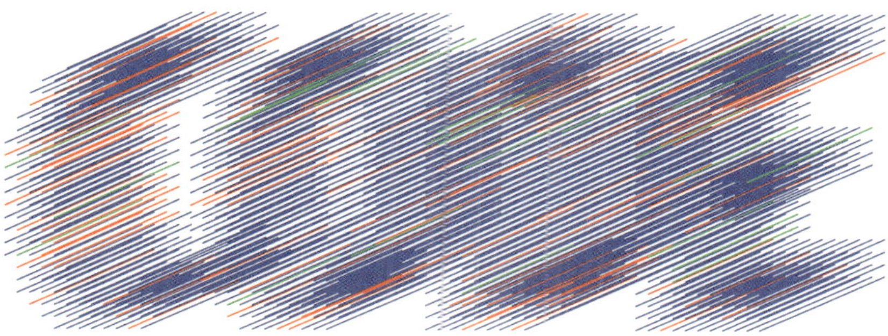

P.4

Bild

Im letzten Kapitel war zu sehen, wie ein Text aufgelöst und mit den entstehenden Elementen gespielt werden kann: mit den Wörtern und Buchstaben, und sogar mit den Punkten auf der Schriftkontur. Was mit Text und Schrift möglich ist, geht in ähnlicher Weise auch mit Bildern: Bildausschnitte können kopiert werden, Collagen entstehen aus einer großen Anzahl von Bildern, und nicht zuletzt dienen die Pixel – die kleinsten Informationseinheiten eines digitalen Bildes – als Basis für neue Bildwelten.

P.4.0 Hallo Bild

Ein Bild ist nichts anderes als ein Mosaik kleiner Farbflächen. Der direkte, dynamische und automatisierte Zugriff auf all diese Bildelemente eröffnet neue Bildkompositionen. Mit den folgenden Programmen bauen Sie sich Ihre eigenen Bildwerkzeuge.

→ P_4_0_01

Ein Bild wird geladen und in einem von der Maus abhängigen Raster dargestellt. Jede Kachel des Rasters wird dabei mit einer skalierten Kopie des Originalbildes gefüllt.

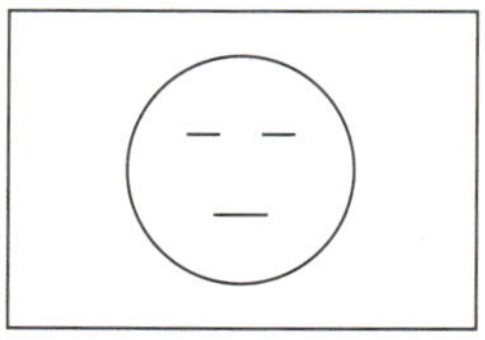

Originalbild

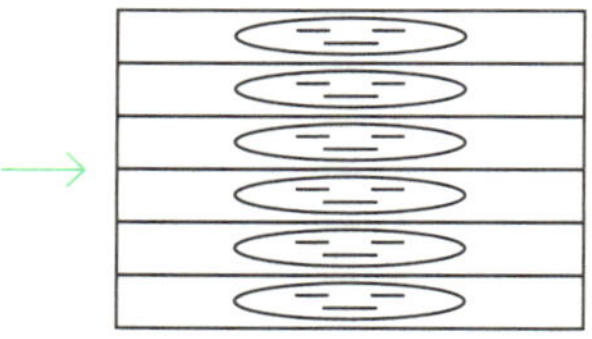

Skalierte Bilder im Raster

Originalbild

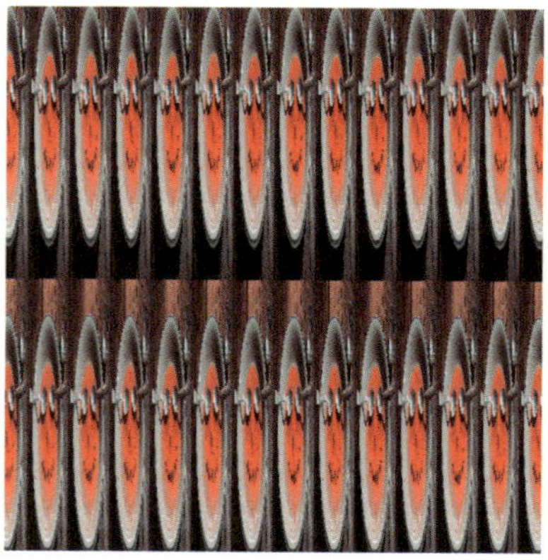

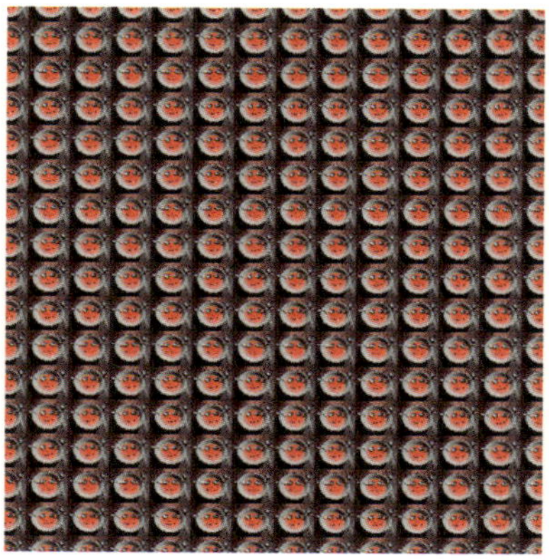

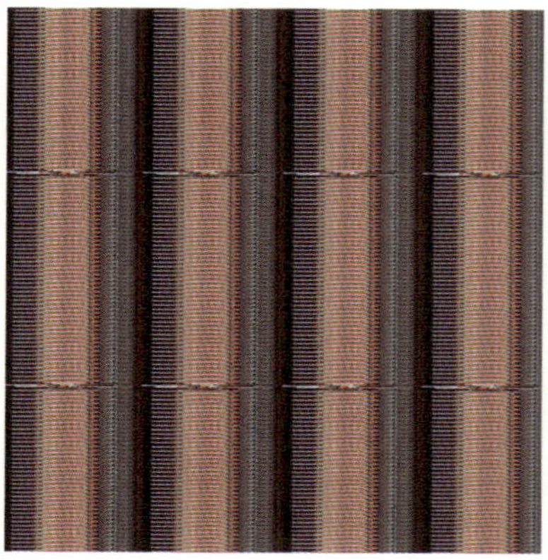

→ P_4_0_01 Durch häufiges Kopieren und extremes Skalieren des Ursprungsbildes entstehen abstrakte Bilder.

1

```
var img;

function preload() {
  img = loadImage('data/image.jpg');
}
```

```
function draw() {
  var tileCountX = mouseX / 3 + 1;
  var tileCountY = mouseY / 3 + 1;
  var stepX = width / tileCountX;
  var stepY = height / tileCountY;
  for (var gridY = 0; gridY < height; gridY += stepY) {
    for (var gridX = 0; gridX < width; gridX += stepX) {
      image(img, gridX, gridY, stepX, stepY);
    }
  }
}
```

(2 marks the line `var tileCountX = mouseX / 3 + 1;`, 3 marks the line `image(img, gridX, gridY, stepX, stepY);`)

Maus: Position x: Anzahl der Kacheln horizontal
Position y: Anzahl der Kacheln vertikal
Tasten: S: Bild speichern

1 Das Bild wird in der Funktion `preload()` geladen. Damit ist sichergestellt, dass der Ladevorgang abgeschlossen ist, bevor `setup()` und `draw()` aufgerufen werden.

2 Die Mausposition bestimmt die Kachelanzahl `tileCountX` und `tileCountY` und damit deren Breite `stepX` und Höhe `stepY`.

3 Mit dem Befehl `image()` wird das Bild gezeichnet. Die linke obere Ecke des Bildes sitzt an der Position (`gridX,gridY`), Breite und Höhe werden definiert durch Kachelbreite `stepX` und Kachelhöhe `stepY`.

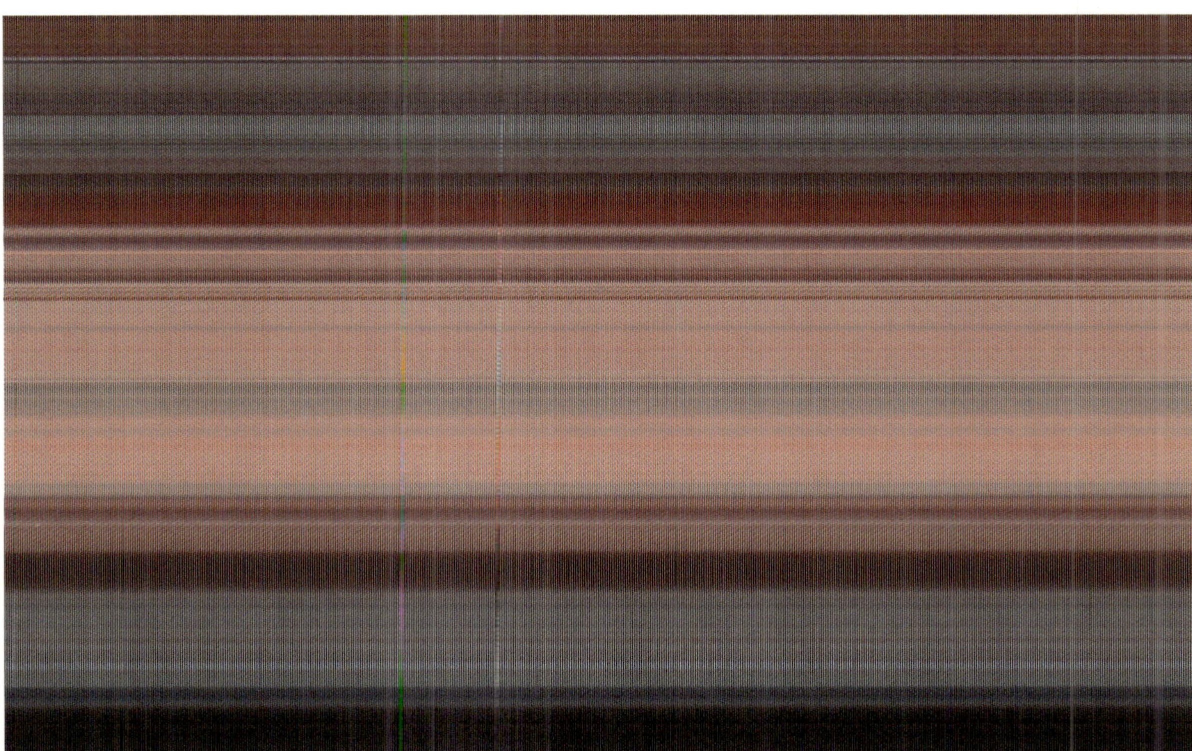

P.4.1.1 Bildausschnitte im Raster

Fast das gleiche Prinzip wie eben, und doch eine neue Bilderwelt. Wenn anstatt eines kompletten Bildes nur ein Ausschnitt davon gewählt und gekachelt wird, dann werden die Details und die feinen Strukturen des Bildes zum Mustergenerator. Die Ergebnisse sind noch spannender, werden diese Ausschnitte zufällig bestimmt.

→ P_4_1_1_01

Mit der Maus wird ein Ausschnitt des Bildes gewählt. Nach dem Loslassen der Maustaste werden mehrere Kopien dieses Ausschnitts in einem Array abgelegt und in einem Raster angeordnet. Das Programm bietet zwei Varianten: in Variante 1 werden alle Kopien von exakt demselben Ausschnitt gemacht, bei Variante 2 wird der Ausschnitt jedes Mal per Zufall leicht verschoben.

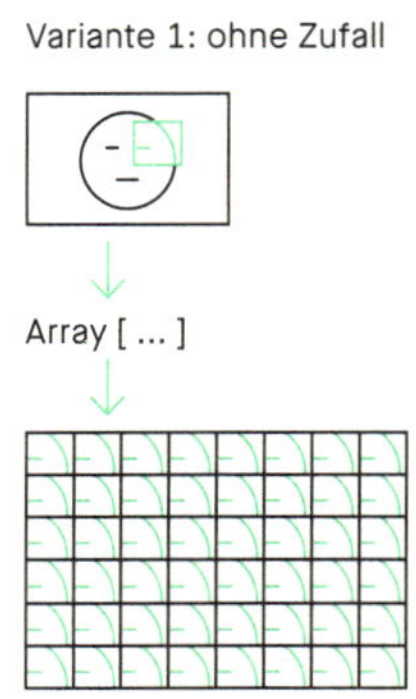

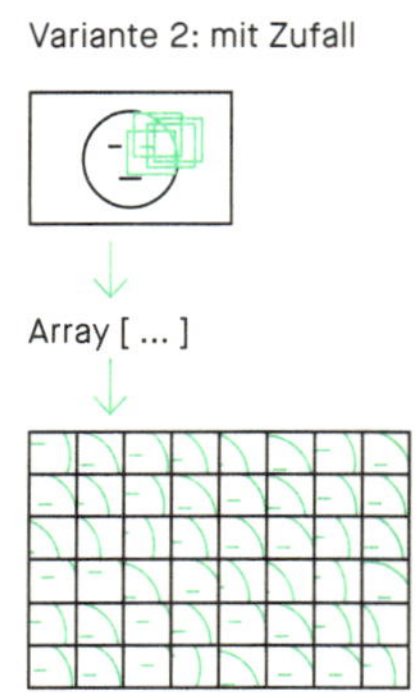

Originalbild

→ P_4_1_1_01 Durch häufiges Kopieren und Verschieben der Bildausschnitte entstehen abstrakte Bilder.

```
function cropTiles() {
  tileWidth  = width / tileCountY;
  tileHeight = height / tileCountX;
  imgTiles = [];

  for (var gridY = 0; gridY < tileCountY; gridY++) {
    for (var gridX = 0; gridX < tileCountX; gridX++) {
      if (randomMode) {
        cropX = int(random(mouseX - tileWidth / 2,
                           mouseX + tileWidth / 2));
        cropY = int(random(mouseY - tileHeight / 2,
                           mouseY + tileHeight / 2));
      }
      cropX = constrain(cropX, 0, width - tileWidth);
      cropY = constrain(cropY, 0, height - tileHeight);
      imgTiles.push(img.get(cropX, cropY,
                            tileWidth, tileHeight));
    }
  }
}
```

Maus: Position x/y: Ausschnitt positionieren
Linksklick: Ausschnitt vervielfältigen
Tasten: 1–3: Ausschnittgröße verändern
R: Zufall ein/aus
S: Bild speichern

1 Der Kern des Programms ist die Funktion `cropTiles()`. Hier wird das Bild fragmentiert und die Kopien der Ausschnitte in einem Array abgelegt.

2 Das Array für die Bildausschnitte `imgTiles` wird geleert.

3 Falls Variante 2 zum Tragen kommt (`randomMode` ist gleich true), werden die Werte für `cropX` und `cropY` zufällig aus einem Wertebereich um die Mausposition herum gewählt.

4 Nun muss noch mit der Funktion `constrain()` dafür gesorgt werden, dass der Ausschnitt nicht über das Bild hinausragt.

5 Mit `get()` wird zuletzt der Ausschnitt aus dem Bild `img` kopiert und im Array abgelegt.

→ P_4_1_1_01 Durch die Vervielfachung kleiner Bildausschnitte entstehen rhythmische Strukturen, die erst auf den zweiten Blick als Bildausschnitte erkennbar sind.

→ P_4_1_1_01 Mit den Tasten 1 bis 3 kann zwischen verschieden großen Bildausschnitten gewählt werden. Bei diesen großen detailreichen Ausschnitten ist das Motiv zwar noch gut zu erkennen, bekommt aber eine irritierende perspektivische Wirkung.

P.4.1.2 Rückkopplung von Bildausschnitten

Ein bekanntes Beispiel für Rückkopplung: Eine Videokamera ist auf einen Fernseher gerichtet, der das von dieser Kamera aufgenommene Bild anzeigt. Schon nach kurzer Zeit zeigt das Fernsehbild ein sich immer weiter wiederholendes und sich verzerrendes Muster. Simulieren wir dieses Prinzip, kann nochmal ein Komplexitätssprung erreicht werden. Das wiederholte Ineinander-Kopieren führt zu einem fragmentarischen Bildaufbau.

→ P_4_1_2_01

Zu Beginn wird ein Bild geladen und auf der Zeichenfläche dargestellt. In jedem Iterationsschritt wird ein Teilstück des Bildes an eine neue, zufällig gewählte Position kopiert. Das so entstandene Bild dient nun wiederum als Grundlage für den nächsten Schritt – das Prinzip einer jeden Rückkopplung.

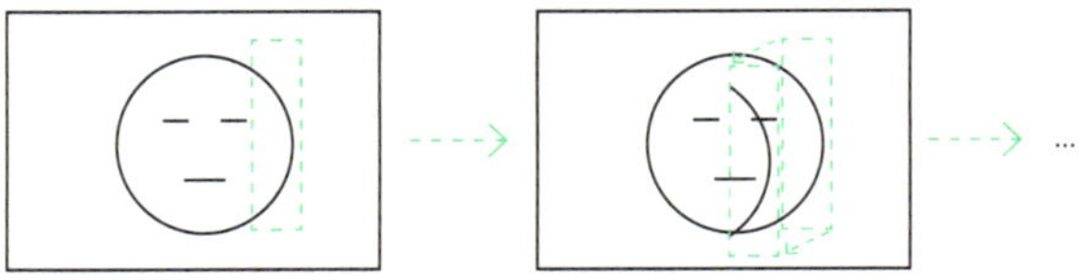

Ausgangsbild

Rückkopplungsschritt – Das Ergebnis ist das neue Ausgangsbild

→ Fotografie: Stefan Eigner Originalbild »U-Bahn-Schacht«

→ P_4_1_2_01 Kurz nach Programmstart ist das Motiv noch gut erkennbar. Dann zersetzt es sich immer mehr, indem sich kopierte Bildstreifen überlagern.

1
```
function setup() {
  createCanvas(1024, 780);
  image(img, 0, 100);
}
```

2
```
function draw() {
  var x1 = floor(random(width));
  var y1 = 0;

  var x2 = round(x1 + random(-7, 7));
  var y2 = round(random(-5, 5));

  var w = floor(random(10, 40));
  var h = height;
```

3
```
  set(x2, y2, get(x1, y1, w, h));
}
```

Tasten: ENTF: Zeichenfläche leeren
S: Bild speichern

1 Das geladene Bild wird mit dem Befehl `image()` um 100 Pixel nach unten versetzt auf der Zeichenfläche platziert.

2 Die x-Position des zu kopierenden Ausschnitts `x1`, die Zielposition `x2`, `y2` sowie dessen Breite `w` werden per Zufall festgelegt.

3 Mit `get()` wird ein Teil des Zeichenflächen-Inhalts kopiert und mit `set()` an die neue Position (`x2, y2`) eingefügt.

P.4.2.1 Collage aus Bildersammlung

Jetzt wird Ihr Foto-Archiv zum Material. Dieses Programm setzt Bilder aus einem Ordner zu einer Collage zusammen. Da bei der Collage Bildfragmente nur neu kombiniert werden, ist die Vorbereitung des Bildmaterials durch Freistellen, Anschneiden und Sortieren nach ihrer Bedeutung besonders wichtig.

→ P_4_2_1_01

Aus einem Ordner werden alle darin enthaltenen Bilder dynamisch eingelesen und einer von mehreren Ebenen zugeordnet. Dadurch ist es möglich, die semantischen Gruppen unterschiedlich zu behandeln. So können beim Aufbau der Collage den einzelnen Ebenen verschiedene Spielräume für Position, Rotation und Größe gegeben werden. Beachten Sie dabei die Ebenenreihenfolge: die erste Ebene wird zuerst gezeichnet und liegt damit ganz im Hintergrund.

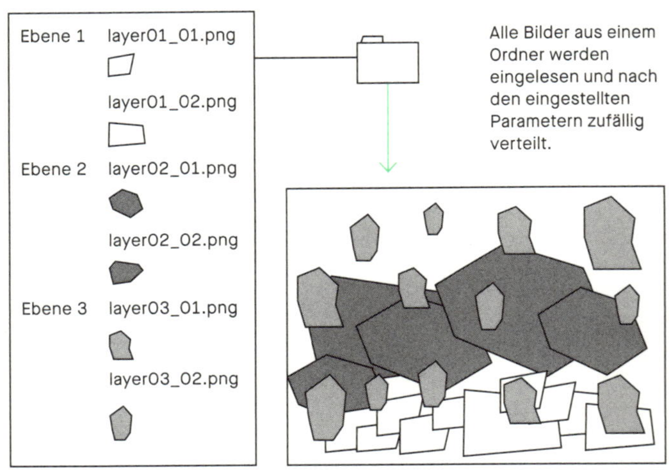

Alle Bilder aus einem Ordner werden eingelesen und nach den eingestellten Parametern zufällig verteilt.

Anhand der Dateinamen, z. B. »layer01_01.png« werden die Bilder den Ebenen zugeordnet.

Hier werden z. B. von den Bildern auf Ebene 2 nur wenige große Instanzen erzeugt, während von Ebene 3 viele kleine erzeugt werden.

→ P_4_2_1_01 Footage: Andrea von Danwitz Das Bild besteht aus drei Ebenen, auf Layer 1 liegen Papierschnipsel, auf Layer 2 Himmelschnipsel und auf Layer 3 liegen Botanik und Straßenelemente.

Tauscht man die Bilder einer Ebene aus oder verändert die Parameter, entstehen sofort ganz neue Bildkompositionen.

1

```
var layer1Images = [];
var layer2Images = [];
var layer3Images = [];

var layer1Items = [];
var layer2Items = [];
var layer3Items = [];


function setup() {
  ...
```

2

```
  layer1Items = generateCollageItems(
        layer1Images, 100, width / 2, height / 2,
        width, height, 0.1, 0.5, 0, 0);
  layer2Items = generateCollageItems(
        layer2Images, 150, width / 2, height / 2,
        width, height, 0.1, 0.3, -HALF_PI, HALF_PI);
  layer3Items = generateCollageItems(
        layer3Images, 110, width / 2, height / 2,
        width, height, 0.1, 0.4, 0, 0);
```

3

```
  drawCollageItems(layer1Items);
  drawCollageItems(layer2Items);
  drawCollageItems(layer3Items);
}
```

4

```
function CollageItem(image) {
  this.image = image;
  this.x = 0;
  this.y = 0;
  this.rotation = 0;
  this.scaling = 1;
}
```

Tasten: 1–3: Neue zufällige Anordnung für eine der drei Ebenen
S: Bild speichern

1 Für das Laden der Bilder und das Layout der Collagenteile werden mehrere Arrays benötigt. In `layer1Images` werden beispielsweise die geladenen Bilder für den ersten Layer gespeichert, um daraus später die Collagenteile zu erstellen.

2 Mit `generateCollageItems()` werden die Ebenen-Arrays (`layer1Items`,...) mit CollageItems befüllt. Die Parameter bestimmen dabei, welche geladenen Bilder verwendet werden sollen, wie viele Items erzeugt werden und geben Wertebereiche für Position, Streuung, Skalierung und Rotation vor. Konkret bedeutet dies hier: Es werden die Bilder im Array `layer1Items` verwendet und 100 Collagenteile erzeugt. Alle Instanzen werden um die Position (`width/2`, `height/2`) mit einer Streuung von `width` und `height` platziert. Die Skalierung wird von `0.1` bis `0.5` variiert und es wird keine Drehung angewendet.

3 Die Funktion `drawCollageItems()` zeichnet jeweils eine der Ebenen. Die Reihenfolge der Aufrufe bestimmt den Aufbau der endgültigen Komposition. Die Bilder aus `layer1Items` befinden sich im Hintergrund, diejenigen aus `layer3Items` dementsprechend im Vordergrund.

4 Alle Eigenschaften eines Collagenteils sind in der Klasse `CollageItem` zusammengefasst.

→ P_4_2_1_02 → Illustration: Andrea von Danwitz Eine zweite Version des Programmes ermöglicht, die Bildausschnitte radial um ein bestimmtes Zentrum anzuordnen. Dabei kann für jede Ebene einzeln angegeben werden, um welchen Winkel sich die Bilder scharen oder welchen Abstand sie zum Mittelpunkt haben sollen.

gesperrt

P.4.2.2 Zeitbasierte Bildersammlung

Das Sichtbarmachen der inneren Strukturen von Bewegtbildern. Nach dem Auslesen von Einzelbildern aus einer Videodatei werden diese Bilder in festgelegten und regelmäßigen Zeitintervallen zu einem Tableau aufgereiht. Die Anordnung zeigt nun kompakt den gesamten Inhalt der Videodatei und visualisiert den Rhythmus der Schnitte und Bildwechsel.

→ P_4_2_2_01

Aus der gesamten Spieldauer eines Videos werden in gleichmäßigen Zeitabständen Bilder ausgelesen, um damit ein Raster zu befüllen. Bei einem 60-sekündigen Video und einem Raster mit 20 Kacheln würde der Zeitabstand der Bilder demnach drei Sekunden betragen.

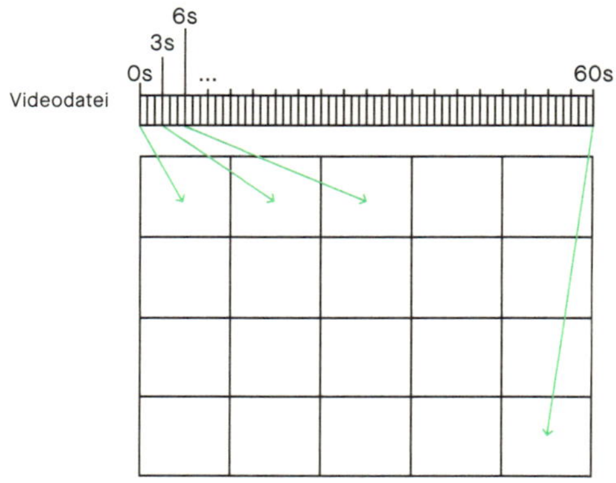

Raster mit 20 Kacheln

```
function draw() {
  if(movie.elt.readyState == 4) {
    var posX = tileWidth * gridX;
    var posY = tileHeight * gridY;

    image(movie, posX, posY, tileWidth, tileHeight);

    currentImage++;
    var nextTime = map(currentImage, 0, imageCount,
                       0, movie.duration());
    movie.time(nextTime);

    gridX++;
    if (gridX >= tileCountX) {
      gridX = 0;
      gridY++;
    }

    if (currentImage >= imageCount) noLoop();
  }
}
```

Tasten: S: Bild speichern

1 Bei jedem Durchlauf von `draw()` soll jeweils ein Bild aus dem Video ausgelesen und im Raster dargestellt werden. Das erste Bild zum Zeitpunkt 0 kann sofort platziert werden.

2 Der nächste Zeitpunkt im Video (`nextTime`) wird berechnet. Die Variable `currentImage` (eine Zahl zwischen 0 und `imageCount`) wird dazu in einen Sekundenwert zwischen 0 und der Gesamtspieldauer des Videos umgerechnet.

3 Im Video wird mit `time()` an den neu berechneten Zeitpunkt gesprungen.

4 Um die nächste Kachel zu bestimmen, wird `gridX` um 1 erhöht. Falls das Ende der Zeile erreicht ist, wird zum ersten Bild der nächsten Zeile gesprungen, indem `gridX` auf 0 gesetzt und `gridY` hochgezählt wird.

5 Das Ende des Programms ist erreicht, wenn alle Kacheln gefüllt sind.

→ P_4_2_2_01 55 Bilder aus einem zweieinhalb-minütigen Videoclip, aufgenommen bei der Anfahrt auf den Hauptbahnhof Stuttgart.

P.4.3.1 Grafik aus Pixelwerten

Pixel, die kleinsten Bildelemente, dienen jetzt als Ausgangspunkt für die Komposition von Porträts. Jedes Pixel wird auf seine Farbwerte reduziert. Diese Werte modulieren darauf Gestaltungsparameter wie Linienstärke, Rotation, Breite, Höhe oder Fläche. Das Pixel wird demnach völlig durch einen neuen grafischen Repräsentanten ersetzt und die Porträts ein Stück weiter der Realität entrückt.

→ P_4_3_1_01

Die Pixel eines Bildes werden der Reihe nach analysiert und in andere grafische Elemente umgewandelt. Der Schlüssel hierfür ist die Umrechnung der Farbwerte eines Pixels (RGB) in den entsprechenden Grauwert, denn dieser lässt sich im Gegensatz zu den reinen RGB-Werten sinnvoll auf Gestaltungsmittel wie Linienstärke etc. anwenden. Es empfiehlt sich vorher, die Auflösung des Ausgangsbildes stark zu reduzieren.

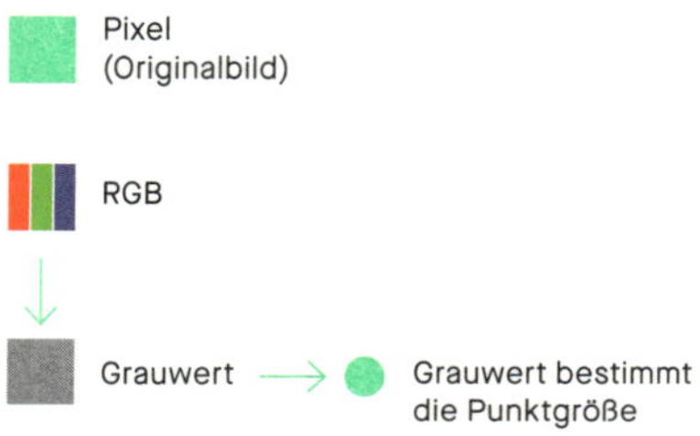

→ P_4_3_1_01 → Fotografie: Tom Ziora
Der Grauwert jedes Pixels modelliert den Durchmesser des Kreises, die ursprünglichen Farbwerte des Pixels werden beibehalten.

```
1   for (var gridX=0; gridX<img.width; gridX++) {
      for (var gridY=0; gridY<img.height; gridY++) {
        var tileWidth = width / img.width;
        var tileHeight = height / img.height;
        var posX = tileWidth * gridX;
        var posY = tileHeight * gridY;

        img.loadPixels();
2       var c = color(img.get(gridX, gridY));
3       var greyscale = round(red(c) * 0.222 +
                    green(c) * 0.707 + blue(c) * 0.071);

4       switch (drawMode) {
          case 1:
            var w1 = map(greyscale, 0, 255, 15, 0.1);
            stroke(0);
            strokeWeight(w1 * nouseXFactor);
            line(posX, posY, posX + 5, posY + 5);
            break;
          case 2:
            ...
        }
      }
    }
```

Maus: Position x/y: verschiedene Parameter (abhängig vom Zeichenmodus)

Tasten: S: Bild speichern

1 Die Breite und Höhe des Ausgangsbildes bestimmt die Auflösung des Rasters.

2 Die Farbe des Pixels an der aktuellen Stelle des Rasters (und damit auch des Bildes) wird bestimmt.

3 Bei der Berechnung des Grauwerts werden die Werte für Rot, Grün und Blau unterschiedlich gewichtet. Dabei gibt es übrigens keine absolut richtige Gewichtung, da Farben sowohl unterschiedlich dargestellt als auch wahrgenommen werden. Dieser Grauwert wird später verwendet, um einzelne Parameter zu steuern.

4 Das Programm stellt mehrere Zeichenmodi `drawMode` zur Verfügung, die zudem über die horizontale Mausposition beeinflusst werden können. Diese wurde zuvor in einen Wert zwischen 0.05 und 1 umgerechnet und steht in der Variablen `mouseXfactor` zur Verfügung.

→ P_4_3_1_01 Der Grauwert bestimmt Größe, Stärke, Rotation oder Position der Elemente.

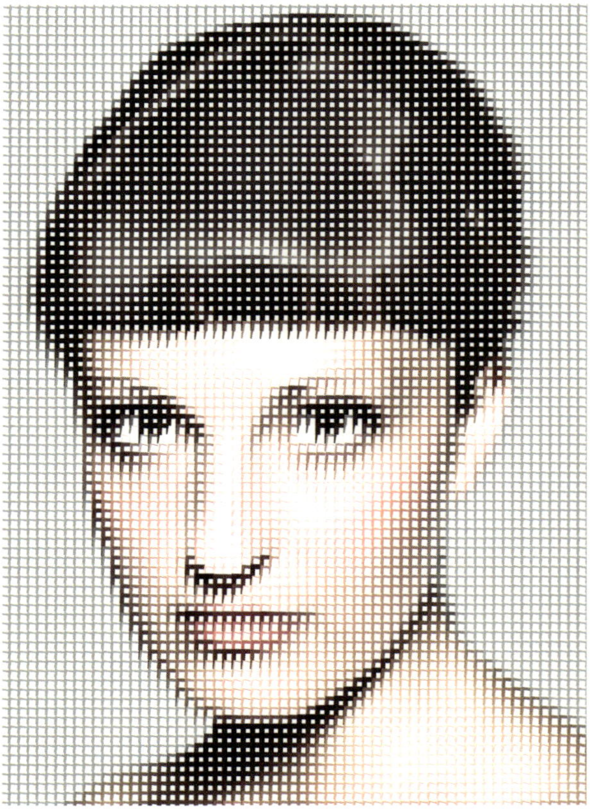

→ P_4_3_1_01 In diesem Zeichenmodus (Taste 9) wird jedes Pixel durch mehrere farbverfremdete Elemente dargestellt.

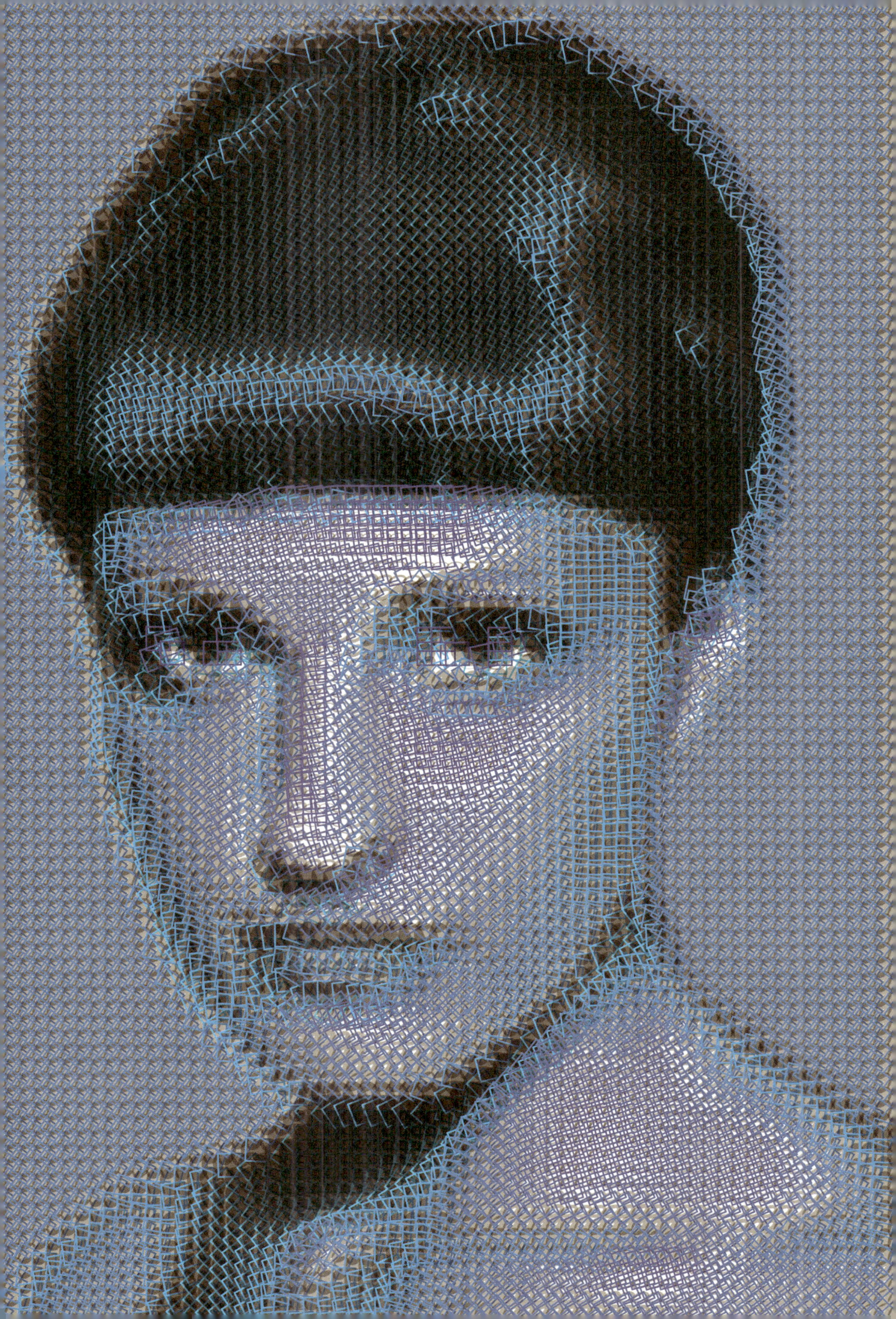

→ P_4_3_1_02 Die unterschiedlich hellen Pixel werden hier durch SVG-Grafiken ersetzt. Um die Schattierungen möglichst realitätsnah abzubilden, sollten die SVG-Dateien zuvor nach Helligkeit sortiert werden.

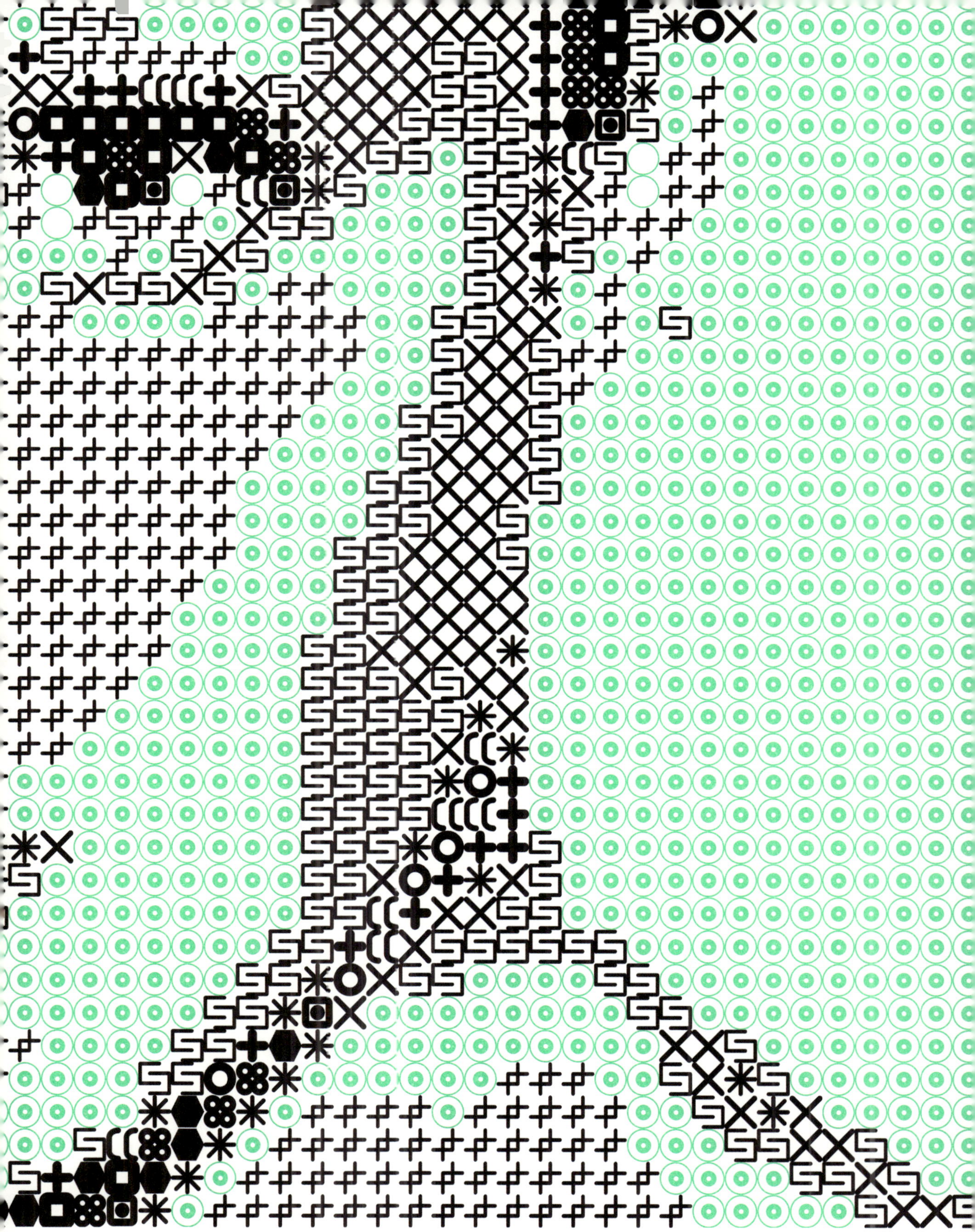

P.4.3.2 Typo aus Pixelwerten

Das folgende Typobild ist zweideutig. Sie können den Text seiner Bedeutung nach lesen oder nehmen ihn mit etwas Distanz als Bild wahr. Denn die Pixel aus dem Bild steuern die Darstellung der Buchstaben. Die Größe jedes Buchstabens ist abhängig von den Grauwerten der Pixel des Ausgangsbildes und schaffen dadurch eine zusätzliche Aussage.

→ P_4_3_2_01

Eine Zeichenkette wird Buchstabe für Buchstabe durchlaufen → Kap.P.3.1.1/P.3.1.2 und in gewohnter Schreibrichtung zeilenweise aufgebaut. Bevor der jeweilige Buchstabe gezeichnet wird, findet eine Umrechnung seiner Position (Koordinaten auf der Zeichenfläche) auf das entsprechende Pixel (Bild-Koordinaten) im Ausgangsbild statt. Es werden demnach nicht alle Pixel des ursprünglichen Bildes abgetastet, sondern lediglich diejenigen, die bei diesem Abtastvorgang erreicht werden. Die Farbe des Pixels kann nun in seinen Grauwert umgerechnet und beispielsweise auf die Schriftgröße angewendet werden.

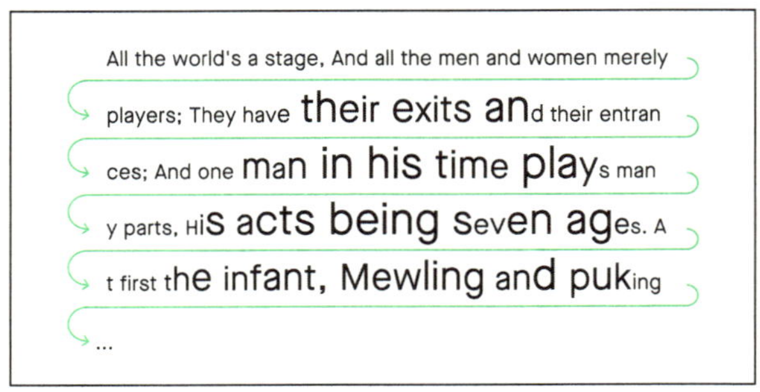

→ P_4_3_2_01 Die Farbe eines Pixels kann die Größe der Buchstaben bestimmen, ihre Farbe oder auch beides auf einmal.

```
function draw() {
  ...
  var x = 0;
  var y = 10;
  var counter = 0;

1 while (y < height) {
    img.loadPixels();

2   var imgX = round(map(x, 0, width, 0, img.width));
    var imgY = round(map(y, 0, height, 0, img.height));
    var c = color(img.get(imgX, imgY));
    var greyscale = round(red(c) * 0.222 +
                          green(c) * 0.707 +
                          blue(c) * 0.071);

    push();
    translate(x, y);

3   if (fontSizeStatic) {
      textSize(fontSizeMax);
      if (blackAndWhite) fill(greyscale);
      else fill(c);
    } else {
      var fontSize = map(greyscale, 0, 255,
                          fontSizeMax, fontSizeMin);
4     fontSize = max(fontSize, 1);
      textSize(fontSize);
      if (blackAndWhite) fill(0);
      else fill(c);
    }

    var letter = inputText.charAt(counter);
    text(letter, 0, 0);
    var letterWidth = textWidth(letter) + kerning;

5   x += letterWidth;

    pop();

6   if (x + letterWidth >= width) {
      x = 0;
      y += spacing;
    }

    counter++;
    if (counter >= inputText.length) {
      counter = 0;
    }
  }
  noLoop();
}
```

Tasten: 1: Schriftgrößen-Modus umschalten
2: Schriftfarben-Modus umschalten
Pfeil ↓/↑: Maximalschriftgröße –/+
Pfeil ←/→: Minimalschriftgröße –/+
S: Bild speichern

1 Der Schreibvorgang wird fortgesetzt, solange die y-Koordinate der aktuellen Schreibposition `y` noch kleiner ist als die Höhe der Zeichenfläche.

2 Mit der `map()`-Funktion werden die Zeichenflächen-Koordinaten in Bild-Koordinaten konvertiert. Für die x-Koordinate `x` bedeutet dies beispielsweise, dass sie aus dem Wertebereich von `0` bis `width` in einen Wert von `0` bis `img.width` übertragen wird.

3 Je nach gewähltem Modus `fontSizeStatic` (Taste 1 oder 2) wird die Schriftgröße auf einen festen Wert `fontSizeMax` eingestellt oder durch den Grauwert moduliert.

4 Der Wert `fontSize` darf nicht 0 oder negativ sein, da dies zu Problemen führen würde. Deshalb wird mit der Funktion `max()` dafür gesorgt, dass dieser Wert mindestens 1 ist.

5 Der Wert der Variablen `x` wird um die Buchstabenbreite erhöht.

6 Ist `x` größer oder gleich der Breite der Zeichenfläche, wird die Zeile umbrochen. Der y-Wert erhöht sich dann um den Zeilenabstand und `x` startet erneut von 0, ganz links auf der Zeichenfläche.

→ P_4_3_2_01 Die Größe und Farbe der Buchstaben eines Textes werden von einem zugrundeliegenden Bild bestimmt.

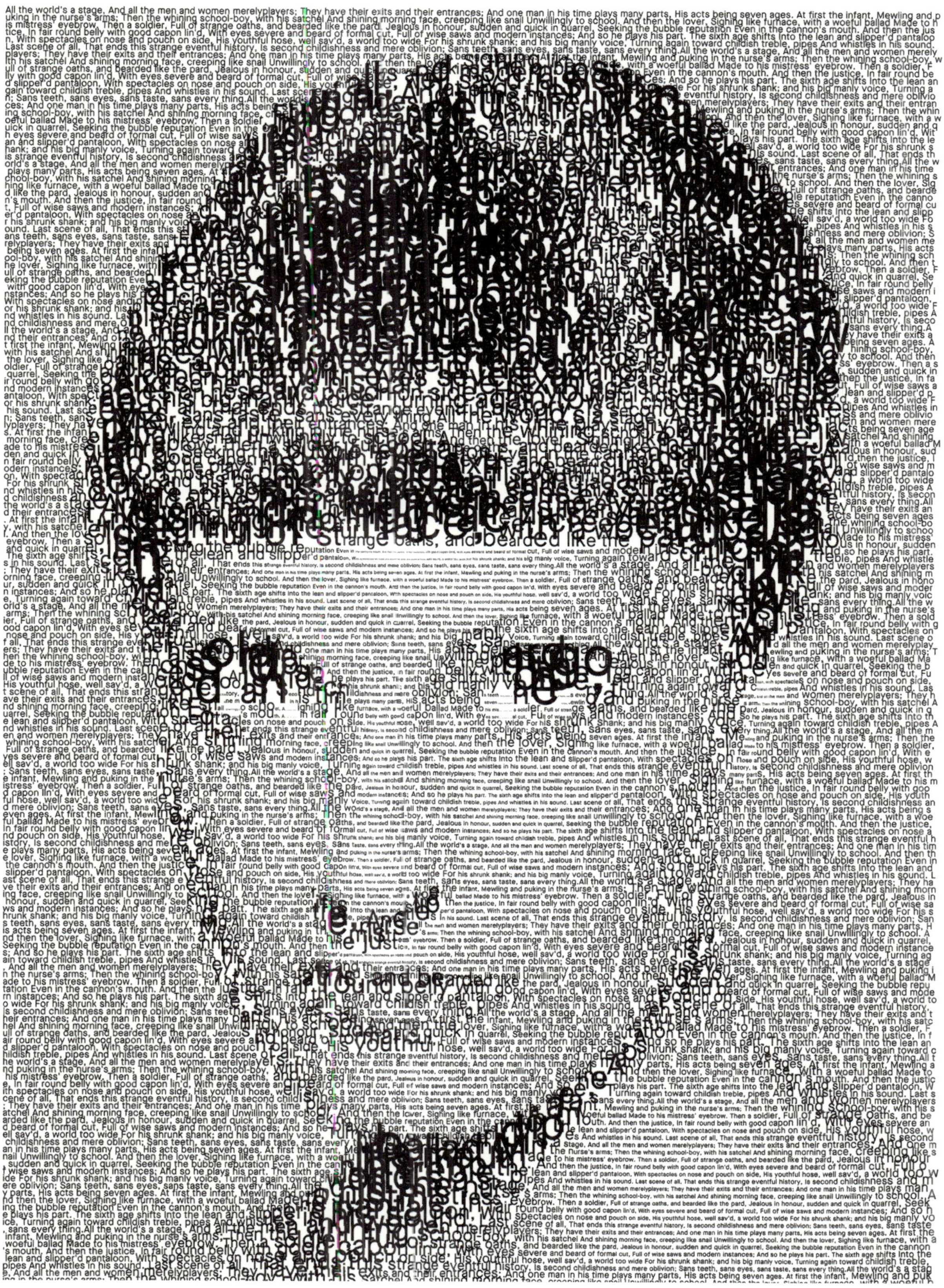

→ P_4_3_2_01 Hier wird der Grauwert der Pixel auf die Schriftgröße übertragen.

P.4.3.3 Echtzeit-Pixelwerte

Wieder werden die Farbwerte der Pixel in andere grafische Elemente übersetzt. Mit zwei wichtigen Unterschieden: erstens verändern sich die Pixel ständig, weil die Bilder von einer Videokamera kommen. Zweitens werden nicht alle Pixel auf einmal übersetzt, sondern eines nach dem anderen von einem sich ständig bewegenden dummen Agenten. Die Bewegung vor der Kamera und das Wandern des Agenten malen so das Bild vor unseren Augen.

→ P_4_3_3_01

Ein dummer Agent bewegt sich über die Zeichenfläche. An jeder Position wird der Farbwert des aktuellen Echtzeit-Videobildes analysiert und dient als Parameter für die jeweilige Farbe und Stärke des Pinselstrichs. Die Mausposition bestimmt Strichlänge und Geschwindigkeit des Agenten.
→ Kap.P.2.2.1 Dummer Agent

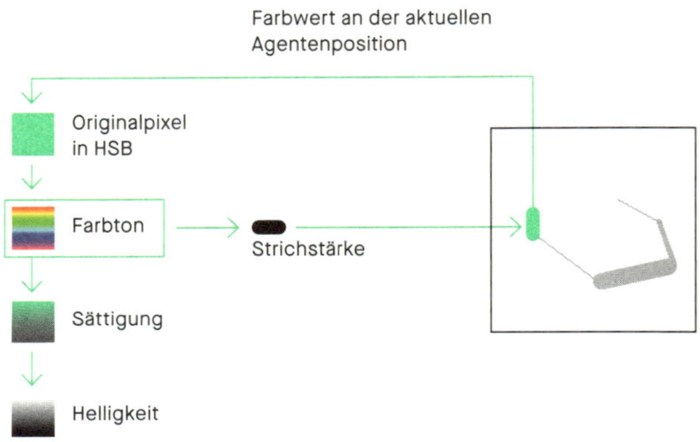

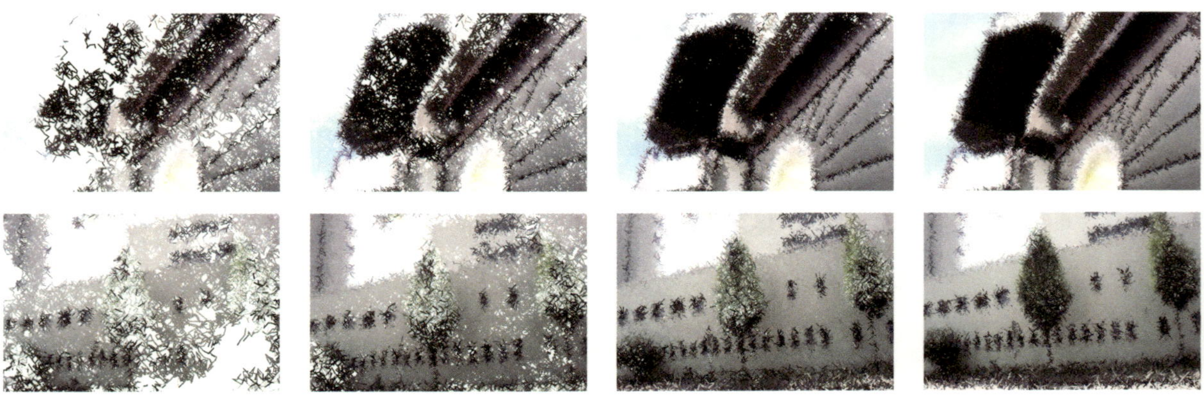

→ P_4_3_3_01 Das Bild baut sich allmählich aus dem Pfad des Agenten auf.

```
    function setup() {
      ...
1     video = createCapture(VIDEO, function(){
        streamReady = true
      });
2     video.size(width, height);
3     video.hide();
      ...
    }


    function draw() {
4     if(streamReady) {
        for (var j = 0; j <= mouseX / 50; j++) {
          video.loadPixels();

5         var pixelIndex = (((video.width - 1 - x)
                          + y * video.width) * 4);
          var c = color(video.pixels[pixelIndex],
                        video.pixels[pixelIndex + 1],
                        video.pixels[pixelIndex + 2]);

6         var cHSV = chroma(red(c), green(c), blue(c));
          strokeWeight(cHSV.get('hsv.h') / 50);
          stroke(c);

          diffusion = map(mouseY, 0, height, 5, 100);

          beginShape();
7         curveVertex(x, y);
          curveVertex(x, y);

8         for (var i = 0; i < pointCount; i++) {
            var rx = int( random(-diffusion, diffusion));
            curvePointX = constrain(x + rx, 0, width - 1);
            var ry = int( random(-diffusion, diffusion));
            curvePointY = constrain(y + ry, 0, height - 1);
            curveVertex(curvePointX, curvePointY);
          }

          curveVertex(curvePointX, curvePointY);
          endShape();

9         x = curvePointX;
          y = curvePointY;
        }
      }
    }
```

Maus: Position x: Zeichengeschwindigkeit
Position y: Streuung

Tasten: Pfeil ↓/↑: Anzahl der Kurvenpunkte –/+
Q: Zeichnen anhalten
W: Zeichnen fortsetzen
Pfeil ←/→: Minimalschriftgröße –/+
S: Bild speichern

1 Mit `createCapture()` wird ein Video-Element erzeugt, um an die Bilder der Webcam zu gelangen.

2 Die Live-Videobilder der angeschlossenen Videokamera werden auf die Größe der Zeichenfläche gebracht.

3 Der Befehl `hide()` verhindert, dass das Videobild automatisch auf der Zeichenfläche dargestellt wird.

4 Sofern das Videosignal verfügbar ist, werden die Pixel des jeweils aktuellen Videobildes eingelesen.

5 In dem Videobild sind die Pixel zeilenweise durchnummeriert. Es muss deshalb zunächst aus der aktuellen Zeichenposition (`x, y`) der Index des Pixels errechnet werden. Bei Webcams, die auf einen selbst gerichtet sind, ist es sinnvoll das Videobild horizontal zu spiegeln. Das geschieht mit dem Ausdruck `width-1-x`.

6 Die Pinselstärke wird abhängig vom Farbton (engl. Hue) des Pixels eingestellt. Die Library chroma.js hilft bei der Umrechnung von RGB- in HSV-Werte.

7 Nun kann ein Linienelement gezeichnet werden: Der erste Kurvenpunkt wird an die aktuelle Zeichenposition gesetzt. Dies geschieht zweimal, da beim Zeichnen von Linien mit `curveVertex()` der erste und letzte Punkt nicht gezeichnet werden.

8 Die Variable `pointCount` bestimmt nun, wie viele Kurvenpunkte gesetzt werden. Per default ist dieser Wert 1, es wird also nur eine gerade Linie gezeichnet. Die Kurvenpunkte werden an zufällige Positionen um die Zeichenposition herumgesetzt. Der Wert `diffusion` bestimmt dabei, wie groß dieser Bereich ist.

9 Der letzte Kurvenpunkt wird als neue Zeichenposition übernommen.

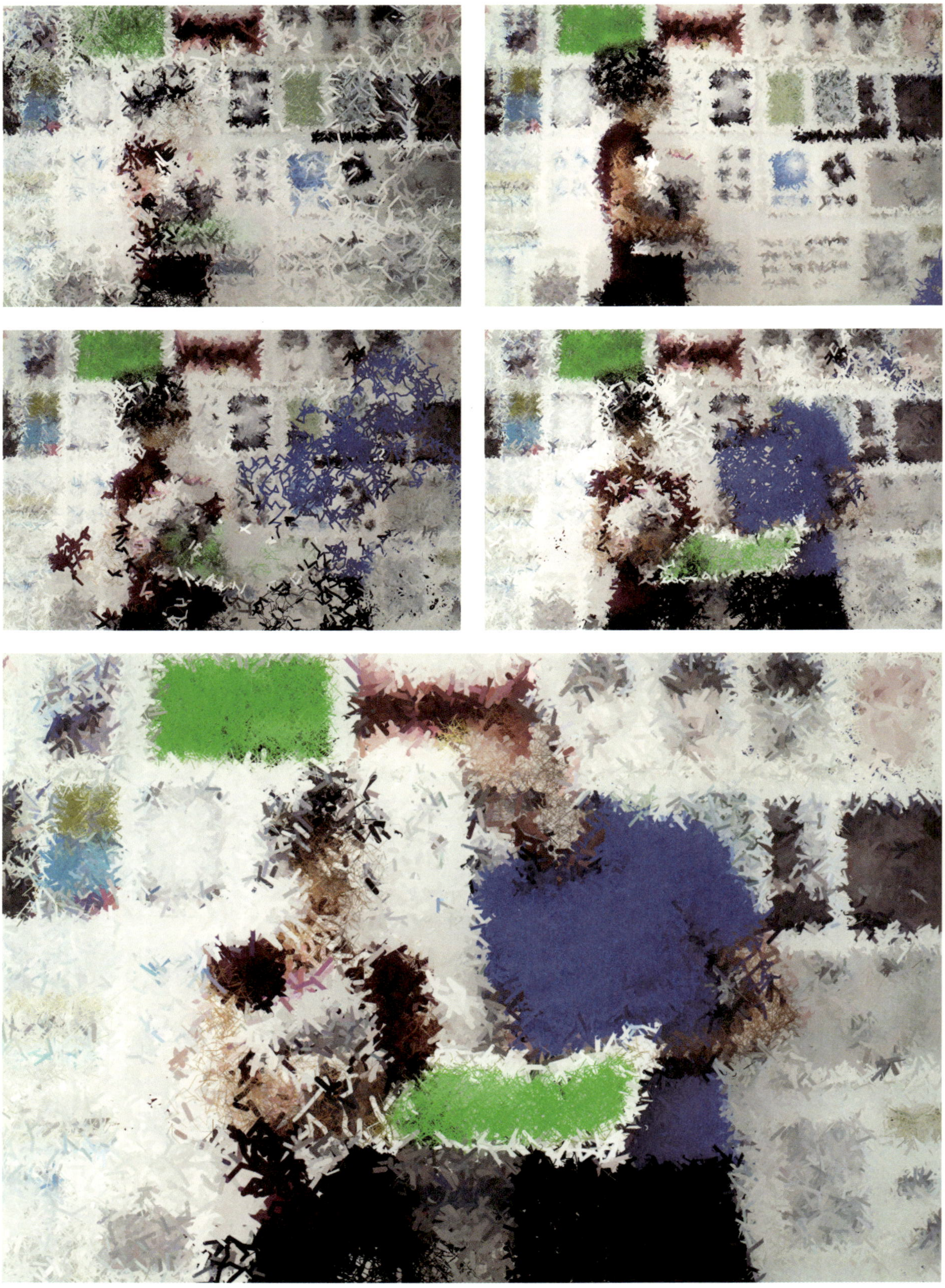

→ P_4_3_3_01 Durch ihre Bewegungen hinterlassen die Personen vor der Kamera Spuren im Bild, die immer wieder übermalt werden. Die Strichlänge wurde während des Zeichnens variiert, wodurch das Bild mal detailreicher, mal abstrakter gezeichnet wird.

→ P_4_3_3_02 In dieser Variante des Programms bewegen sich drei Agenten über die Zeichenfläche. Die Strichstärke der Pinsel wird beim einen vom Farbton bestimmt, beim zweiten von der Sättigung und beim dritten von der Helligkeit des Pixels.

→ P_4_3_3_02 Wenn sich nun auch noch das Motiv vor der Kamera bewegt, entsteht ein zufälliges, aber doch nicht völlig beliebiges Gekritzel.

P.4.3.4 Emojis aus Pixelwerten

Eine emotionale Wandlung vom Symbol zum Rasterelement. Was eigentlich in Kurznachrichten die Gefühle visualisiert, wird hier zum kleinen Teil eines großen Ganzen. Jede Sammlung von Minibildern kann bei diesem Programm das Ausgangsmaterial sein und die Pixelwerte bestimmen, wer mitmachen darf.

→ P_4_3_4_01

Farbwerte können als Punkte im dreidimensionalen Raum interpretiert werden. Für dieses Programm ist es notwendig, die kürzeste Distanz von einem Farbwert zu einer Menge anderer Farbwerte zu finden, hier die Durchschnittsfarben der einzelnen Emojis. Für diese Suche gibt es verschiedene mathematische Verfahren. Besonders schnell und vergleichsweise einfach zu verwenden ist die Suche in einem sogenannten k-dimensionalen Baum. Die Funktionalität dafür stellt die Library kdTree.js zur Verfügung.

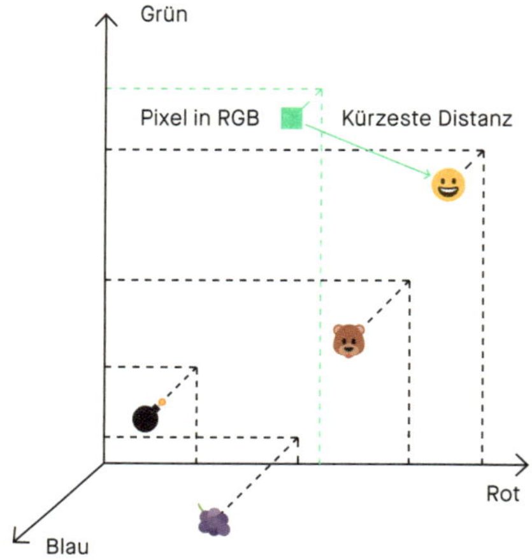


```
1   <script src="../../libraries/kd-tree/kdTree.js"
            type="text/javascript"></script>
2   <script src="data/emoji-average-colors.js"
            type="text/javascript"></script>


    var emojis = {
3     "1f4a3": {"averageColor": {"r":57, "g":57, "b":52}},
4     "1f43b": {"averageColor": {"r":187, "g":111,"b":88}},
5     "1f600": {"averageColor": {"r":227, "g":181, "b":70}},
      ...
    }


    function preload() {
      img = loadImage("data/pic.png");
6     icons = {};
      for (var name in emojis) {
        icons[name] = loadImage(emojisPath + "36x36/" +
                                name + ".png");
      }
    }
```

1 Für dieses Programm werden zwei zusätzliche Skripte benötigt. In `index.html` werden diese geladen.

2 In `emoji-average-colors.js` sind Informationen zu den Durchschnittsfarben der Emoji-Dateien enthalten und ihrem jeweiligen Dateinamen zugeordnet. Die Berechnung der Durchschnittsfarben findet in einem Zusatzprogramm statt:
→ P_4_3_4_emoji_color_analyser

3 Datei `1f4a3.png`: 

4 Datei `1f43b.png`: 

5 Datei `1f600.png`: 

6 In die Variable icons werden alle Bilder der Emojis geladen und sind später über ihren Namen `name` abrufbar.

```
function setup(){
  ...
7 var colors = [];
  for (var name in emojis) {
    var col = emojis[name].averageColor;
    col.name = name;
    colors.push(col);
  }

8 var distance = function(a, b){
    return pow(a.r - b.r, 2) +
           pow(a.g - b.g, 2) +
           pow(a.b - b.b, 2);
  }

9 tree = new kdTree(colors, distance, ["r", "g", "b"]);
}

function draw() {
  background(255);

  for (var gridX = 0; gridX < img.width; gridX++) {
    for(var gridY = 0; gridY < img.height; gridY++) {
      var posX = tileWidth * gridX;
      var posY = tileHeight * gridY;

10    var c = color(img.get(gridX, gridY));

11    var nearest = tree.nearest(
                    {r:red(c), g:green(c), b:blue(c)},
                    1);

12    var name = nearest[0][0].name;
      image(icons[name], posX, posY,
                         tileWidth, tileHeight);
    }
  }
  noLoop();
}
```

Tasten: S: Bild speichern

7 Hier findet die Vorbereitung für die Suche nach der nächstgelegenen Farbe statt. Dafür müssen zwei Dinge erstellt werden. Erstens ein Array `colors` mit Punkten. In diesem Fall besteht ein Punkt aus den Farbwerten `r`, `g` und `b`. Jedem Eintrag im Array `colors` wird außerdem der Name `name` zugeordnet, um später die passenden Bilddateien darstellen zu können.

8 Zweitens wird eine Funktion definiert, die angibt, wie die Distanz zwischen zwei Punkten berechnet werden soll. Typischerweise ist das die Länge der Diagonalen von Farbe `a` zu Farbe `b` im RGB-Farbraum.

9 Mit Hilfe der Library `kdTree` wird ein sogenannter k-dimensionaler Baum erstellt. Dafür wird die eben vorbereitete Punktliste `colors` und die Distanzfunktion `distance` übergeben. Zusätzlich muss eine Liste der Dimensionen übergeben werden.

10 Das darzustellende Bild `img` wird abgetastet und die Pixelfarbe in `c` gespeichert.

11 Die Funktion `nearest()` in der `kdTree`-Library sucht die nächstgelegenen Punkte zum Übergebenen. Der letzte Parameter gibt an, wieviele Ergebnisse geliefert werden sollen: hier wird nur eines benötigt.

12 Das Ergebnis der Suche ist ein Array mit den nächstgelegenen Punkten. Jeder Eintrag darin ist wiederum ein Array mit zwei Elementen: dem Punkt selbst und dessen Entfernung zum Übergebenen. In beiden Arrays wird jeweils der erste Eintrag benötigt: `[0][0]`. Über den Namen kann nun das Bild des Emojis auf der Zeichenfläche platziert werden.

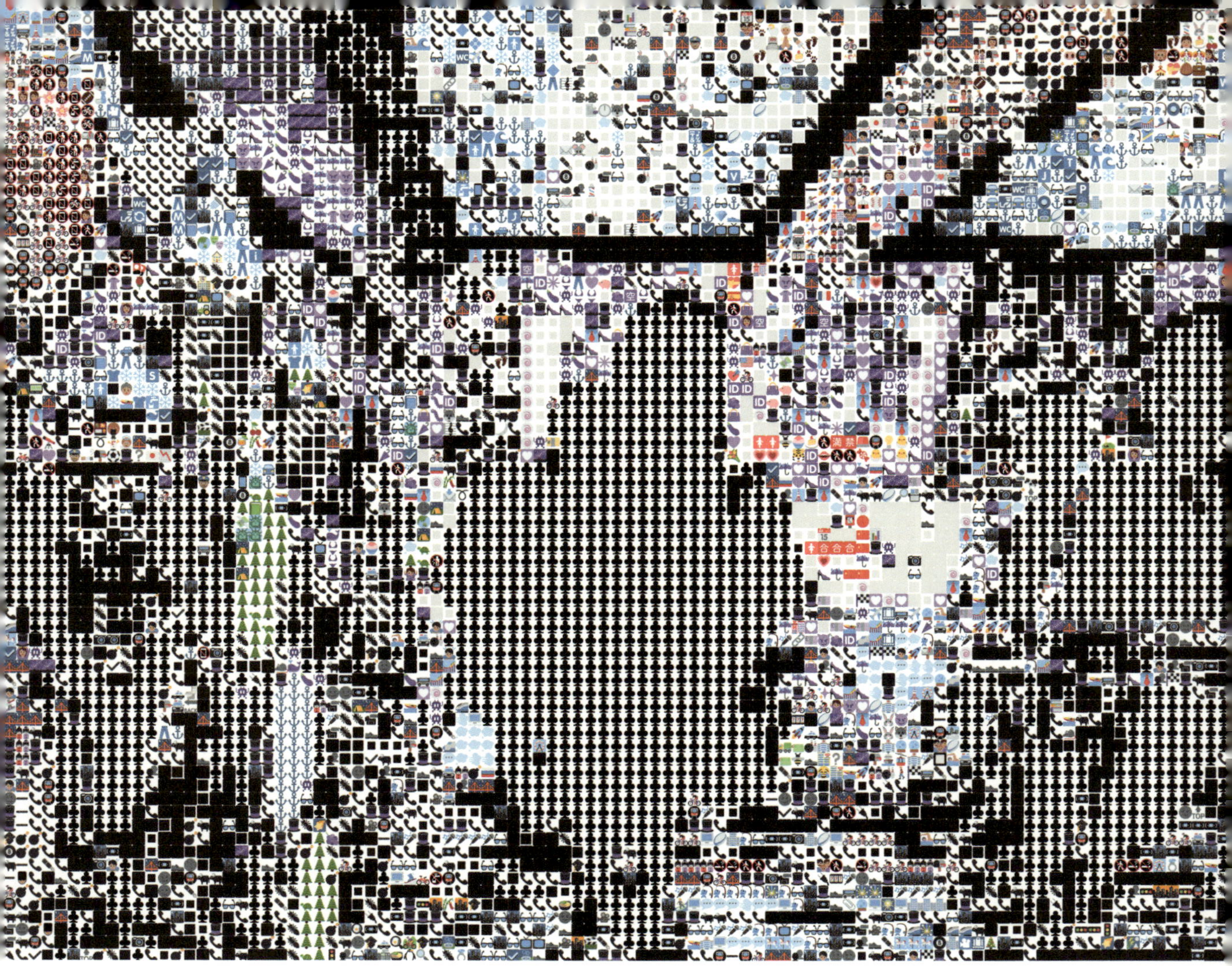

→ P_4_3_4_01 Jedes Pixel wird zum Emoji. Es könnte auch jede andere Bildersammlung sein, sie muss nur genügend groß sein, um eine große Menge an Farbwerten abbilden zu können.

Originalfoto

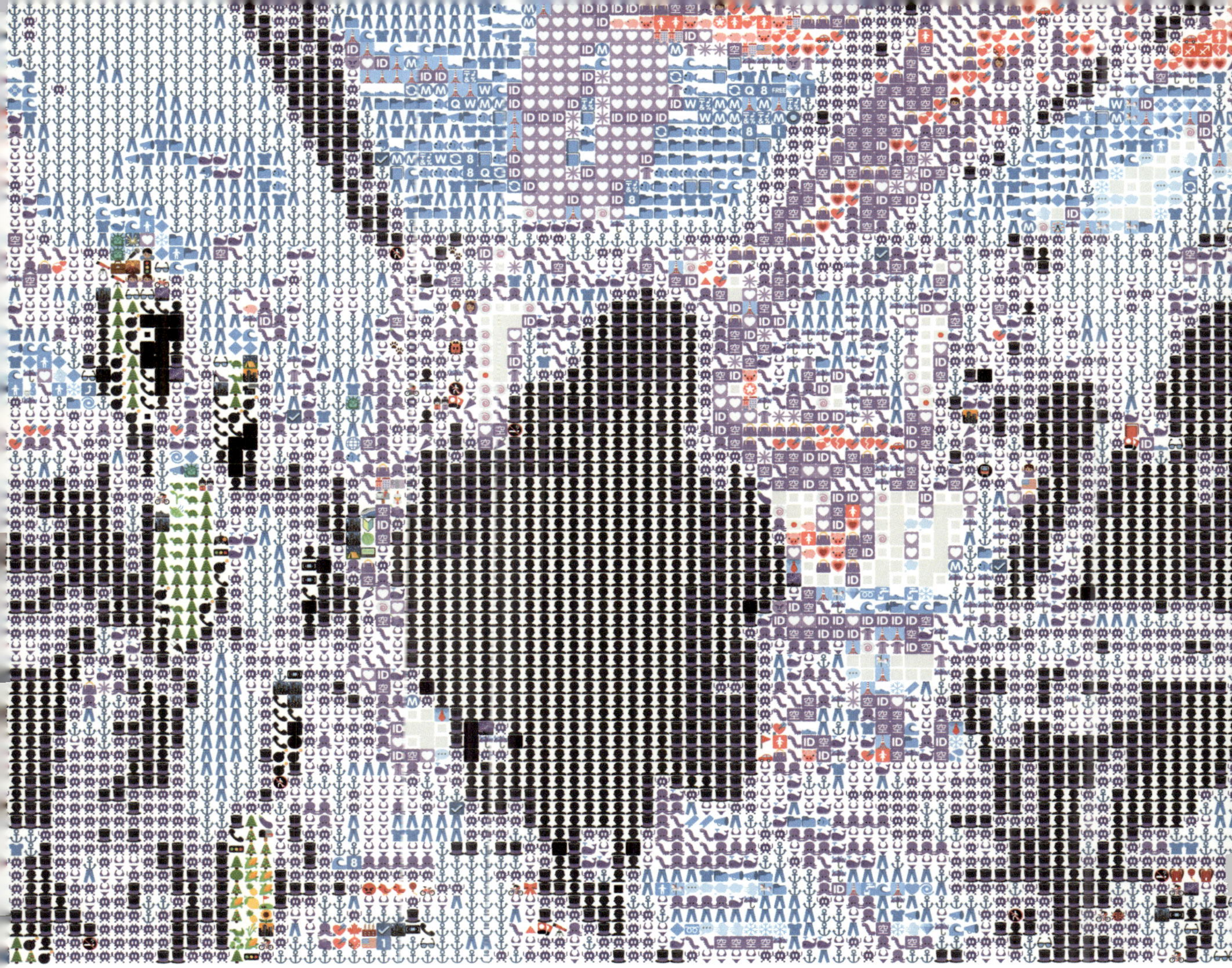

Originalfoto

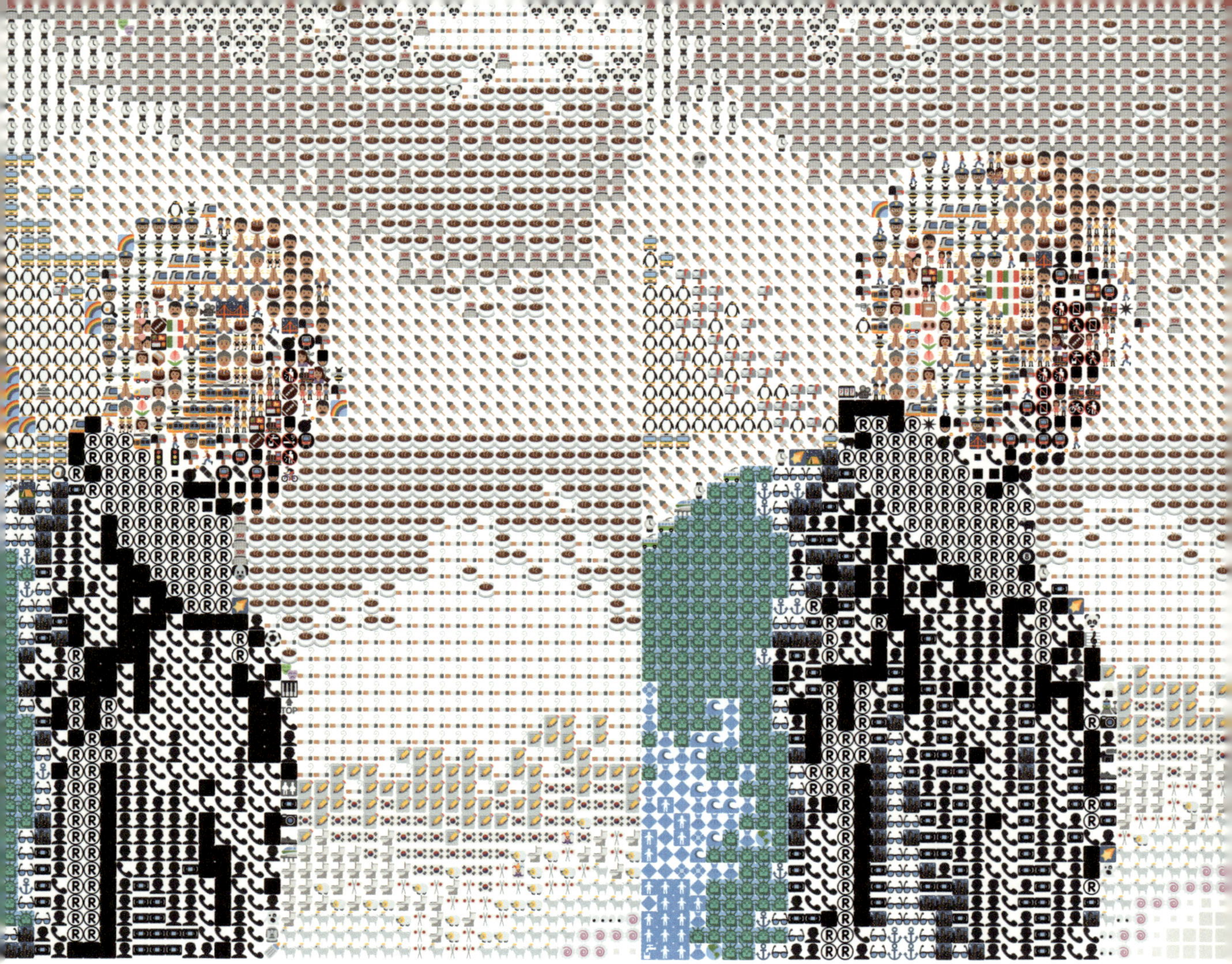

→ P_4_3_4_02 Auch die Pixel, die eine Webcam liefert, kann Grundlage der Aufrasterung in Emojis sein.

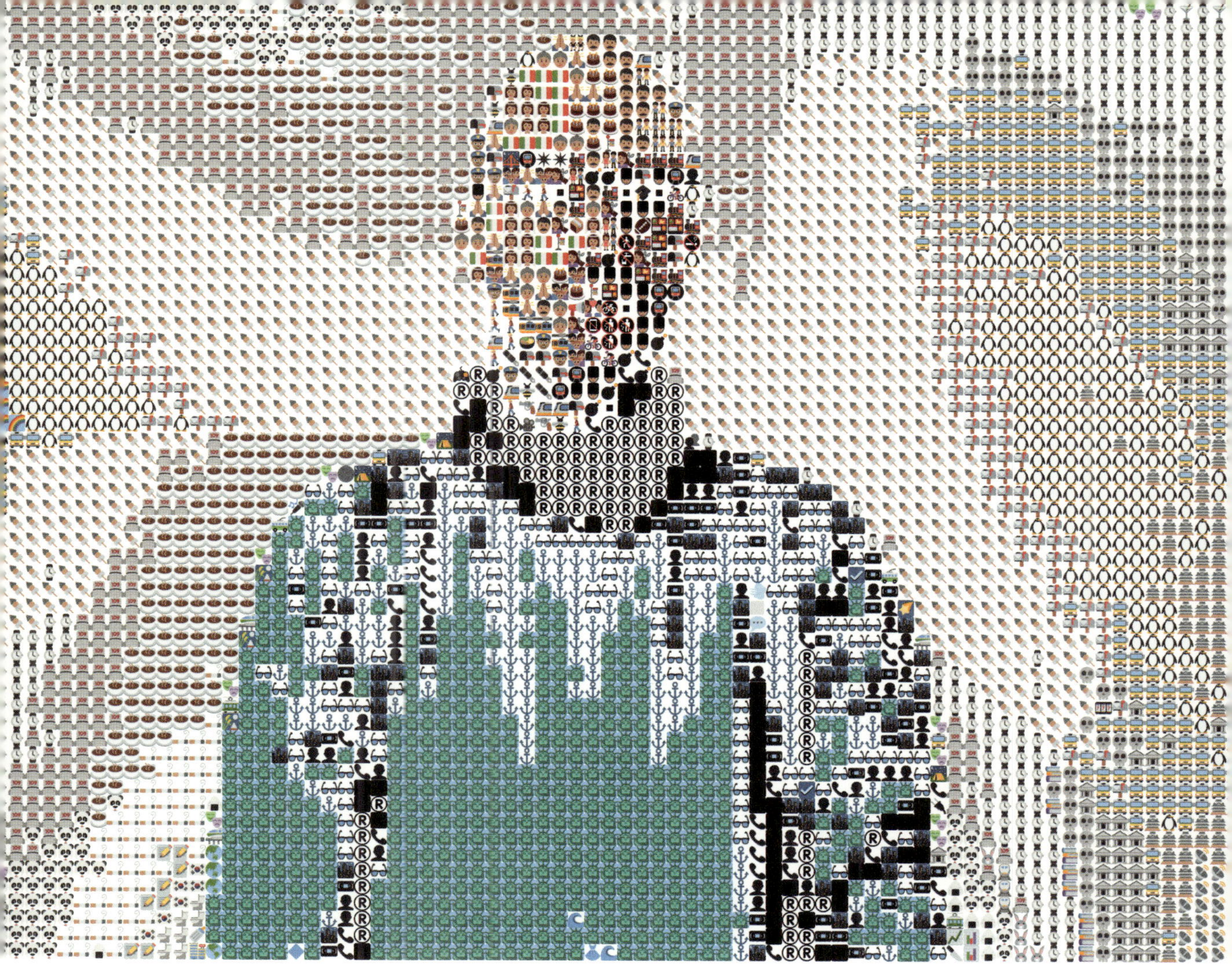

A

Anhang

A.1 Ausblick

Sie wollen noch tiefer in Generative Gestaltung eintauchen? Wir hoffen es, denn es gibt noch viel zu entdecken! Dieses Kapitel gibt einen Ausblick auf »komplexe Methoden«, die Grundlage für Datenvisualisierung, 3D-Formgenerierung oder wilde Partikelanimation etc. sind. Die Codes dazu finden Sie in Form von zusätzlichen Sketches auf unserer Website und unserem Github Channel. Zuletzt lädt die Reflexion ein, nach dem ganzen »Machen« alles theoretisch zu rahmen und gedankliche Bezüge aufzumachen.

→ M_1_5_02 Ein typisches Bild, das entsteht, wenn durch Rauschen erzeugte Werte die Bewegungsrichtungen eines Schwarms von Agenten steuern. Die Agenten werden als Punkte dargestellt und hinterlassen eine Spur, da diese immer weiter über das alte Bild gezeichnet werden.

NOISESCALE
NOISESTRENGTH
STROKEWIDTH
NOISEZRANGE
OVERLAYALPHA

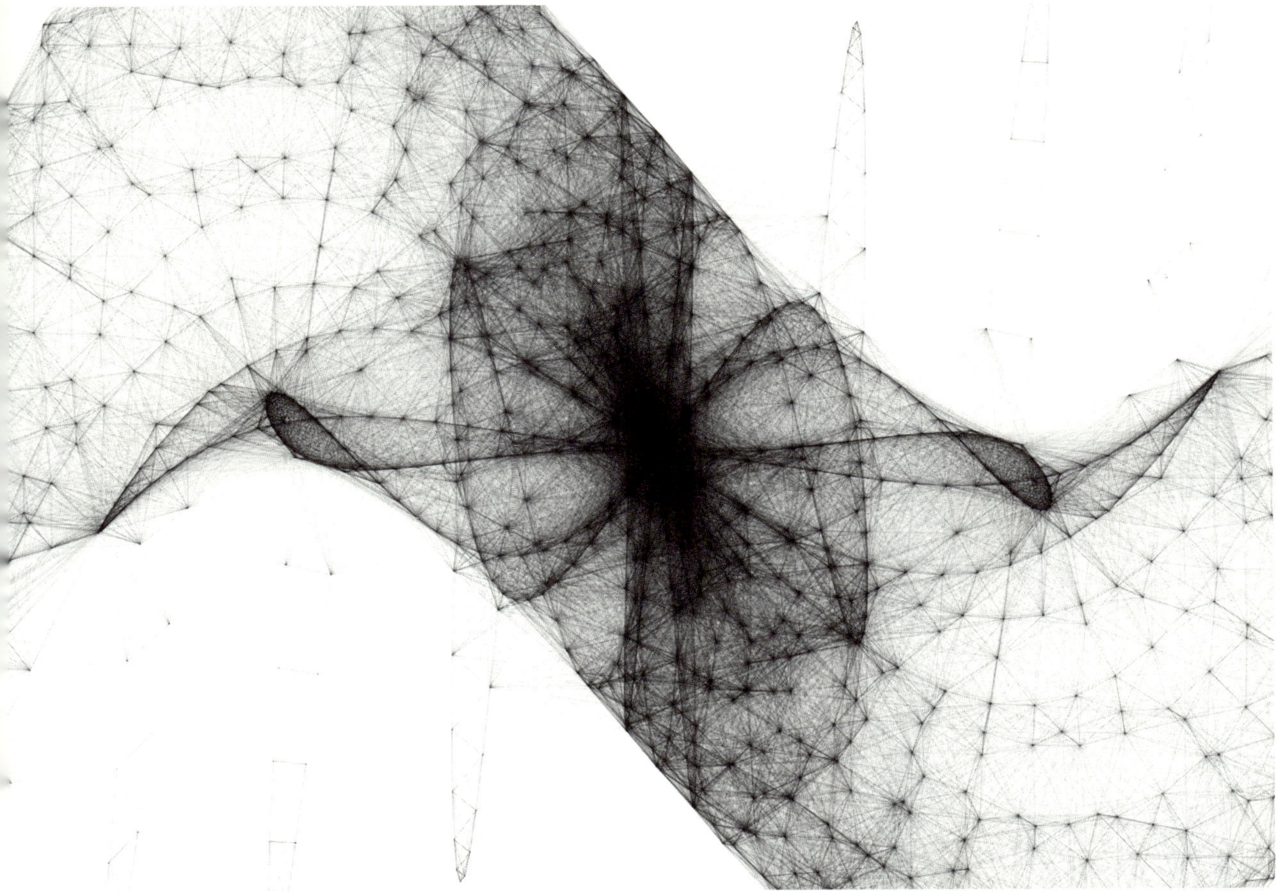

→ M_2_5_02 Aus der Überlagerung unterschiedlicher Sinusschwingungen ergeben sich sogenannte Lissajous-Figuren, benannt nach ihrem Erforscher Jules Antoine Lissajous. Verbindet man die erzeugten Punkte nicht der Reihe nach, sondern jeden Punkt mit allen anderen, ergeben sich spannende Netzstrukturen.

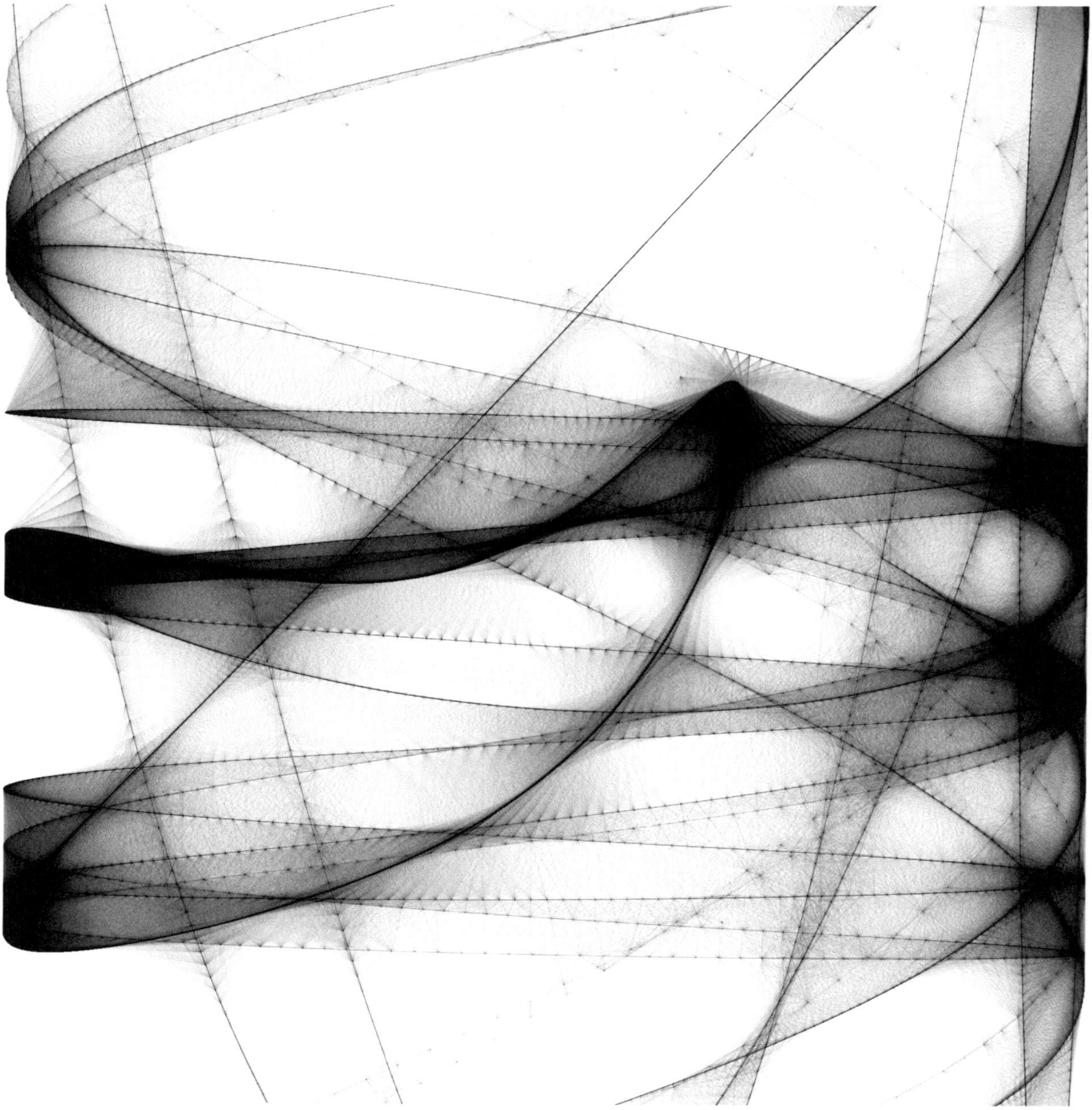

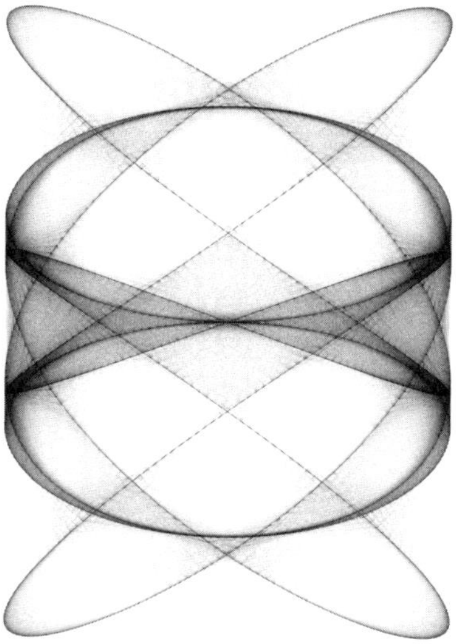

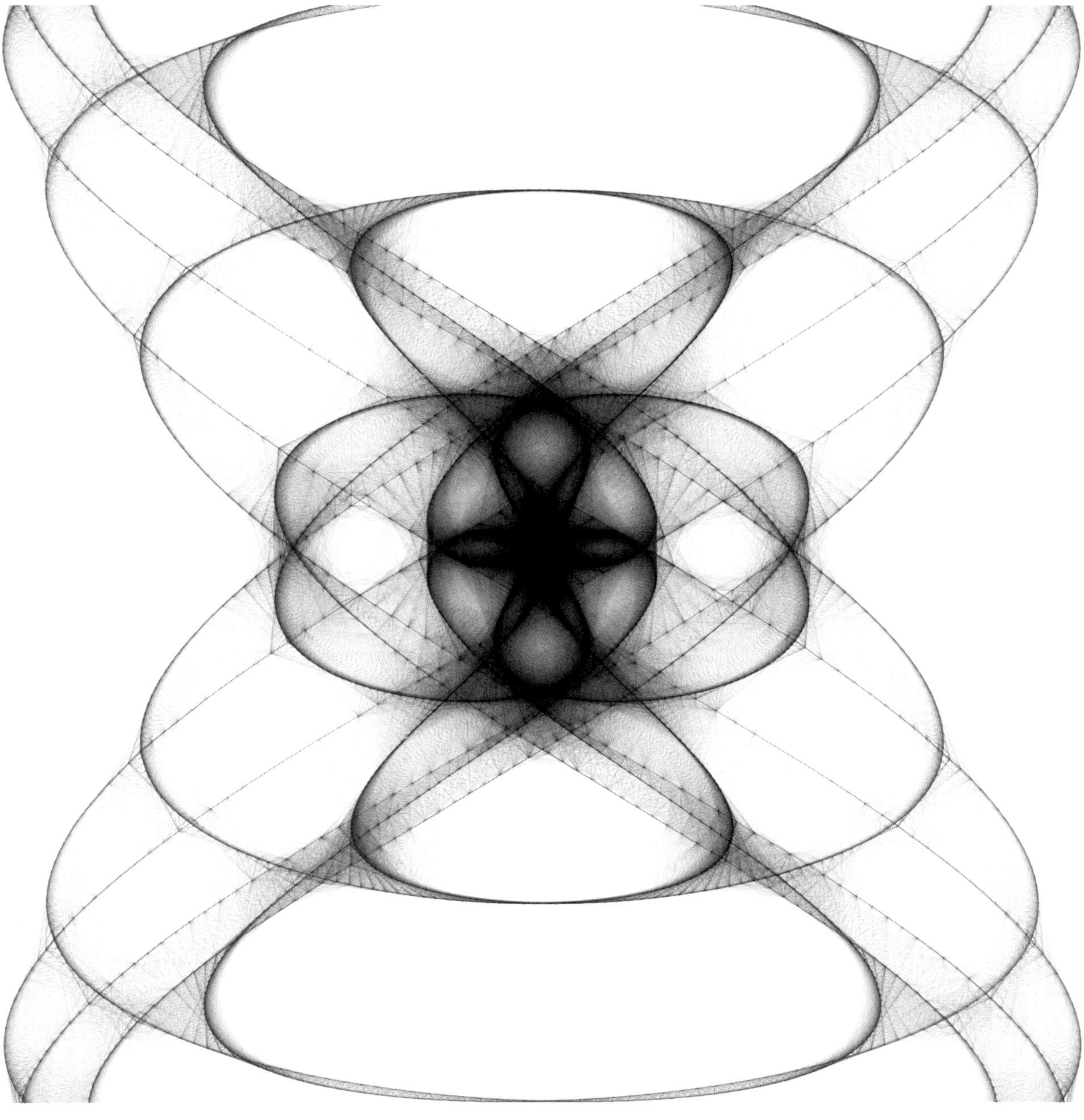

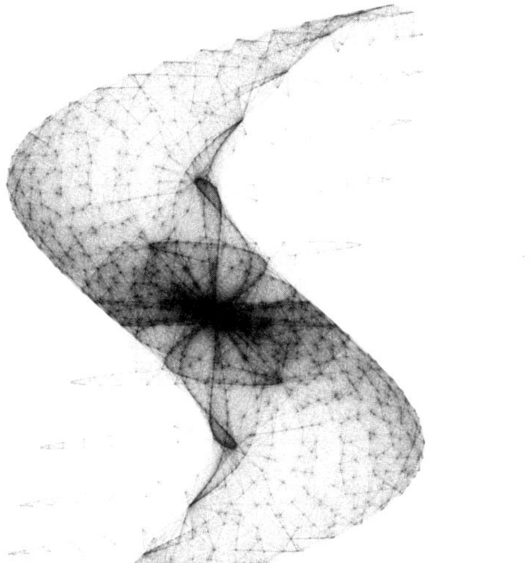

→ M_4_3_01 Die Punkte von regelmäßig verlaufenden Linien wurden durch Attraktoren, programmierte virtuelle Magneten, die anziehen und abstoßen, nach und nach verformt.

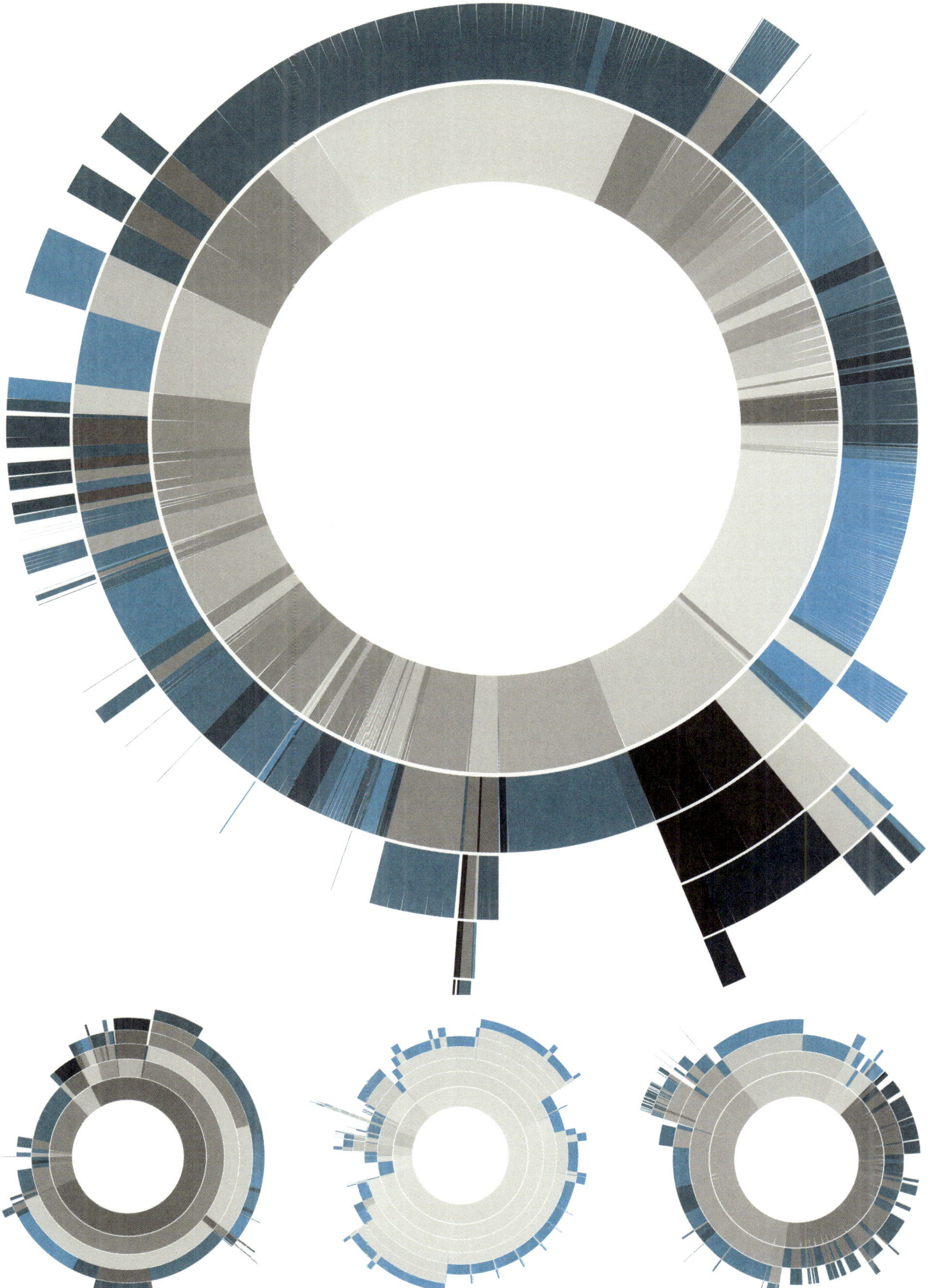

→ M_4_3_01 Datenvisualisierung von Ordnern und Dateien in Form eines Sunburst-Diagrammes dargestellt. Je dunkler die Kreissegmente werden, desto länger ist nichts mehr an den Dateien in den Ordnern verändert worden. Beliebige Ordner- und Dateienstrukturen können von der Festplatte geladen und visualisiert werden.

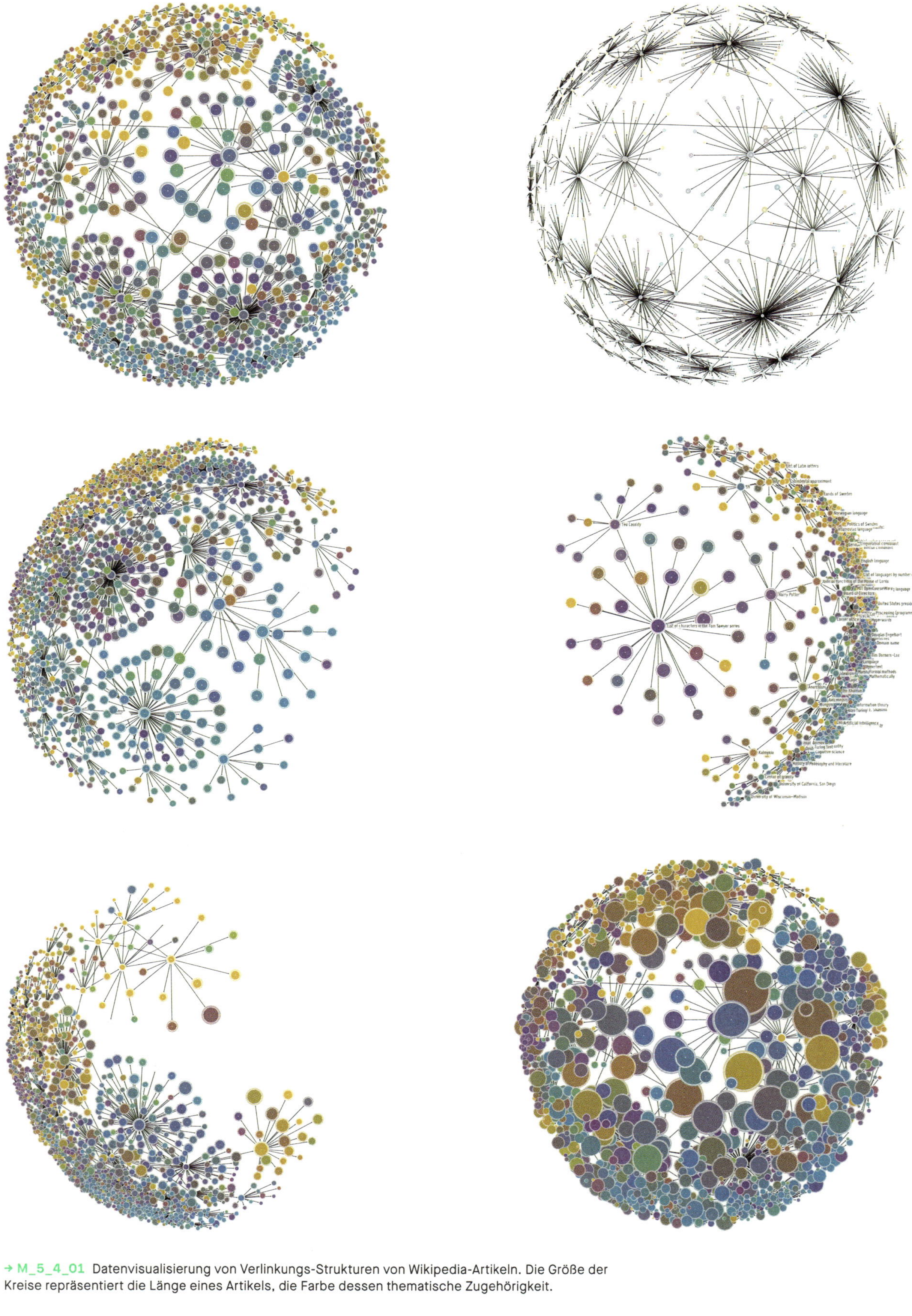

→ M_5_4_01 Datenvisualisierung von Verlinkungs-Strukturen von Wikipedia-Artikeln. Die Größe der Kreise repräsentiert die Länge eines Artikels, die Farbe dessen thematische Zugehörigkeit.

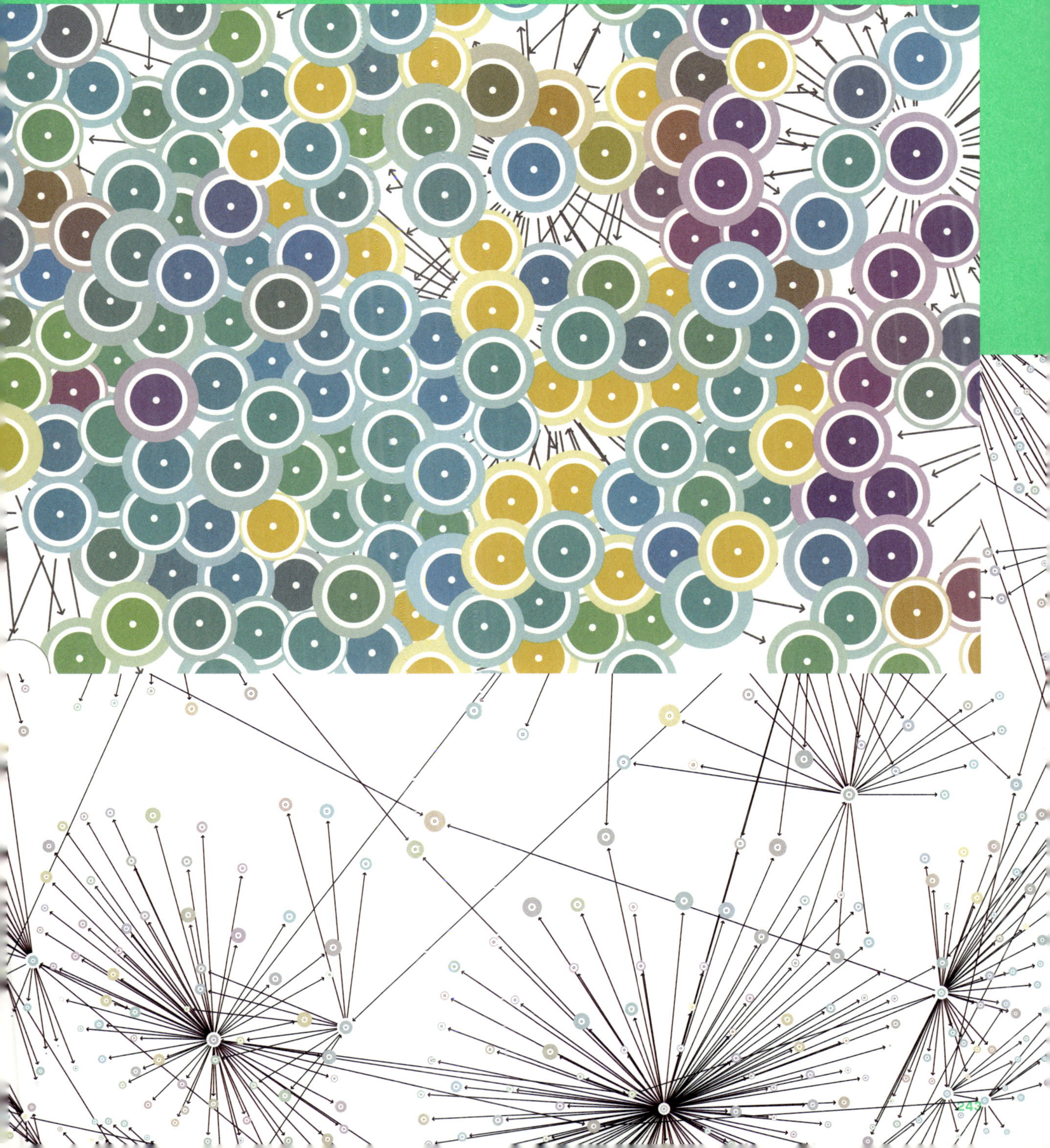

A.2 Reflexion

In diesem Buch geht es darum, praktisch zu zeigen, wie visueller Output durch Code generiert werden kann. Durch Experimentieren mit den Beispielprogrammen ist es möglich, eine Vorstellung und ein Gefühl für generative Gestaltung zu bekommen. Auf den folgenden Seiten versuchen wir, die Gedanken hinter den Beispielprogrammen zu reflektieren und das Gelernte in Kontext zu stellen. Zusätzlich hat dieser Teil einen verweisenden Charakter – angrenzende Themengebiete werden gestreift und Verbindungen aufgezeigt.

Status Quo Die Digitalisierung ist vollständig in der Disziplin Design angekommen, wir alle nutzen ganz selbstverständlich den Computer für die tägliche Arbeit als Gestalter. Die bekanntesten Werkzeuge im Designbereich, wie die Produkte aus der Adobe Creative Cloud (Photoshop und Illustrator etc.), haben aber ausschließlich eine darstellende und abbildende Funktion. Bestehende Werkzeuge wie Pinsel, Schere oder Fotolabor können hiermit zwar virtualisiert und effizienter gemacht werden, wodurch wir schneller Ergebnisse erzielen und komfortabler arbeiten können, der Entwurfsprozess aber ist mit diesen Werkzeugen nicht weiterentwickelt worden. [1] Ob Maus oder Pinsel, das Konzept, beispielsweise eine Linie zu erstellen, bleibt gleich. Wodurch unterscheidet sich also generative Gestaltung vom konventionellen Vorgehen? Vor allem in zwei Punkten: Der Entwurfsprozess ist ein anderer, und daraus abgeleitet ergeben sich grundsätzlich neue Möglichkeiten.

[1] »Painting with a mouse on the computer screen has a high entertainment value, but […] drawing a stroke with a pen is no different from drawing a stroke with a mouse. The real challenge is to discover the intrinsic properties of the new medium and to find out how the stroke you draw via computation is one you could never draw, or even imagine, without computation.«
→ **John Maeda**
Design by Numbers, S. 175

Der veränderte Entwurfsprozess Die wesentliche Veränderung im Entwurfsprozess durch die generative Gestaltung ist, dass der handwerkliche Aspekt in den Hintergrund rückt, dafür aber Abstraktion und Information zum hauptsächlichen Element werden. Nicht mehr die Frage, »wie zeichne ich«, sondern »wie abstrahiere ich«, ist am Wichtigsten. Denn der Prozess von der Idee zum fertigen Bild kann nur über einen Algorithmus – eine Abfolge von Regeln – erfolgen, die der Computer interpretieren und somit auch verarbeiten kann. Jedes generierte Bild ist, bevor es im Display erscheint, bereits vollständig durch ein Regelsystem beschrieben worden. Damit steht der Gestalter vor zwei Problemen: Erstens, wie kann eine vage Idee abstrahiert, und zweitens, wie kann die Idee formalisiert in den Computer eingegeben werden. Leider existiert kein

Entwurfsprozess Analog & Digital

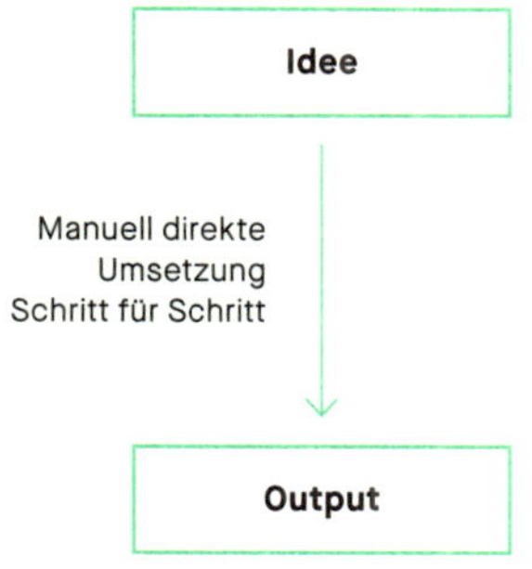

Idee für Output wird manuell Schritt für Schritt im »Sichtflug« umgesetzt. Gestalter kann in jedem Schritt direkt bewerten und eingreifen z. B. Zeichnen auf Papier, Keyframes für Animation erstellen etc. Wird die Idee digital umgesetzt, ist der Entwurfsprozess prinzipiell nichts anderes. Werkzeuge wie Pinsel, Schere oder Fotolabor sind virtualisiert und dadurch effizienter. Dadurch ist alles aber »nur« schneller und komfortabler geworden, der Entwurfsprozess bleibt der gleiche.

Entwurfsprozess Generativ

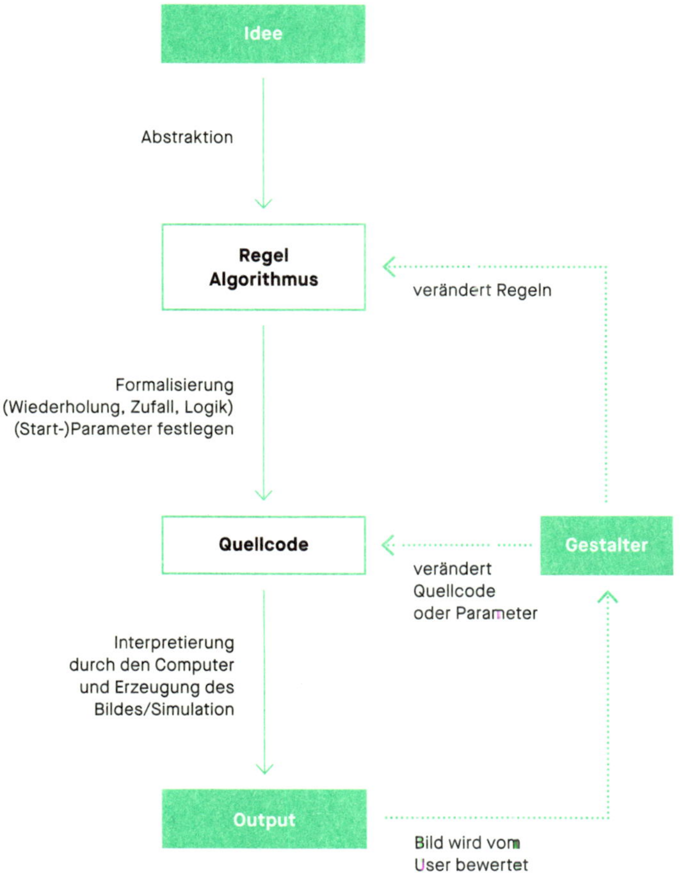

Beispiel:
Verdichtungsstruktur aus Agenten

Idee: Eine Verdichtungsstruktur aus Kreisen erzeugen, die Ähnlichkeit hat mit der Struktur von Schaumblasen.

Abstrahierte Regeln aufstellen:
Erzeuge einen neuen Kreis.
Wenn dieser mit keinem anderen Kreis in der Zeichenfläche eine Schnittmenge hat, mache diesen so groß wie möglich.
Falls eine Schnittmenge existiert, beginne von vorn.

Formalisierung in Codesyntax:

```
for(var i=0; i < currentCount; i++) {
  var d = dist(newX,newY,x[i],y[i]);
  if (newRadius > d-r[i]) {
    newRadius = d-r[i];
    closestIndex[currentCount] = i;
  }
}
```

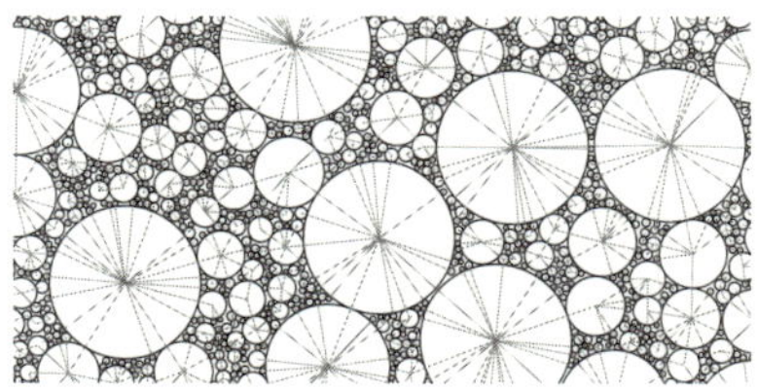

P.2.2.5
Verdichtungsstruktur aus Agenten

Patentrezept für die Abstraktion einer Idee. Wird eine komplexe Idee umgesetzt, ist der ideale Lösungsweg stets, dieses Problem in kleinere Teilprobleme zu zerlegen. Diese Problemlösungsstrategie wird auch »Divide and Conquer« 2 genannt. Ein Beispiel: Eine Fläche soll mit vielen Kreisen mit zufälligen Durchmessern ohne Überlappung möglichst dicht gepackt werden. Der erste Schritt ist, die vage Idee in ein konkretes und einfaches »Kochrezept« zu überführen: Erzeuge einen neuen Kreis; wenn dieser mit keinem anderen in der Zeichenfläche eine Schnittmenge hat, mache diesen so groß wie möglich; falls eine Schnittmenge existiert, beginne von vorne. → P.2.2.5 Durch diese Zerlegung ist es überhaupt erst möglich, die einzelnen Schritte in einer Programmiersprache zu formulieren und dadurch für den Computer ausführbar zu machen. Eine Programmiersprache bietet hierfür elementare Bausteine, wie Wiederholung, Logik und Zufall, die im Folgendem noch etwas detaillierter erläutert werden.

2 Neben »Divide and Conquer« existieren auch noch eine Reihe anderer Problemlösungsstrategien wie beispielsweise Top-down und Bottom-up etc. In diesem Zusammenhang ist auch der »Pattern«-Gedanke (Probleme auf wiederkehrende Muster hin zu analysieren und diese systematisch zu lösen) oft sehr hilfreich.
→ Christopher Alexander
A Pattern Language

Wiederholung ermöglicht es uns, den Computer eine Aufgabe so lange bearbeiten zu lassen, bis sie gelöst ist, und auch eine riesige Anzahl von Objekten überhaupt manipulieren zu können. Wie wichtig das Prinzip der Wiederholung ist, spiegelt sich auch darin wieder, wie häufig for-Schleifen in den Programmen zu diesem Buch verwendet werden, oder in der Tatsache, dass der draw-Loop oft die zentrale Funktion von Programmen mit grafischem Output ist.

→ P_3_2_5_01 bis → P_3_2_5_0
Schrift in Bewegung

Zufall dient der Varianten-Bildung oder dem Aufbrechen der starr anmutenden Regelmäßigkeit des Computers. Der unkontrollierte Zufall liefert kompositorisch kaum spannende Resultate. Interessante Resultate entstehen meist, wenn der Zufall eingeschränkt und wohldosiert verwendet wird. In p5.js wird der Zufall durch die Schlüsselworte random und noise repräsentiert. → P.3.2.5

Logik im Sinne von Kontrollstrukturen benutzen wir, um den generativen Prozess zu lenken. Hier können wir Bedingungen aufstellen, mit denen der Programmfluss in verschiedene Abzweigungen gelenkt wird. Beispielsweise findet sich im Kapitel »Text als Bauplan« → P.3.1.2 eine Switch-Struktur wieder, mit der wir abhängig vom eingegebenen Text unterschiedliche Programmteile ausführen können: jeder Buchstabe werden normal ausgeschrieben, jedoch ändert jedes Satzzeichen die Schreibrichtung. Das Satzzeichen wird dabei gleichzeitig durch ein entsprechend gebogenes Kurvenelement ersetzt. Die häufigsten Schlüsselwörter für Kontrollstrukturen sind if, else und switch.

→ P.3.1.2
Text als Bauplan

Genialerweise können wir nun, nachdem wir die gestalterische Idee in einen Code übersetzt haben, der durch den Computer interpretiert wird, Bilder aus dem Nichts entstehen lassen, ohne dass die Hand je einen Strich gezeichnet hat. Das erste Ergebnis stellt allerdings so gut wie nie ein zu 100% zufriedenstellendes dar. Das Ergebnis muss nun betrachtet und bewertet werden, diese Bewertung dient als Grundlage für die nächste Iteration. Im Unterschied zum konventionellen Vorgehen legen wir aber nicht direkt Hand an das Bild an, sondern verändern stattdessen die zugrundeliegende Abstraktion oder einzelne Parameter im Programm. Diese Wechselwirkung von Ergebnis und Schöpfer verfeinert das generative System durch jeden Iterationsschritt und entwickelt es so weiter bis zum Endresultat. Durch Interaktion können wir diese Wechselwirkung nochmals beschleunigen. Ein generatives System ist selbst nicht notwendigerweise interaktiv, in diesem Buch wird Interaktion auch nicht explizit behandelt. Der Mehraufwand, interaktive Steuerelemente einzubauen, lohnt sich allerdings. Hiermit können wir jetzt jede Parameterveränderung in Echtzeit verfolgen und steuern. Da alle Programme in diesem Buch im Webbrowser laufen, ist es sehr einfach, diese mit Standard-HTML-Elementen wie Button, Slider etc. zu erweitern. **→ P.2.1.4**

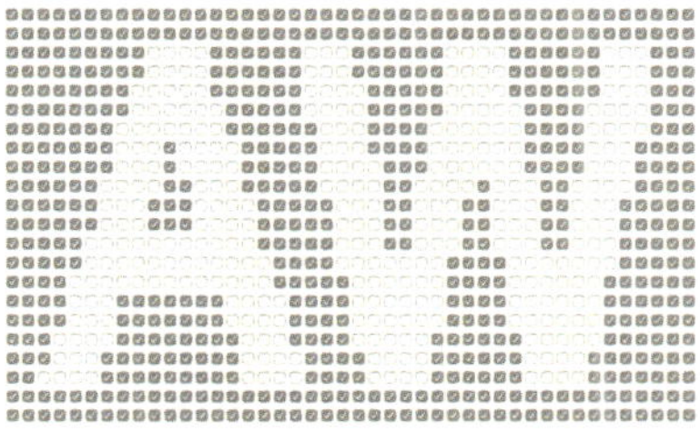

→ P.2.1.4
Checkboxes im Raster

Die neuen Möglichkeiten für die Gestaltung Da nun Programmiersprachen Teil des Entwurfsprozesses sind, erweitern sich die Möglichkeiten von uns Gestaltern grundlegend. Die konzeptionelle Kompetenz bleibt nach wie vor bei uns Gestaltern, der Computer übernimmt nur die Rolle des nie müde werdenden Helfers. Dass dadurch ein Entwurf schneller und komfortabler umgesetzt oder eine Komposition mit Tausenden von Elementen erstellt werden kann, ist beeindruckend und selbst heute in unserer automatisierten und digitalen Welt einzigartig. Die Möglichkeiten generativer Gestaltung können wir aber auch noch aus weiteren Blickwinkeln betrachten: Emergenz, Simulation und Werkzeug.

Wir meinen mit **Emergenz** im Zusammenhang mit generativer Gestaltung folgendes: Erstens, generative Gestaltungsprozesse sind emergent, wenn deren Ergebnis offen ist und zweitens, wenn das Zusammenwirken der Einzelteile zu mehr führt, als sich aus den Eigenschaften dieser Elemente offensichtlich erkennen lässt. Ein Beispiel für Emergenz aus dem Alltag ist das Schwarmverhalten von Vögeln. Einfache Regeln ergeben ein hochkomplexes Verhalten, dessen Entwicklung sich nicht exakt vorhersagen lässt. Gleiches gilt für »Wachstumsstruktur aus Agenten«, **→ P.2.2.4** ein sehr einfacher Algorithmus, der nur aus zwei Schritten besteht, ergibt völlig unerwartete organische Strukturen (vgl. hierzu Boids und zelluläre Automaten).

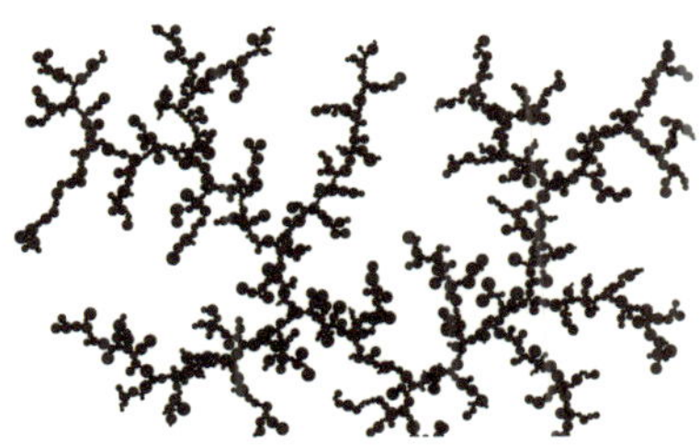

→ P.2.2.4
Wachstumsstruktur aus Agenten

Die **Simulation** von Regelwerken aus der Natur ist eine weitere wichtige Methode in der generativen Gestaltung. Beispielsweise erstellen wir im Kapitel **→ P.2.2.6** eine Struktur aus mehreren miteinander verbundenen Pendeln. Die Bewegung eines einzelnen Pendels ist simpel: es umkreist seinen Gelenkpunkt. Wenn allerdings mehrere davon zu einer Kette verbunden werden, dann bewegen sich die äußersten auf höchst komplexe Weise. Wie so oft führt der Transfer von einem Wissensgebiet in ein anderes zu erstaunlichen Resultaten. Sicher ist auch, dass es noch viele Modelle in der Natur gibt, die sich sinnvoll in ein generatives System übertragen lassen.

→ P.2.2.6
Agenten am Pendel

Der vielleicht wichtigste Aspekt bei der Erweiterung der Möglichkeiten für den Gestalter ist, dass dieser nun der Schöpfer seiner eigenen **Werkzeuge** sein kann. Denn jedes generative Programm ist auch gleichzeitig ein maßgeschneidertes Software-Werkzeug. Damit können wir Gestalter neue Wege einschlagen, die mit aktuellen Software-Paketen nicht zu beschreiten wären, was insgesamt zu einer größeren Bandbreite an visuellen Gestaltungsmitteln führen wird. Es ist erstaunlich, wie weit man inbesondere mit selbst entwickelten Werkzeugen in Dialog kommen kann, wie beispielsweise im Kapitel »Zeichnen« **→ P.2.3** zu sehen ist. Selbst diese einfachen Zeichenwerkzeuge erweitern die üblichen Möglichkeiten beträchtlich. Aber nicht nur das – durch die Möglichkeit, das Werkzeug ständig verfeinern zu können, wird es zum perfekt abgestimmten Arbeitsinstrument. Außerdem ist in der Regel der Schritt von einem generativen Programm zu einem ausgebauten Werkzeug, der eigenen App, nicht allzu groß.

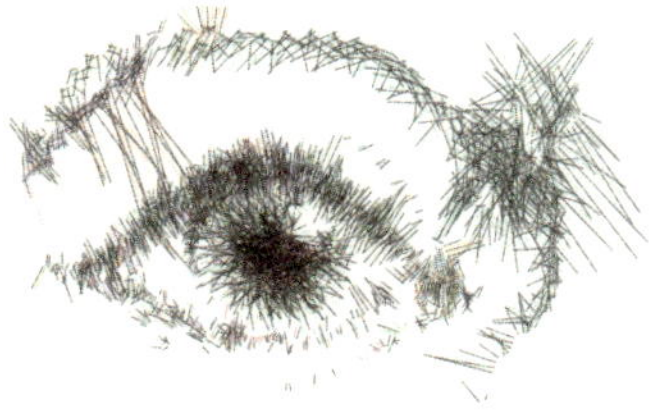

→ P.2.3
Zeichnen

Ausblick Die Welt der generativen Gestaltung hat sich seit der Ersterscheinung unseres Buches »Generative Gestaltung« maßgeblich weiterentwickelt. Inzwischen hat sich generative Gestaltung – inzwischen auch gerne Creative Coding genannt – in der Designwelt etabliert, der Umgang mit generativer Gestaltung ist selbstverständlich geworden, sei es als Grundlage von Datenvisualisierungen, Kunstwerken, Medieninstallationen, Architektur-Modellen, Videoclips, Fonts, dynamischen Erscheinungsbildern ... das Feld spannt sich bis hin zu kundenindividueller Massenproduktion. Auch der Blick in die Zukunft zeigt klar und deutlich, dass die Nutzung von generativer Gestaltung weiterhin ansteigen wird. Dies wird durch folgende begünstigende Faktoren deutlich:

Die Informationsmenge, mit der wir im täglichen Leben konfrontiert sind und deren Produktion, steigt rasant an. Diese Informationsflut für die Gesellschaft in Form von Daten-Visualisierungen aufzubereiten, wird eine immer wichtiger werdende Aufgabe für die Gestaltung [3]. Generative Gestaltung ist hierfür eine unverzichtbare Grundlage.

[3] »The ability to take data – to be able to understand it, to process it, to extract value from it, to visualize it, to communicate it – that's going to be a hugely important skill in the next decades, not only at the professional level but even at the educational level for elementary school kids, for high school kids, for college kids. Because now we really do have essentially free and ubiquitous data. So the complimentary scarce factor is the ability to understand that data and extract value from it.«

→ Hal Varian
Professor an der University of California, Berkeley

Die Erweiterung der technologischen Möglichkeiten führt zu ständigen Impulsen für die generative Gestaltung. Beispielsweise war es noch vor wenigen Jahren praktisch unmöglich, komplexe dreidimensionale Welten zu erzeugen oder gar mit Virtual Reality und Augmented Reality erfahrbar zu machen, heute ist dies selbst auf einem Smartphone möglich. Dieses technische Potential wird generative Gestaltung auch weiterhin stark antreiben.

Zukunftsweisend ist auch die Dynamik durch Kollaboration, die in kaum einem anderen Feld der Gestaltung derart ausgeprägt ist. Es ist erstaunlich wie viel netzbasierte Communities rund um generative Werkzeuge wie Processing, p5.js, vvvv, openFrameworks, NodeBox oder Basil.js an Libraries, Tutorials, Beispielprogrammen, Artikeln, Forenbeiträgen, Wikis etc. erarbeitet haben. Ein Teil dieser Dynamik ist sicher darauf zurückzuführen, dass sich generative Gestaltung prinzipiell sehr gut für einen kollaborativen Prozess eignet. Denn das zugrundeliegende Entwurfsmedium Code eignet sich besonders gut für die Arbeit in Teams, wie uns die Software-

Industrie vormacht. Ein Vorteil dabei ist unter anderem, dass sich Code im Gegensatz zu anderen Medien, z. B. Videodateien, wesentlich leichter tauschen, verbreiten und kollaborativ bearbeiten lässt.

Trotzdem stellt ein Gestalter, der über Programmierkenntnisse verfügt heutzutage immer noch eher die Ausnahme als die Regel dar. Das hat historische und kulturelle Gründe: es scheint, als ob sich Gestalter entscheiden müssten, entweder als Künstler oder als Techniker tätig zu sein. Beides in Personalunion zu sein, ist beispielsweise in den Ausbildungscurricula der Hochschulen selten vorgesehen, wobei diese Trennung bereits zum Teil aufgehoben ist. Außerdem erscheint der neue Entwurfsprozess, d. h., von einer Idee über einen mathematisch-analytischen Quellcode zu einem visuellen Ergebnis zu kommen, vielen als unüberwindliches Hindernis. Dieses zu überwinden ist ein Hauptanliegen dieses Buches.

Generative Gestaltung wird zu einem neuen Selbstverständnis im Umgang mit dem Potential des Computers führen. Programmieren und damit auch generative Gestaltung, wird gerade zu einer universellen Kulturtechnik, die sich ähnlich, wie es Fotografie und Film im letzten Jahrhundert vorgemacht haben, schnell etablieren wird. Die Möglichkeiten sind bereits vorhanden, wir müssen sie nur nutzen.

→ **Georg Trogemann, Jochen Viehoff**
Code@Art (Vorwort)

A.3 Literaturverzeichnis

Allgemein

- **Helen Armstrong:**
  Digital Design Theory – Readings from the Field, 2016
  Sammelband von neuen und alten Essays zu generativer Gestaltung und verwandten Feldern.
- **Casey Reas:** Form+Code in Design, Art, and Architecture, 2010
- **Georg Trogemann, Jochen Viehoff:** CodeArt. Eine elementare Einführung in die Programmierung als künstlerische Praktik, 2004
  Programmierung als elementare Kulturtechnik, Theorie und Geschichte der Programmierung, praktischer Teil mit Codebeispielen in Java.
- **Gary William Flake:** The Computational Beauty of Nature: Computer Explorations of Fractals, Chaos, Complex Systems, and Adaptation, 1998
  Generative Gestaltung (sehr) mathematisch betrachtet.

p5.js und Processing

- **Lauren McCarthy, Ben Fry, Casey Reas:**
  Getting Started with p5.js – Making Interactive Graphics in JavaScript and Processing, 2015
- **Casey Reas, Ben Fry:** A Programming Handbook for Visual Designers and Artists Second Edition, 2014
- **Daniel Shiffman:** The Nature of Code, 2012
- **Daniel Shiffman:** TheCodingTrain.com
  Sehr gute Video-Tutorials zu p5.js, Processing und generativer Gestaltung.

Datengrafik

- **Alberto Cairo:** The Truthful Art – Data, Charts, and Maps for Communication, 2016
- **Giorgia Lupi, Stefanie Posavec:** Dear Data, 2016
- **Tamara Munzner:** Visualization Analysis and Design, 2014
- **Robert Klanten, Sven Ehmann, Thibaud Tissot, Nicolas Bourquin:**
  Data Flow 2 – Visualizing Information in Graphic Design, 2010
  Große Bandbreite an verschiedenen Datengrafik-Projekten (Bildband).
- **Ben Fry:** Visualizing Data, 2007
  Datengrafik-Programmierung für Fortgeschrittene mit Processing.
- **Edward R. Tufte:** Envisioning Information, 1990
- **Edward R. Tufte:** The Visual Display of Quantitative Information, 1983

Ästhetik

- **Andrew Blauvelt, Koert van Mensvoort:** Conditional Design – Workbook, 2013
- **Christian Leborg:** Visual Grammar, 2006
  Visuelle Syntax abstrakt im Überblick, sehr anschaulich und gut illustriert.
- **Dietmar Guderian:** Mathematik in der Kunst der letzten dreißig Jahre, 1991
  Ein inspirierender Ausstellungskatalog über den Einfluss der Mathematik auf die bildende Kunst.
- **Wassily Kandinsky:** Punkt und Linie zu Fläche. Beitrag zur Analyse der malerischen Elemente, 1925
  Theoretische Gedanken des Bauhaus-Meisters zur abstrakten Malerei.
- **Karl Gerstner:** Programme entwerfen, 1964
  Der Titel ist im Zeitalter des Computers etwas irreführend, heute müsste man es wohl »Gestaltungsregeln erfinden« oder ähnlich nennen.

Geschichte und Kontext

- **Wulf Herzogenrath, Barbara Nierhoff-Wielke:** Ex Machina – Frühe Computergrafik bis 1979, 2007
  Ausstellungskatalog, Querschnitt der Computergrafik von den Anfängen in den 1950er Jahren bis 1979.
- **Christoph Klütsch:** Computer Grafik. Ästhetische Experimente zwischen zwei Kulturen, 2007
  Dissertation und spannende Aufarbeitung schwer zugänglichen Quellenmaterials.
- **Ästhetik als Programm. Max Bense / Daten und Streuungen** (Kaleidoskopien, Bd. 5), 2004
  Sammelband theoretischer Texte aus den 1960er Jahren anlässlich des Symposiums »Stuttgart 1960. Computer in Theorie und Kunst«.
- **John Maeda:** Design by Numbers, 2001
  Erstes populäres Buch, das der Designwelt mit der Programmiersprache DBN zeigte, wie es geht.
- **John Maeda:** Maeda@Media, 2000
  Autobiografie und Retrospektive von John Maedas großem Beitrag zur generativen Gestaltung.
- **Erwin Steller:** Computer und Kunst. Programmierte Gestaltung: Wurzeln und Tendenzen neuer Ästhetiken, 1992
  Geschichtliche Herleitung der Anfänge bis 1990.
- **Herbert W. Franke, Gottfried Jäger:** Apparative Kunst. Vom Kaleidoskop zum Computer, 1973
- **Georg Nees:** Generative Computergraphik, 1969
  Dissertation von Georg Nees an der Universität Stuttgart bei Max Bense, wahrscheinlich das erste umfangreiche Buch zum Thema generative Gestaltung. Codebeispiele in Algol.
- **Jasia Reichardt:** Cybernetic Serendipity. The Computer and the Arts, 1968
  Katalog zur ersten großen Computerkunst-Ausstellung in London.

A.4 Die Autoren

→ **Benedikt Groß** Geboren 1980 in Baden-Württemberg. Studienbeginn 2002 mit Geografie und Informatik. Studienabbruch und Interessenwechsel zur Gestaltung. 2007 Diplom »Generative Systeme« mit Julia Laub an der HfG Schwäbisch Gmünd. Danach Anstellungen im Hochschulbereich und in der Industrie. 2011 bis 2013 Master Design Interactions am Royal College of Art London unter Anthony Dunne & Fiona Raby, zeitgleich Data Visualization Specialist am MIT Senseable City Lab in Boston/Singapore. Seit 2013 freiberufliche Tätigkeit in Speculative und Computational Design, diverse internationale Ausstellungen, Preise und Publikationen. Seit 2017 Professor für Interaktionsgestaltung an der HfG Schwäbisch Gmünd.

→ **Hartmut Bohnacker** Geboren 1972 in Baden-Württemberg. Nach abgebrochenem Mathematik- und einem abgeschlossenen BWL-Studium, Studium Kommunikationsdesign an der HfG Schwäbisch Gmünd. Seit Abschluss des Studiums 2002 selbstständiger Gestalter in Stuttgart. Hauptbetätigungsfeld Konzeption, Gestaltung und prototypische Umsetzung von Projekten im Bereich Interface- und Interaktionsentwicklung. Seit Ende 2002 Lehre im Bereich der digitalen Medien, und seit 2009 Professor für Interaktionsgestaltung an der HfG Schwäbisch Gmünd.

→ **Julia Laub** Geboren 1980 in Bayern. 2003 Studium Kommunikationsgestaltung an der HfG Schwäbisch Gmünd. Auslandsstudium an der HGK Basel. 2007 Diplom »Generative Systeme« mit Benedikt Groß. Seit 2008 selbstständige Grafikerin in Berlin mit den Schwerpunkten Buchgestaltung, Corporate Design, generative Gestaltung. 2010 Gründung des Designbüros onformative (studio for digital art and design) in Berlin mit Cedric Kiefer. Lehre und Workshops an verschiedenen Hochschulen.

→ **Claudius Lazzeroni** Geboren 1965 in Bayern. 1984 Ausbildung zum Fotografen bei Raoul Manuel Schnell. 1987 Tutor am Mass College of Art in Boston. 1992 Diplom Mediendesigner an der BILDO Akademie in Berlin. Bis 1996 Creative Director bei Pixelpark. Bis 2001 Gründer, Geschäftsführer und Creative Director der Agentur IM STALL in Berlin. Seit 1999 Professor für Interfacedesign an der Folkwang Kunsthochschule in Essen. Seit 2005 Erforschen, Entwickeln und Bauen von Solographen. Seit 2007 Erweiterung des Lehrstuhls durch Physical Computing.

→ **Niels Poldervaart** Geboren 1994 in den Niederlanden. 2016 Bachelor in Kommunikation und Multimedia Design an der Hochschule 's-Hertogenbosch. Seit 2016 Webentwickler und Designer mit den Schwerpunkten, Datenvisualisierung, E-Learning, Gaming und Grafikdesign.

→ **Joey Lee** Geboren 1990 in Kalifornien, USA. 2012 Bachelor in Geografie an der University of California, Los Angeles und Master in Geografie an der University of British Columbia, Vancouver. Internationale Tätigkeiten in Forschung und Lehre an Institutionen wie MIT Senseable City Lab 2013 und dem Mozilla Science Lab 2015. Diverse internationale Ausstellungen, Preise und Publikationen in den Schwerpunkten, neue räumliche und digitale Medien, Klimaforschung im urbanen Raum und Open Source.

A.5 Wir sagen Danke

- Lauren McCarthy, der Initiatorin von p5.js
- allen Beteiligten bei Gold & Wirtschaftswunder: Julia Kühne, Christian Schiller, Steffen Knöll, Christian Nicolaus, Andreas Lörinc
- allen Mitarbeitern des Verlags Hermann Schmidt (im Besonderen Brigitte Raab)
- Sabrina Groß, Rat und Tat Texte
- allen Contributern, die kleine Code-Beiträge geleistet haben, und allen Entwicklern der Javascript-Libraries, die wir im Buch benutzt haben (siehe Readme-Datei im Code-Paket)
- dem Team von twemoji (github.com/twitter/twemoji)
- Frederik De Bleser, prompte Unterstützung bei Spezial-Fragen zu Opentype.js und g.js

A.6 Impressum

Erste Auflage

verlag hermann schmidt

Gonsenheimer Straße 56
55126 Mainz
T: 0 61 31 – 50 60 0
F: 0 61 31 – 50 60 80
info@verlag-hermann-schmidt.de
www.verlag-hermann-schmidt.de
facebook: Verlag Hermann Schmidt
twitter: VerlagHSchmidt

ISBN 978-3-87439-902-9
Printed in Germany with Love.

Konzept
Benedikt Groß, Hartmut Bohnacker,
Julia Laub, Claudius Lazzeroni

Texte
Hartmut Bohnacker, Benedikt Groß,
Claudius Lazzeroni

Programmierung
Benedikt Groß, Hartmut Bohnacker,
Niels Poldervaart, Joey Lee

Alle Codes im Buch wurden erstellt mit p5.js Version 0.5.11 und stehen unter der Apache-Lizenz.

Gestaltung
Gold & Wirtschaftswunder Stuttgart,
www.gww-design.de
Julia Kühne & Christian Schiller (Art Direktion),
Steffen Knöll, Christian Nicolaus

Ilustrationen und Fotografien
Hartmut Bohnacker, Benedikt Groß,
Julia Laub, Claudius Lazzeroni, Jana-Lina Berkenbusch, Andrea von Danwitz,
Pau Domingo, Stefan Eigner, Victor Juarez Hernandez, Cedric Kiefer, Steffen Knöll,
Andreas Lörinc, Franz Stämmele, Tom Ziora

Layout & Satz
Julia Kühne, Steffen Knöll, Christian Nicolaus,
Hartmut Bohnacker, Flore de Crombrugghe,
Maximilian Semmler

Korrektorat
Sandra Mandl

Schriften
Maison Neue Book, Maison Neue Bold,
Maison Neue Mono
In den Programmen verwendet: FreeSans,
Fira Sans, Miso, Noto Sans

Papier
150g/qm Fly 05

Druck und Verarbeitung
Beltz, Bad Langensalza

Veredelung
Kreye Siebdruck, Koblenz

Bücher haben feste Preise!
In Deutschland hat der Gesetzgeber zum Schutz der kulturellen Vielfalt und eines flächendeckenden Buchhandelsangebotes ein Gesetz zur Buchpreisbindung erlassen. Damit haben Sie die Garantie, dass Sie dieses und andere Bücher überall zum selben Preis bekommen: Bei Ihrem engagierten Buchhändler vor Ort, im Internet, beim Verlag. Sie haben die Wahl. Und die Sicherheit. Und ein Buchhandelsangebot, um das uns viele Länder beneiden.

Wir übernehmen Verantwortung.
Nicht nur für Inhalt und Gestaltung, sondern auch für die Herstellung.

Das Papier für dieses Buch stammt aus sozial, wirtschaftlich und ökologisch nachhaltig bewirtschafteten Wäldern und entspricht deshalb den Standards der Kategorie »FSC Mix«.

Die Druckerei ist FSC- und PEFC-zertifiziert. FSC (Forest Stewardship Council) und PEFC (Programme for the Endorsement of Forest Certification Schemes) sind Organisationen, die sich weltweit für eine umweltgerechte, sozialverträgliche und ökonomisch tragfähige Nutzung der Wälder einsetzen, Standards für nachhaltige Waldwirtschaft sichern und regelmäßig deren Einhaltung überprüfen. Durch die Zertifizierung ist sichergestellt, dass kein illegal geschlagenes Holz aus dem Regenwald verwendet wird, Wäldern nur so viel Holz entnommen wird, wie natürlich nachwächst, und hierbei klare ökologische und soziale Grundanforderungen eingehalten werden.

»Die Zukunft sollte man nicht vorhersehen wollen, sondern möglich machen.«
Antoine de Saint-Exupéry

A.6 Impressum

Siehe Seite 254/255

Go on coding!
www.generative-gestaltung.de

Website
Konzeption und Gestaltung:
Gold & Wirtschaftswunder, Benedikt Groß
Programmierung und Umsetzung:
Niels Poldervaart, Joey Lee, Benedikt Groß